Bernhard Kolter

„AUF PAD" IM 4X4-CAMPER

CAMPING IN NAMIBIA

Tipps und Tricks für Selbstfahrerreisen im Südlichen Afrika

360° medien

IMPRESSUM
„Auf Pad" im 4X4-Camper Camping in Namibia
Tipps und Tricks für Selbstfahrerreisen im Südlichen Afrika
Bernhard Kolter

Bibliografische Information der Deutschen Bibliothek
Die Deutsche Bibliothek verzeichnet diese Publikation in der deutschen Nationalbibliografie.
Detaillierte bibliografische Daten sind im Internet über portal.dnb.de abrufbar.

Redaktion und Lektorat: Andreas Walter

Satz und Layout: Serpil Sevim-Haase

Gedruckt und gebunden:
LUC GmbH I Hansaring 118 I 48268 Greven I luc-medienhaus.de

Bildnachweis: Seite 352

Sicherheitshinweis: Seite 352

ISBN: 978-3-96855-374-0

Hergestellt in Deutschland

www.360grad-medien.de

Bernhard Kolter

„AUF PAD“ IM 4X4-CAMPER

CAMPING IN NAMIBIA

Tipps und Tricks für Selbstfahrerreisen im Südlichen Afrika

360° medien

Inhaltsverzeichnis

Teil 3: Das richtige Fahrzeug für Namibia 116

Teil 4: Reisen in Namibia 184

Teil 5: Anhang – Alles auf einen Blick 312

TSCHAD
Moundou
Sarh
SUDAN
Addis Abeba
Abuja
NIGERIA
SÜD-
SUDAN
ÄTHIOPIEN
ZENTRALAFRIKANISCHE
REPUBLIK
KAMERUN
Yaoundé
Bangui
Juba
UGANDA
Kampala
KENIA
Libreville
GABUN
KONGO
DEMOKRATISCHE
REPUBLIK KONGO
Nairobi
RUANDA
Kigali
Bujumbura
BURUNDI
Brazzaville
Kinshasa
Dodoma
TANSANIA
Luanda
ANGOLA
SAMBIA
MALAWI
Lilongwe
Lusaka
MOSAMBIK
Harare
SIMBABWE
NAMIBIA
Windhuk
BOTSWANA
Gaborone
Pretoria
Maputo
Johannesburg
Mbabane
SWASILAND
Atlantischer
Ozean
SÜDAFRIKA
Maseru
LESOTHO
Kapstadt

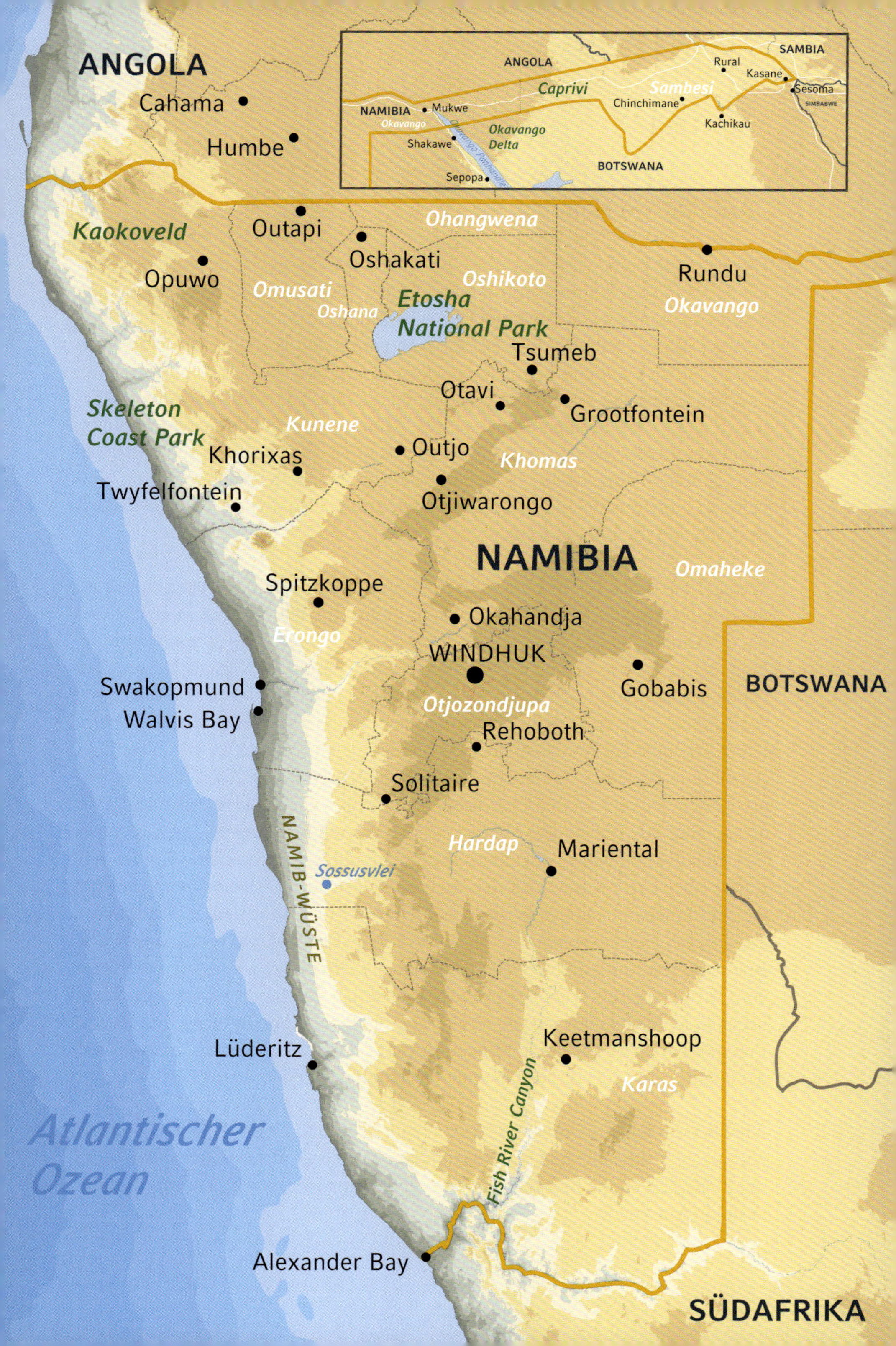
ANGOLA
Cahama
Humbe
ANGOLA
SAMBIA
Rural
Kasane
Caprivi
Sambesi
Sesoma
SIMBABWE
NAMIBIA
Mukwe
Okavango
Chinchimane
Kachikau
Shakawe
Okavango Delta
BOTSWANA
Sepopa
Kaokoveld
Outapi
Ohangwena
Oshakati
Opuwo
Rundu
Oshikoto
Omusati
Oshana
Etosha National Park
Okavango
Tsumeb
Otavi
Grootfontein
Skeleton Coast Park
Kunene
Khorixas
Outjo
Khomas
Twyfelfontein
Otjiwarongo
NAMIBIA
Omaheke
Spitzkoppe
Okahandja
Erongo
WINDHUK
Gobabis
BOTSWANA
Swakopmund
Walvis Bay
Otjozondjupa
Rehoboth
Solitaire
NAMIB-WÜSTE
Hardap
Mariental
Sossusvlei
Keetmanshoop
Lüderitz
Karas
Fish River Canyon
Atlantischer Ozean
Alexander Bay
SÜDAFRIKA

Vorwort

„Auf Pad" in Namibia

Wer Namibia kennenlernen möchte, der muss dieses faszinierende und vielschichtige Land mit allen Sinnen ergründen. Für den Blick hinter die Kulissen und ein tieferes Verständnis von Land und Leuten sind längere Aufenthalte oder ein regelmäßiges Wiederkehren nötig. Für die internationalen Besucher ist eine Selbstfahrertour im Camping-Fahrzeug der ideale Weg, um das Land mit all seinen Facetten kennen zu lernen. Der gesamte Reiseverlauf kann auf individuelle Interessen und Wünsche abgestimmt werden. Man ist also vollkommen unabhängig von festen Tagesabläufen und vorgegebenen Routen. Eine Reise im allradgetriebenen Camping-Fahrzeug durch das Südliche Afrika vermittelt ein Gefühl von Freiheit und Individualität, das sowohl die internationalen Gäste als auch die lokalen Reisenden in ihren Bann zieht.

Weniger die große Freiheit als vielmehr Wissenschaft bzw. Leidenschaft führten mich nach Abschluss meines Biologie-Studiums im Jahr 2007 zum ersten Mal nach Namibia. Nachdem in Kapstadt eigens ein *VW Bus (T3)* erworben wurde, ging es mit diesem auf eine große Reise durchs Südliche Afrika. Diese Reise endete auf der namibischen Farm *Claratal*, wo ich mehrere Monate verbrachte – vornehmlich um ökologische Daten zur Verbuschungsproblematik zu sammeln. Ganz nebenbei bekam ich so aber auch einen tiefen Einblick in das Leben und Arbeiten in Namibia. In den anschließenden Jahren führte mich meine Arbeit als Reiseleiter und wissenschaftlicher Mitarbeiter nach Südamerika und Ostafrika. Erst 2013 reiste ich wiederum nach Namibia, wobei aus dem privaten Besucher über die Jahre ein zukünftiger Doktorand und schließlich sogar der Verwalter einer Farm wurde. Auf der Jagd- und Gästefarm *Okomitundu* untersuchte ich zusammen mit anderen Wissenschaftlern (und auch Touristen) im Auftrag des *Zoologischen Forschungsmuseums Alexander Koenig* die Ökologie von Leopard und Brauner Hyäne auf kommerziellem Farmland. Gern hätten wir unsere Forschung vor Ort weitergeführt, doch wurde das Projekt jäh durch den Verkauf der Farm beendet. So bleiben mir nur die regelmäßigen, alljährlichen Besuche vor Ort, um Freundschaften zu pflegen und neue Bekanntschaften zu machen – immer auf der Suche nach neuen Projekten und unbekannten Zielen und Strecken im Lande.

Die über die Jahre erworbenen Länderkenntnisse und die Erfahrungen im internationalen Tourismus bilden die Grundlage für diesen Reiseratgeber, dem man mit Sicherheit meine Begeisterung für die Region und meine biologische Grundausbildung anmerkt.

Der erste Teil des Buches kommt noch etwas nüchtern daher, liefert aber erste grundlegende Informationen über den Verkehr in Namibia. Neben den offiziellen Verkehrsregeln gibt es Tipps und Tricks für das Fahren auf Namibias Straßen, Pisten oder auch abseits der Wege.

Um die Auswahl von Wegen und Routen geht es im zweiten Teil: von der Planung der Reiseroute über spezielle Hinweise für das Reisen mit Kindern bis hin zu konkreten Routen-Vorschlägen. Die vorgeschlagenen Routen machen dabei an den Grenzen Namibias nicht halt, sondern decken vielmehr das Südliche Afrika ab und reichen weit bis nach Südafrika, Botswana und Simbabwe hinein.

In Teil 3 dreht sich alles darum, das passende Fahrzeug für eine Reise durch Namibia zu finden. Dazu bedarf es detaillierten Informationen über Vermieter und die Mietbedingungen sowie die verschiedenen Fahrzeuge und deren Ausstattung. Wer lieber mit dem eigenen Fahrzeug unterwegs ist, findet Auskünfte über Alternativen zur Miete wie z. B. Verschiffung oder Autokauf.

Im vierten Teil geht die Reise dann endlich richtig los. Die Reise beginnt in Windhoek mit der Abholung des Fahrzeugs vom Vermieter. Danach geht es „auf Pad“, wo alltägliche Situationen (Tanken, Pausen etc.) mit unerwarteten Eventualitäten (Pannen, Unfälle, Tiere etc.) abwechseln. Doch mehr und mehr wird das Leben im Camper zu einem wohlgeordneten Alltag, den es zu beherrschen gilt. Aufgrund der Fülle der Erlebnisse vergehen die Tage in Namibia viel zu schnell; die Nächte werden im trauten, rollenden Heim oder in einer festen Unterkunft verbracht.

Im letzten Teil des Buches rundet der Anhang die Thematik mit nützlichen Adressen und Tipps ab. Er sollte nicht überblättert werden, da er nicht nur verschiedene Kontakte, sondern auch viele Vor-Ort-Tipps sowie ein umfangreiches Wörterbuch in Englisch und Afrikaans enthält. Ein kurzer, schneller Blick in den Anhang kann das ein oder andere Problem lösen!

Auf ein Wiedersehen in Namibia und immerzu „Gute Pad!“,
Bernhard Kolter

Teil 1
Namibia – Afrikas Selbstfahrerparadies

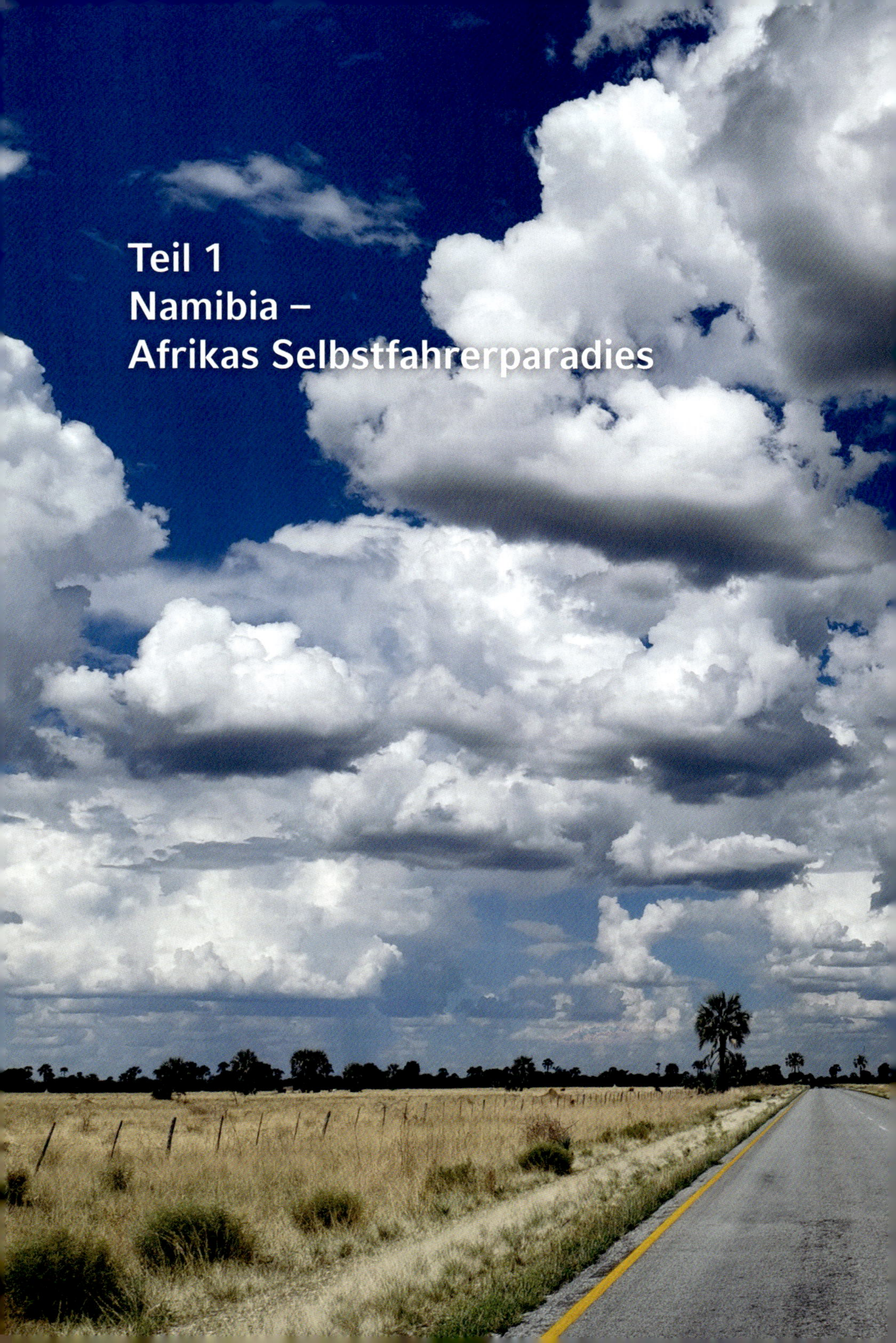

Namibias Weite!

1. Das Straßennetz Namibias

Dem Horizont entgegen!

1. Das Straßennetz Namibias

Namibia besitzt ein hervorragend ausgebautes Straßennetz mit einer Gesamtlänge von rund 50.000 Kilometern. Die Infrastruktur der Straßen hat in den letzten Jahren große Fortschritte gemacht. Laut einem Bericht des Weltwirtschaftsforum WEF (World Economic Forum von 2023) schneidet Namibias Straßennetzwerk mit 5,2 von 7 Punkten als bestes in Afrika ab und liegt weltweit damit auf dem 23. Platz.

Nun weisen aber nicht alle der rund 50.000 Kilometer an Straßen und Wegen dieselbe Qualität bzw. Fahrbahnbeschaffenheit auf. Nur gut 8000 Kilometer des gesamten Straßennetzes Namibias sind asphaltiert; beim Rest handelt es sich um nicht-geteerte Straßen (Schotter, Sand, Salz etc.). Darum werden auch die Straßentypen und deren Nummerierung entsprechend der Fahrbahndecken kategorisiert.

Straßen

A-Straßen
Autobahnen mit mindestens zwei Fahrspuren pro Richtung und stets asphaltiert

B-Straßen
Nationalstraßen: mindestens zweispurig und asphaltiert

C-Straßen (neu: **MR-Straßen**)
Hauptstraßen (*main roads*): teilweise asphaltiert, sonst mit Kiestragschicht, d. h. Schotter

D-Straßen (neu: **DR-Straßen**)
Distrikstraßen (*district roads*): unterschiedlich gut gewartete Schotterpisten; in wenigen Ausnahmefällen (DR3608, D1526, D826 zwischen C19 und Sesriem, D3508) auch asphaltiert

M-Straßen (neu: **MR-Straßen)**
Hauptstraßen (*main roads*) ersetzen bzw. ergänzen teilweise die Bezeichnungen der C- und D-Straßen und sind länderübergreifend angelegt

P-Straßen (neu: **F-Straßen**)
schmale und nicht regelmäßig gepflegte private Zufahrtswege zu Farmen, die nicht direkt über eine der anderen Straßen erreichbar sind

Öffentliche Straßen der Kategorien A, B, C und D sowie M werden von der Roads Authority (www.ra.org.na) betrieben.

Windhoek oder Weimar?

Autobahnen (A-Straßen)

A-Straßen sind ein Straßentypus, der zum Jahr 2017 eingeführt wurde. Im April 2017 wurde der erste neue Streckenabschnitt (B1 zu A1), d. h. die erste Autobahn Namibias offiziell eingeweiht.
A1: ca. 75 Kilometer zwischen Windhoek und Okahandja
A2 (Hifikepunye Pohamba Freeway): ca. 36 Kilometer zwischen Walvis Bay und Swakopmund
A6 (Airport Freeway oder Dr Hage Geingob Freeway): ca. 45 kilometer zwischen Windhoek und Hosea Kutako International Airport

Nationalstraßen (B-Straßen)

Nationalstraßen sind in Namibia die Hauptverkehrsstraßen für den Fernverkehr innerhalb des Landes. Darüber hinaus haben sie aber auch eine internationale Aufgabe, nämlich die Anbindung der Nachbarländer („Internationalstraßen").

Die ersten großen asphaltierten Straßen wurden erst in den 1960/70er-Jahren gebaut, vornehmlich um das unter südafrikanischer Verwaltung stehende Namibia mit dem Mutterland Südafrika zu verbinden.

Seit der Jahrtausendwende verbindet der Trans-Kalahari Corridor Namibia mit Botswana und Südafrika. Die Strecke führt von Walvis Bay bzw. Swakopmund am Atlantik über Botswana bis nach Johannesburg in Südafrika.

Heutzutage unterscheidet man in Namibia elf verschiedene Nationalstraßen:

B1 (z. T. A1): 1600 Kilometer
Wichtigste Nord-Süd-Verbindung des Landes mit Grenzübergängen zu Südafrika (Noordoewer im Süden) und Angola (Oshikango im Norden).

B2: 327 Kilometer
Wichtigste Verbindungsstraße zwischen der Atlantikküste und Zentralnamibia. Die B2 durchquert den Westen des Landes von Walvis Bay und Swakopmund an der Küste bis nach Okahandja im zentralen Teil. In Okahandja trifft die B2 auf die B1. Die B2 bildet den westlichsten Teil des Trans-Caprivi Highway.

Namibias „Highway Nr. 1": die B2

B3: 160 Kilometer
Kurze Verbindungsachse im Südosten.
Die B3 verbindet Südafrika (Grenzübergang: Nakop) mit Grünau und der B1.

B4: 330 Kilometer
Verbindungsstraße zwischen den Städten Lüderitz und Keetmanshoop; Anbindung an die B1.
Die B4 ist im Süden Namibias einzige Straßenverbindung an den Atlantik (zum Hafen von Lüderitz) und damit in das ehemalige Diamanten-Sperrgebiet.

B6: 290 Kilometer
Wichtigste Verbindungsstraße zwischen Zentralnamibia und Botswana.
Die B6 durchquert den Osten des Landes von Windhoek über Gobabis bis zur Grenze nach Botswana (Grenzübergang: Buitepos). Die B6 ist Teil des Trans-Caprivi Highway.

B8: 930 Kilometer
Wichtigste Straße von Zentral-Namibia in den Nordosten des Landes und einzige Straßenverbindung in die Region Sambesi.

Die B8 beginnt bei Otavi, wo sie Anschluss an die Nationalstraße B1 besitzt; über Rundu geht es bis nach Katima Mulilo (Grenzübergang zu Sambia) und Ngoma (Grenzübergang zu Botswana). Die B8 ist Teil des Trans-Caprivi Highway, der Namibia mit Sambia, Botswana und Simbabwe verbindet.

B9: 8 Kilometer
innerstädtische Verbindungsachse: Windhoek
Die Nationalstraße B9 ist eine teilweise im Bau bzw. Ausbau befindliche Nationalstraße in Windhoek, die z.B. die B6 im Osten mit der B1 (im Süden) verbindet. Der erste Teil wurde im März 2021 offiziell eröffnet.

B10: 412 Kilometer
West-Ost-Verbindung im Norden Namibias.
Die B10 verbindet die Regionen Ohangwena und Kavango-Ost miteinander. Sie verläuft in ca. 50 Kilometer Entfernung parallel zur Grenze mit Angola und in ihrem östlichen Abschnitt direkt entlang des Südufers des Okavango.

B11: 14 Kilometer
Anschluss an B10 und B15 sowie Verbindung zum Grenzübergang Katitwe (Angola).

„Viel" Verkehr auf Namibias Nationalstraßen

B14: 391 Kilometer
Nord-Süd-Verbindung im nördlichen Namibia, von Grootfontein über Gobabis nach Aranos
Die Nationalstraße B14 ist die neueste Nationalstraße in Namibia. Sie wurde im April 2018 im Verlauf der alten C22 eröffnet.

B15: 210 Kilometer
Nord-Süd-Verbindung im nördlichen Namibia, von Tsumeb über die B1 bis nach Katitwe (Grenzübergang zu Angola).

Gute Pad!

Schotterstraßen

Neben den A- und B- Straßen verfügt Namibia über ein weit größeres und dichteres Netz an nicht-geteerten Straßen, die in der Folge als Schotterstraßen oder *gravel roads* bezeichnet werden. Sie sind zumeist mit einer Kiestragschicht versehen, können aber auch aus Sand oder Salz bestehen. Der Zustand und die Qualität dieser Straßen variieren stark und sind abhängig von der jeweiligen Region, Wetterfaktoren (z. B. Regen), Art und Häufigkeit der Benutzung. *Gravel roads* benötigen paradoxerweise eine aufwendigere Pflege als Asphaltstraßen und müssen mindestens einmal jährlich gewartet werden. Dabei werden die Straßen mit einem Planiergerät (*grader*) bearbeitet. Im Allgemeinen lassen sich diese Schotterstraßen aber gut befahren und machen das Reisen in Namibia erst möglich. Fahr- und Verhaltenstipps für das Reisen auf Schotter folgen in Kürze!

Pad

Der Begriff *pad* (Afrikaans für Straße) umfasst in Namibia jegliche Art von Straße unabhängig vom Belag. Will man sich genauer ausdrücken, benennt

man die Straßen nach ihrem Untergrund, ihrer Verwendung oder ihren Verursachern. Befahren kann man die *teerpads* (Asphalt), *sandpads* (Schotter oder Sand) sowie *salzpads* (gebräuchlich an der Küste) und die *farmpad*. Zu Fuß ist man besser aufgehoben bei Elefanten- oder Zebra-*pads* (Pfaden) oder *beesterpads* (Rinderwege). Für alle Fälle bzw. für alle Wege lautet der Abschiedsgruß: Gute Pad!

Die größeren, öffentlichen *pads* werden rechts und links von breiten, offenen Flächen flankiert, den sogenannten Reserven. Die Reserven dienen als Auslaufflächen für den Notfall und Pufferzone zwischen eigentlicher Fahrbahn und angrenzendem, eingezäunten Farmland. Gerade nach der Regenzeit steht das Gras in den Reserven relativ hoch; Wildtiere wie z. B. Warzenschweine sind dort dann nicht auszumachen. Ähnlich wie Straßen müssen auch Reserven regelmäßig gepflegt werden und von dichterer Vegetation befreit werden. Besonders in trockenen Jahren übernehmen diesen Dienst die Viehherden der angrenzenden Farmen, was für den Straßenverkehr eine erhöhte Gefahrensituation darstellt.

2. Verkehrsregeln in Namibia

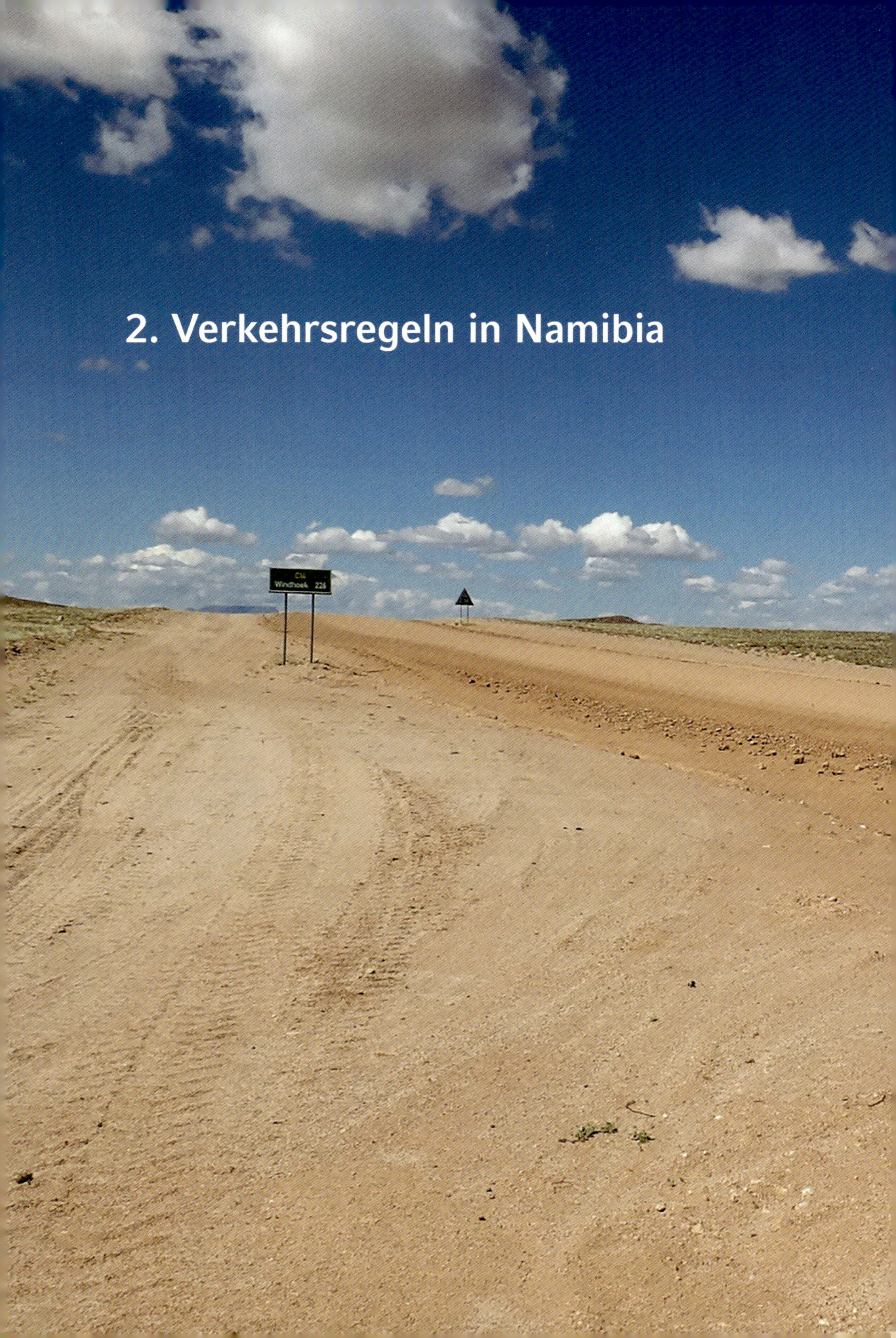

Namibia: wenige Menschen, viele Schilder

2. Verkehrsregeln in Namibia

Linksverkehr

Große Bedenken, gar Unbehagen besteht bei (unerfahrenen) Selbstfahrern gegenüber dem Thema „Linksverkehr" im Südlichen Afrika. Angst ist dabei unangebracht, zumal das Verkehrsaufkommen deutlich unter den bekannten europäischen Verhältnissen liegt. Es ist jedoch ratsam, sich im Vorfeld über die neue Fahrsituation Gedanken zu machen – so wie auch über den gesamten Reiseverlauf nachgedacht wird. Die erste Zeit hinterm Steuer sollte mit äußerster Konzentration und Aufmerksamkeit angegangen werden; die Gewöhnung hält dann oft schneller Einzug als gedacht. Denn wenn alle links fahren, schließt man sich dem als Fahrer naturgemäß an. Gefährliche Situationen entstehen beim (Rechts-)Abbiegen auf Kreuzungen, bei langen, einsamen Überlandfahrten und bei den Ausfahrten aus besonders verkehrsberuhigten Bereichen wie z. B. Nationalparks.

Da auf der „falschen" Straßenseite gefahren wird, befinden sich auch Lenkrad, Handbremse und Schalthebel auf der anderen Seite im Auto. Beim Schalten und Betätigen der Handbremse sollte also die linke Hand eingesetzt werden. Aber keine Sorge, auch als Rechtshänder lässt es sich erstaunlich gut mit links schalten. Da sich auch die Mittelkonsole mit allen möglichen Schaltern und Knöpfen (Lüftung, Radio etc.) links vom Fahrer befindet, ist die linke Hand ohnehin öfter gefordert als zu Hause. Die Hebel für Scheibenwischer (links vom Lenkrad) und Blinker sind vertauscht angebracht und sorgen in den ersten Tagen für einige Verwirrung und den ein oder anderen Schmunzler. Touristen lassen sich nämlich leicht daran erkennen, dass sie bei strahlend-blauem Sonnenwetter mit eingeschaltetem Scheibenwischer um die Ecke biegen, ohne dabei den Blinker zu betätigen.

Die Pedalerie zumindest – also Kupplung, Bremse und Gas – ist genauso angebracht, wie wir es auch von zu Hause aus kennen. Der Oberkörper muss sich also in den ersten Tagen umstellen, wohingegen Füße und Beine ihren normalen Dienst leisten können.

Genauso wie als Fahrer sollte man sich auch als Fußgänger in den ersten Stunden und Tagen mit besonderer Vorsicht durch den Straßenverkehr bewegen. Auch der Selbstfahrer sitzt ja nicht 24 Stunden in seinem Fahrzeug und wird sich u. U. nach seiner Ankunft in Namibia erst einmal die Hauptstadt Windhoek ansehen. Zum einen wird auf Fußgänger generell und an Kreuzungen bzw. Zebrastreifen nicht so sehr geachtet wie in Deutschland. Zum anderen muss das schon im Kindergarten erlernte Credo angepasst werden: „Rechts, links, rechts!“. Beim Überqueren der Straße muss also erst nach rechts geschaut werden, weil bei Linksverkehr mögliche Fahrzeuge zuerst von der rechten Seite kommen.

Auch auf den wenigen mehrspurigen Straßen des Landes gilt „Linksfahrgebot“, d. h. es wird in der linken Spur gefahren und auf der rechten Spur überholt. Im Kreisverkehr fährt man im Uhrzeigersinn und nicht diesem entgegen.

Was sich in der Theorie so schwierig und umständlich anhört, erweist sich in der Praxis als erstaunlich einfach. Schon nach wenigen Tagen hat sich unmerklich eine Gewöhnung eingestellt, die sich erst nach dem Heimflug so richtig bemerkbar macht. Wer nach mehrwöchigem Urlaub im Südlichen Afrika erstmals wieder in Deutschland Auto fährt, steigt mitunter auf der falschen Seite ein und verwechselt im Anschluss auch gerne einmal Blinker und Scheibenwischer.

Geschwindigkeit

Das größte Problem auf Namibias Straßen stellt zu hohe, unangepasste Geschwindigkeit dar. In den weltweiten Statistiken zu Verkehrstoten belegt Namibia immer wieder die vorderen Plätze. (Z. B. zwischen 2013 und 2019 jährlich 770 Verkehrstote, d.h. 32,5 Verkehrstote pro 100.000 Einwohner. Zum Vergleich: dieser Wert liegt in den USA bei 12,3 und weltweit bei 17.) Den höchsten Beitrag dazu leisten sicherlich einheimische Kleinbusse und vollbeladene Pick-ups, bei deren Verunfallen gleich mehrere Menschen beteiligt bzw. geschädigt sind. Aber auch eine zunehmende Zahl europäischer Urlauber verunglückt auf Namibias Straßen. Zumeist sind bei deren Unfällen keine Drittfahrzeuge beteiligt, es kommt vielmehr – infolge überhöhter Geschwindigkeit

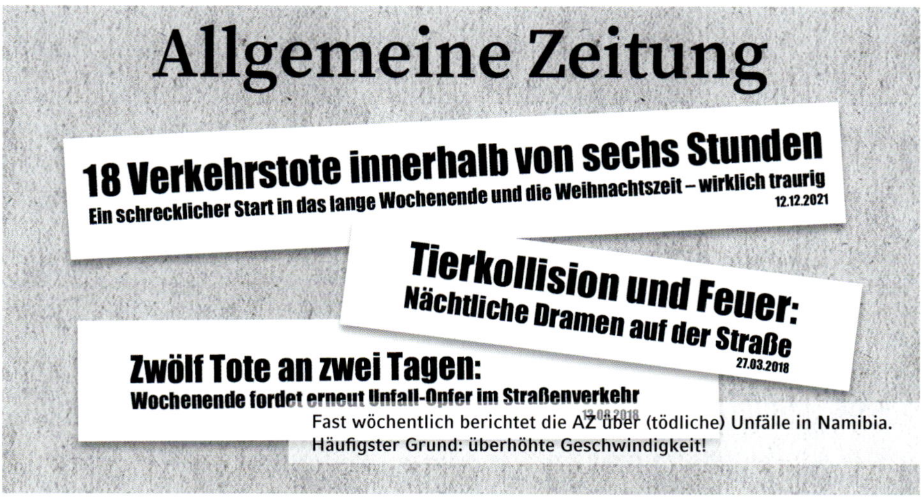

Fast wöchentlich berichtet die AZ über (tödliche) Unfälle in Namibia. Häufigster Grund: überhöhte Geschwindigkeit!

– zum Überschlagen des Fahrzeugs. Darum ist unbedingt auf die zulässigen Höchstgeschwindigkeiten zu achten. Man befindet sich ja schließlich im Urlaub und nicht auf der Flucht. Geschwindigkeitsüberschreitungen werden auch in Namibia scharf verfolgt und mit z. T. hohen Bußgeldern geahndet (bis max. 4000 NAD). Kontrolliert wird die Geschwindigkeit sowohl mit festinstallierten Radarfallen als auch mit mobilen Laser-Geräten. Auch die Mietwagen-Firmen kontrollieren mittlerweile mittels GPS-Tracker die Fahrweise ihrer Kunden – zur Sicherheit der Kunden und der Fahrzeuge. Geschwindigkeitsüberschreitungen führen zu einem schrillen Piepton in der Fahrerkabine – als Mahnung und Erinnerung zugleich. Das unangenehme Geräusch verabschiedet sich erst, wenn das Tempo angepasst, d. h. verringert wird. Im Fall eines Unfalles werden die Daten des GPS-Trackers herangezogen und können über Haftungsfragen entscheiden. Überhöhte Geschwindigkeit wird als Fahrlässigkeit gewertet und kann zum Ausschluss der Versicherung führen.

Stadtverkehr: 60 km/h

Innerhalb geschlossener Ortschaften beträgt die zulässige Höchstgeschwindigkeit 60 km/h. Im Stadtverkehr Abstand zu Taxis und Kleinbussen halten, da diese zur Aufnahme von Passagieren oft überraschende und völlig unberechenbare Fahrmanöver durchführen (z. B. Vollbremsung vor grüner Ampel).

Schotterstraßen (gravel roads): 80 km/h

Auf Schotterstraßen (C- und D-Straßen) beträgt die zulässige Höchstgeschwindigkeit 80 km/h. Auf den Schotterstraßen sollte man sich nicht durch die zeitweilig gute Oberfläche und das Fahrverhalten der Einheimischen täuschen lassen. Wellblech, Schlaglöcher und kreuzende Tiere können überall völlig überraschend und unerwartet auftreten. Hinweisschilder für Kurven und Riviere (Trockenflussbetten) unbedingt beachten!

Asphaltierte Landstraßen: 120 km/h

Auf asphaltierten Landstraßen (A- und B-Straßen) beträgt die zulässige Höchstgeschwindigkeit 120 km/h. Allerdings können auf Asphaltstraßen aufgrund plötzlichen Seitenwindes, extrem langsamen Lkw und gefährlichen Überholmanövern des Gegenverkehrs 120 km/h schon viel zu schnell sein.

Anschnallpflicht

Auf allen Straßen und für alle Sitze gilt das Anschnallen als gesetzliche Verpflichtung. Gerade auf Schotterstraßen weitab jeglicher Zivilisation, wo man sich gerne einmal aller Pflichten und Zwänge entledigt, kann der Sicherheitsgurt das überlebensnotwendige Hilfsmittel schlechthin sein (z. B. bei einem Überschlag). Bei Kontrollen wird das Nichttragen des Gurtes mit 1000 NAD geahndet.

Telefonieren am Steuer

Ähnlich wie in Europa ist auch in Namibia das Telefonieren während der Fahrt nur mit Freisprechanlage erlaubt. Darum Hände weg vom Handy und ran ans Steuer, sonst droht ein Bußgeld von 2000 NAD.

Alkohol am Steuer

„Don't drink and drive!"

Neben überhöhter Geschwindigkeit ist Alkohol am Steuer für die meisten Verkehrsunfälle in Namibia verantwortlich. Die gesetzlichen Obergrenzen für Fahren unter Alkoholeinfluss liegen bei 0,37‰ für Atemtests und bei 0,08‰ für Bluttests. Um sich einen solchen Test zu ersparen, sollte man tunlichst und immer auf Alkohol am Steuer verzichten. Zumal die Strafen für das Fahren unter Alkoholeinfluss drastisch sind und leicht im Gefängnis und vor Gericht enden können. Das sind Erfahrungen, auf die wohl jeder Reisende verzichten kann.

Vorfahrt

Die Vorfahrtsregelung ist in Namibia immer durch die üblichen Schilder, Ampeln (*robots*) oder die Bestimmung von Haupt- und Nebenstraßen geregelt. Eine Besonderheit stellen Kreuzungen dar, bei der alle einmündenden Straßen über ein Stoppschild verfügen, ein sogenannter *all-way-stop*. Was sich nach Lahmlegen des gesamten Verkehrs anhört, erweist sich in der Praxis als unkonventionelles, aber gut funktionierendes Regularium. Die Fahrzeuge halten am Stoppschild an und fahren in der Reihenfolge der Ankunft am jeweiligen Schild weiter: Wer zuerst an der Kreuzung ist und gestoppt hat, fährt auch zuerst weiter, danach der zweite und so fort. Im Zweifelsfall ist eine Verständigung durch Handzeichen üblich. Normalerweise befindet sich bei einem *all-way-stop* noch ein kleines Schild unter dem Stoppschild. Darauf ausgewiesen ist in numerischer Form die Anzahl der Straßen, die sich an dieser Kreuzung begegnen.

Four-Way-Stop

Papiere

Offizieller Nachweis der Fahrtauglichkeit im Südlichen Afrika ist ein Internationaler Führerschein, der stets nur in Verbindung mit dem nationalen

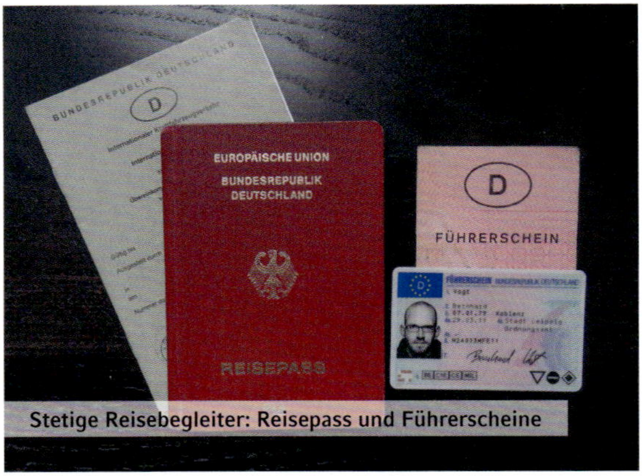

Stetige Reisebegleiter: Reisepass und Führerscheine

bzw. EU-Führerschein gültig ist. Der Internationale Führerschein mit seinen Ausführungen in verschiedenen Sprachen macht es Polizisten im Ausland einfacher, die Fahrerlaubnis zu kontrollieren. Die Autovermietungen hingegen händigen ihre Autos auch oft ohne das Vorliegen des Internationalen Führerscheins aus. Um Probleme mit der Polizei, Versicherungen und der allgegenwärtigen Bürokratie zu vermeiden, gehört der Internationale Führerschein allerdings zusammen mit EU-Führerschein und Reisepass ins Handgepäck.

Klebt vom Fahrer aus gesehen links unten: die *licence disc*.

Den Internationalen Führerschein bekommt man bei jeder deutschen Führerscheinstelle bzw. allen Straßenverkehrsämtern. Benötigt werden zur Antragsstellung ein aktuelles biometrisches Passfoto, der nationale bzw. EU-Führerschein, der Personalausweis und Geld für die Bearbeitungsgebühr (ca. 15 EUR). Liegen alle erforderlichen Dokumente vor, wird der Internationale Führerschein direkt vor Ort ausgestellt – mit einer Gültigkeitsdauer von drei Jahren. Nostalgiker sollten diesen Weg mit Bedacht gehen: Wer noch keinen neuen EU-Führerschein hat, dem wird der alte Papier-Führerschein (mit dem z. T. sehr lustigen Passfoto) bei dieser Gelegenheit automatisch gegen die neue Plastikkarte eingetauscht.

Bei jeder Fahrt in Namibia sollte der Fahrer also den Internationalen Führerschein zusammen mit dem nationalen bzw. EU-Führerschein und den gültigen Reisepass zur Hand haben. Dazu gehört dann natürlich noch die Registrierung des Fahrzeuges. Dieses wichtige Dokument bekommt man vom Vermieter als Kopie bei der Fahrzeugabholung und liegt den anderen Formularen und Verträgen bei.

Seit kurzer Zeit gibt es auch eine sogenannte *licence disc* an der Frontscheibe des Fahrzeuges (vom Fahrer aus links unten). Die Plakette enthält eine Vielzahl von Daten zum Fahrzeug (Gewicht, max. Personenanzahl, Motornummer etc.), auch die Bezahlung der Gebühren von Autoregistrierung und *MVA Found* (für Personenschäden bei Unfällen) ist hinterlegt. Die Fahrzeugregistrierung in Form der *licence disc* muss jährlich erneuert werden. Ein Blick auf die Frontscheibe lohnt also bei der Fahrzeugübernahme.

Beim Grenzübertritt in Nachbarländer sind noch weitere Dokumente vorzulegen, aber verbleiben wir erst einmal noch ein wenig in Namibia selbst.

Road Blocks

Egal in welcher Himmelsrichtung Windhoek verlassen wird, Autofahrer treffen überall auf einen sogenannten *road block* (Verkehrskontrollpunkt der Polizei). Rings um die Hauptstadt handelt es sich um permanente Kontrollpunkte. In Nord-Süd-Richtung gibt es zwei *road blocks* auf der B1 bzw. A1; im Westen liegt dieser auf der C26 und im Osten auf der B6 in Richtung des internationalen Flughafens Hosea Kutako. Daneben werden bei Bedarf auch immer wieder temporäre *road blocks* aufgebaut, zumeist außerhalb größerer Städte auf den großen Durchgangsstraßen. Diese Checkpoints der Polizei dienen der allgemeinen Kontrolle von Verkehr(steilnehmern), Gütern und Waren. Für Touristen verläuft diese meist unspektakulär und schnell. Nach einem kurzen Halt am Stoppschild des *road block* wird man zumeist schon von einem der Polizisten weiter gewunken. Nach einem kurzen Gruß zurück kann die Fahrt auch schon weitergehen. Gestoppt werden sollte aber auf jeden Fall – egal ob es mitten in der Nacht ist oder gerade kein Polizist zu sehen ist. In den seltensten Fällen wird man an diesen Checkpoints wirklich kontrolliert. Im Fall des Falles wird nach den gängigen Papieren (Führerschein und Reisepass) verlangt, nach der Fahrzeugregistrierung und selten auch einmal in den Kofferraum geschaut. Freundlichkeit und Smalltalk helfen zumeist den Moment zu entspannen und die Verweildauer zu verringern. Auch die Polizisten tun nur ihre Arbeit, die hinsichtlich der zunehmenden Gefahren durch Wilderei und Schmuggel immer wichtiger wird.

Bußgeld

Bei Verstößen gegen Gesetze und insbesondere gegen die Verkehrsregeln und einem damit verbundenen Bußgeld erfolgt die Zahlung des Bußgeldes in der nächstgelegenen Polizeistation. So sollen Fälle von Bestechung verringert werden. Gerade als Tourist sollte man sich an die geltenden Gesetze und Gepflogenheiten des Gastlandes halten. Darum heißt es, den Umweg zur Polizei auf sich zu nehmen und seine Zahlung zu leisten – diese aber dann natürlich nur gegen offizielle Quittung. Dumm nur, wenn all dies genau auf dem Weg zum Flughafen bzw. dem Rückflug geschieht. Also immer schön an die geltenden Verkehrsregeln halten!

Überblick über gängige und wichtige Verkehrsschilder

- Nutzvieh kann kreuzen (mit oder ohne Reiter)

- Wildwechsel

- Wild-Hege-Gebiet (Conservancy)

- unbeschrankter Bahnübergang

- Viehgitter voraus (im Boden eingelassen)

- Viehgatter voraus (Bitte so hinterlassen, wie vorgefunden; d. h. auf oder zu.)

- Ende des Asphalts; Anfang des Schotters

- Ende des Schotters; Anfang des Asphalts

- Steiler Anstieg

- Steile Abfahrt: runterschalten

- Steile Abfahrt

- Enge Brückendurchfahrt (u. U. nur für ein Auto geeignet)

- Engstelle (nur für ein Auto geeignet)

- Parkverbot

- Absolutes Halteverbot (+ roter Streifen am Straßenrand)

- Trampen verboten!

- Kreisverkehr (linksherum)

- Bremsschwelle

- Unebene Fahrbahnoberfläche („Wellblech“-Belag)

- Mulde bzw. Riviere (Gefahr durch temporäre Überflutung)

- **4-way-stop:**
  4-fach-Kreuzung ohne Ampel oder Vorfahrtsregelung: an die Kreuzung heranfahren, stoppen und nach der Reihenfolge des Stoppens wieder losfahren

- Linksverkehr

- Rast- bzw. Haltestelle

- Namen der (Trocken-)Flüsse

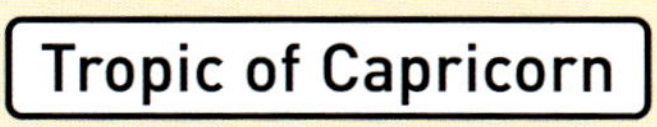

- Hinweisschild

- B-Straße bzw. Nationalstraße

- C-Straße bzw. Hauptstraße

- Steinschlag

- Baufahrzeuge können kreuzen

- Verkehrskontrolle

3. Fahrtipps für Namibia

Unterwegs auf Namibias Straßen

3. Fahrtipps für Namibia

Reifen

Bei der Fahrzeugübergabe sollten *alle* Reifen kontrolliert werden (Luftdruck, Profil etc.), d. h. die vier Räder am Wagen und die mitgelieferten Ersatzreifen, in der Regel ein bis zwei. Da zumindest ein Ersatzreifen aufgrund der vielen Schotterstraßen und scharfen Steine sehr wahrscheinlich zum Einsatz kommen wird, sollten auch diesen besondere Beachtung geschenkt werden. Die Gefahr eines platten Reifens variiert natürlich mit der gewählten Route und dem persönlichen Fahrstil. Unabhängig davon lautet mein persönlicher Tipp: Lieber zwei Reserveräder dabeihaben, als nur eines! Möglicherweise lässt sich der Autovermieter das zweite Rad extra bezahlen, doch das gute Gefühl der Sicherheit ist eh unbezahlbar.

Die Kontrolle des Reifendrucks ...

Der Reifendruck spielt bei der Straßenlage des Fahrzeuges eine sehr wichtige Rolle. Bei jedem größeren Tankstopp sollte der Reifendruck kontrolliert werden. Visuelle Checks am Nachtlager haben schon so manchen schleichenden Plattfuß

... sollte zur (täglichen) Routine gehören.

zu Tage gefördert (und die geplante Abfahrt bzw. Weiterreise nach hinten verschoben). Defekte Reifen sind nach Möglichkeit sofort zu wechseln, um größere Schäden am Fahrzeug abzuwenden. Mit dem platten Reifen in der Hand bzw. im Kofferraum sollte es dann schnellstmöglich zur Reparatur gehen. Das Programm ist in diesem Fall dem Reifen anzupassen: Tagelanges Herumreisen ohne adäquates Reserverad ist keine wirklich gute Idee. Anders als in Europa üblich werden Reifen in Afrika noch repariert und etwaige Löcher wieder zusammengeflickt – mit erstaunlich hoher Halbwertszeit. Diesen Service bieten viele Tankstellen und einige Lodges an, auch auf jeder Gästefarm sollte sich jemand finden, der einen Reifen reparieren kann.

Reifendruck (für die meisten Fahrzeug- und Reifentypen)

Anpassung je nach Anweisung des Vermieters bzw. Fahrzeugherstellers!

Asphaltstraße:	2,0 bar
Schotterstraße:	1,8 bar
Sand:	0,8 – 1,5 bar

Lenkrad

Auch wenn längere Fahrten durch menschenleeres Land dazu verleiten, es sich etwas bequemer zu machen und eine Hand vom Steuer zu nehmen, gehören beide Hände durchgängig ans Steuer! Denn nur, wenn beide Hände am Steuer sind, kann das Fahrzeug in einer Gefahrensituation, z. B. plötzlicher Wildwechsel oder Reifenplatzer, unter Kontrolle gehalten werden.

Sollte das Fahrzeug dennoch ins Schleudern geraten, sollte das Lenkrad ruhig festgehalten werden. Ruckartige Lenkbewegungen oder eine Vollbremsung führen in den meisten Fällen zu einem Überschlag. Dies gilt auch und im Besonderen beim Abkommen von der Piste und dem Befahren der sogenannten Reserven, die zumeist tiefer als die eigentliche Piste liegen. Größere Hindernisse wie Bäume und große Steine können in der Regel durch leichte Lenkbewegungen umschifft werden. Die nächstgrößere Lenkbewegung zurück zur Piste, d. h. den Pistendamm hinauf, sollte erst erfolgen, wenn der Wagen im Flachteil der Reserve wieder unter Kontrolle ist.

Die Schleudergefahr auf Schotterpisten ist in Kurven und bei Gefälle besonders groß. Langsames, vorausschauendes Fahren ist daher oberste Pflicht! Bei Allrad-Fahrzeugen und z. B. *VW*-Bussen ist aufgrund des hohen Schwerpunkts besondere Vorsicht erforderlich. Mit Dachlasten wie z. B. einem Dachzelt ist das Risiko des Schleuderns und Überschlagens ungemein größer, zumal für den sogenannten Elchtest schon Kudu und Co. in den Büschen bereitstehen.

Eine geradezu vorbildliche Lenkradhaltung fürs Gelände

Bei Offroad-Fahrten in schwierigem Gelände gehören natürlich auch beide Hände ans Lenkrad. Die beiden Daumen gehören dabei auf das Lenkrad, nicht in den Radkranz. Ausschlagende Lenkräder haben schon mehr als einen Daumen gebrochen.

Überholen

Auch wenn sich seit Tagen das Bild im Rückspiegel nicht mehr geändert hat bzw. zumindest kein anderes Fahrzeug darin auftauchte, sollte der Blick regelmäßig in den Rückspiegel wandern. Taucht dann unverhofft ein vermeintlich schnelleres Fahrzeug hinterrücks auf, sollte der eigene Wagen leicht verlangsamt werden und auf der Piste soweit wie möglich links gehalten werden. Sowohl beim Überholen als auch durch Gegenverkehr kann es zu Steinschlag kommen.

Setzt man selbst zum Überholvorgang an, sollte dieser gut vorbereitet sein und möglichst auf einer geraden, gut einsehbaren Piste ausgeführt werden. Die Spur sollte schon weit im Voraus gewechselt werden (rechts überholen!), um dem Vordermann den Überholvorgang anzuzeigen und um frühzeitig aus der Staubfahne des vorausfahrenden Wagens zu kommen. Die rechte Straßenseite sollte auch noch eine Zeitlang nach dem Passieren des anderen Verkehrsteilnehmers befahren werden, um beim Wiedereinscheren das überholte Fahrzeug nicht mit einer Staubwolke zu bedecken und Fahrzeug samt Insassen nicht durch Steinschlag zu gefährden.

Auf asphaltierten Straßen im Südlichen Afrika gehört es gerade bei Lkw zu den Gepflogenheiten, einem vermeintlich schnelleren Fahrzeug mit Rechtsblinken zu signalisieren, dass einem Überholvorgang nichts im Wege steht (freie Sicht und Piste etc.). Nach dem Überholvorgang bedankt sich der schnellere Wagen für die Hilfe beim Überholen durch kurzes Betätigen der Warnblinker. Natürlich wird auch rechts geblinkt zum Abbiegen nach rechts. Eine doppelte Bedeutung, die schon zu bösen Unfällen geführt hat. Wer rechts abbiegen will, muss unbedingt erst kontrollieren, ob man nicht falsch verstanden wurde und beim Abbiegen gerade überholt wird.

Es wird immer wieder zu herausfordernden Überholvorgängen kommen, da selbst die asphaltierten Straßen selten mehrspurig sind, wie wir es von unseren Autobahnen kennen. Hier leisten regelmäßig wiederkehrende Überholspuren gerade in kurvenreichen oder bergigen Gegenden Abhilfe. Auf riskante Überholmanöver sollte bei unübersichtlichem Straßenverlauf also verzichtet und stattdessen auf die nächste Überholspur gewartet werden.

Kupplung

Es ist zwar nicht ratsam, beim Autofahren die Füße hochzulegen, allerdings gehört der linke Fuß während der Fahrt nicht aufs Kupplungspedal. Die Kupplung sollte zum Anfahren und zum Gangwechsel genutzt werden, jedoch nicht zum Regulieren der Geschwindigkeit (Start-Stopp) im Gelände. Es besteht die Gefahr, die Kupplung „auszubrennen".

Beim Offroad-Fahren gehört die Kupplung zu einem der Gefahrenpunkte schlechthin. Die Kupplung im falschen Moment getreten, kann einen in ungeahnt schwierige Situationen bringen, die ein Anfänger nicht mehr unter Kontrolle bekommt. Dies gilt besonders für Fahren am Berg, bergauf und bergab!

Fahren und Pausieren

Wer den Tag in Namibia früh beginnt, kann auch früh sein Ziel erreichen und hat auf dem Weg noch genügend Zeit, um sich den schönen Dingen des Landes zu widmen, für unvorhergesehene Momente und notwendige Pausen. Ruhephasen am Tage sollten nicht nur im Vorhinein geplant, sondern dann auch in der Realität durchgeführt werden – am besten während

Rast tut Not! – Rast tut gut!

der heißen Mittagsstunden. Es ist die Gelegenheit, den Flüssigkeitshaushalt aufzufüllen und sich vom anstrengenden Überlandfahren zu entspannen. Konzentration und geistige Frische werden auch noch am Nachmittag erwartet, besonders bei Fahrten gegen die nun tiefer stehende Sonne, d. h. gen Westen. Spätestens bei Einsetzen der Dämmerung sollte das Nachtlager erreicht sein. Fahren in der Dämmerung oder gar bei Dunkelheit ist unbedingt zu vermeiden. Wegunebenheiten sind schlecht zu erkennen, Hindernisse nicht einzuschätzen, und die Tiere am Wegesrand übersieht man unter Umständen komplett.

Tiere

Die Grundfläche Namibias wird von zwei großen Einheiten bestimmt – zum einen von extensiv genutztem Farmland, zum anderen von weitflächigen Schutzgebieten, z. B. Nationalparks. Während die Schutzgebiete u. a. als Rückzugsraum für die einheimische Tierwelt fungieren, dient das Farmland zugleich Nutztieren wie Schafen, Ziegen, Rindern, Pferden und Eseln sowie auch Wildtieren. Die oft riesigen Farmen sind zumeist durch kilometerlange Zäune umschlossen.

Es gibt zwei Arten von Zäunen, die das Landschaftsbild in Namibia prägen:

- relativ niedrige Nutztierzäune, die das Ausbrechen von Nutztieren verhindern, jedoch nicht die Wanderbewegungen der Wildtiere einschränken;
- z. T. meterhohe, dichte Wildtierzäune, die auch die meisten Wildtierarten vom Überqueren abhalten.

Auch Haustiere kreuzen Straßen!

Vorsicht, Wildtiere kreuzen die Fahrbahn!

Doch auch der beste Zaun ist nicht völlig sicher. Somit ist in Namibia immer und überall mit Tieren zu rechnen. Diese laufen zumeist aus den verbuschten oder grasigen Reserven direkt auf die Fahrbahn. Viele Nutztiere werden gerade in Dürreperioden zum Grasen in die Reserven der Straßen geschickt, die sich beidseitig der Fahrbahn erstrecken. Beim Wechsel der Straßenseite nehmen Vierbeiner keine Rücksicht auf nahende Vierräder bzw. nehmen diese erst zu spät wahr. Der Zusammenstoß mit Kudu, Oryx oder Rind ist vergleichbar mit der Kollision mit einem Mittelklassewagen! Die Gefahr ist zur Hauptaktivitätszeit der Tiere am höchsten, d. h. in der Dämmerung und nachts. Darum ist von Nachtfahrten unbedingt abzusehen. Die Tagesetappe muss so geplant sein, dass das Ziel noch im Hellen erreicht wird.

Cattle Grid voraus!

Farmen

Mitunter kreuzen die Schotterstraßen die Außengrenzen oder einzelne Camps der Nutztierfarmen. Und natürlich möchte kein Farmer, dass seine Tiere sich mit den durchfahrenden Fahrzeugen verabschieden. Zwei Systeme haben sich etabliert, um dem Reisenden die ungehinderte Weiterfahrt zu ermöglichen, den Nutztieren das Ausbrechen allerdings verwehren. Sogenannte *(cattle) grids*, in den Boden eingelassene Gitter, sind von Nutztieren weder zu begehen noch zu

Farmtor auf – Farmtor zu

überspringen. Beim Überfahren dieser *grids* sollte der Reisende frühzeitig vom Gas gehen und sich kurz durchschütteln lassen. Auch Farmtore verhindern die ungewollte Flucht von Nutztieren und verschaffen dem Reisenden eine kurze Verschnaufpause. Die Tore auf den Straßen werden grundsätzlich so verlassen, wie man sie angetroffen hat. Ein verschlossenes Tor wird nach der Durchfahrt wieder verschlossen, ein offenes Tor bleibt offen. Viehgatter und -gitter und werden in der Regel durch Schilder angekündigt.

Tramper

Generell ist das Trampen in Namibia nicht erlaubt; vielfach weisen sogar Straßenschilder extra darauf hin. Trotzdem wird man an den Ausgangsstraßen der Städte und auch auf dem Lande immer wieder Menschen sehen, die einen *lift* in die nächste Ortschaft oder zur Schule suchen. Die generelle, offizielle und deutliche Ansage der Behörden, Autovermieter und Versicherungen untersagt das Mitnehmen anderer, fremder Personen. Da ich allerdings schon oft selbst als Tramper unterwegs war und auch immer wieder mal Personen mitnehme, verweise ich hier auf den gesunden Menschenverstand bzw. das eigene Bauchgefühl. Die Gefahr, in der weiten Einsamkeit Namibias auf einen potenziellen Übeltäter zu stoßen, ist bedeutend geringer als in der Umgebung der Städte. Statistisch sind junge Männer viel häufiger an Strafdelikten beteiligt als andere Bevölkerungsgruppen. Was spricht also dagegen, ältere Damen oder Schulkinder ins nächste Dorf zu fahren? Suchen wir nicht gerade in Afrika neben dem landschaftlichen Reiz der Natur den Kontakt zur lokalen Bevölkerung?

Sicherheit

Warnhinweis in der Innenstadt von Windhoek

Leider häufen sich in den letzten Jahren Fälle von aufgebrochenen Fahrzeugen und dem damit verbundenen Diebstahl von Wertgegenständen. Zwar treten diese Fälle zumeist nur in den großen Städten auf, vor allem in Windhoek, aber Vorsicht und Aufmerksamkeit ist überall geboten. Nie sollte man wertvolle und liebgewonnene Dinge in einem unbeaufsichtigten Fahrzeug zurücklassen. Dazu zählen sicherlich Reisepass, Geldbörse und Kamera.

In den Städten gibt es aber auf fast allen öffentlichen Parkplätzen Parkwächter. Die meist jungen Männer geben sich durch Westen oder ihr Auftreten rasch zu erkennen und helfen oft schon bei der Parkplatzsuche bzw. dem Einweisen. Obwohl manch ein Einheimischer die Effektivität der Parkwächter anzweifelt, halten sie mögliche Einbrecher schon allein durch ihre Präsenz in Schach. Die jungen Männer haben eine Aufgabe und verdienen etwas, müssen sich also nicht andere Wege zur Geldbeschaffung suchen. Die Bezahlung erfolgt beim Wegfahren und ohne vorherige Absprache bzw. Quittierung. Ein angemessener Lohn für den Service stellen 2 bis 5 NAD dar. Es ist also immer gut, kleinere Münzen im Auto zu haben.

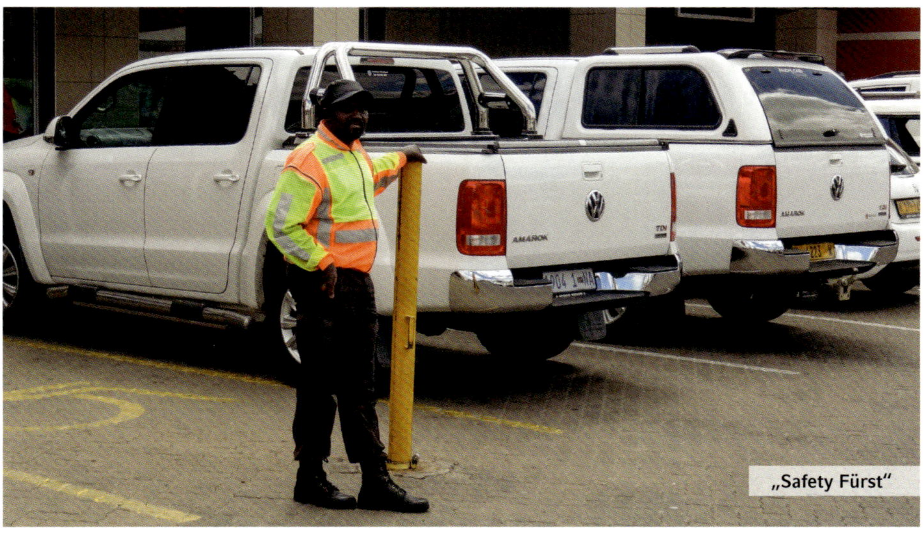
„Safety Fürst"

Ein aufkommender Sandsturm?

Sandsturm

An der Atlantikküste und der Namib-Wüste kann es zu regelrechten Sandstürmen kommen, die Millionen feiner Sandkörner oft kilometerhoch in die Luft heben. Der dadurch entstehende Sandstrahl kann das Fahrzeug stark beschädigen, vor allem Windschutzscheibe und Lack. Sofern dies noch möglich ist, sollte dem Sturm ausgewichen, die Rückfahrt angetreten oder ein Unterstand gesucht werden. Ist dies nicht mehr möglich, sollte das Fahrzeug mit dem hinteren Teil zum Sandsturm geparkt werden. So werden zumindest größere Schäden an Windschutzscheibe, Fernlichter und Kühler vermieden. Für Schäden durch Sandstürme haftet in der Regel der Mieter!

Das Schild als Warnung und Beweis zugleich!

Schotterstraßen

Die vermeintlich gute Fahrbahn und das Fahrverhalten der Einheimischen verleiten oft zum schnellen Fahren auch auf Schotterstraßen *(gravel roads)*. Die Einheimischen fahren die Strecke meist mehrfach wöchentlich und kennen die Strecke mit ihren Gefahrenpunkten und ihr Fahrzeug genau. Eine bessere Straßenlage und damit eine erhöhte Sicherheit erhält man durch einen angepassten Reifendruck (1,8 bar) und das Zuschalten des Allradantriebs (H4). Aber auch mit Allrad sollte hier grundsätzlich nicht schneller als 80 km/h gefahren werden. Wellblech, Schlaglöcher, Verspülungen und Tiere können jederzeit unerwartet auftauchen. Verkehrsschilder warnen vor Gefahren, insbesondere vor Kurven. Bei einem gekrümmten Hinweispfeil sind maximal 60 bis 70 km/h empfohlen, bei einem rechtwinkligen Pfeil 40 bis 50 km/h. Weitere Gefahrenpunkte sind Riviere, Hügel und Kuppen.

Die weitaus meiste Zeit des Jahres sind das Land und die Pisten mehr als trocken und von der Sonne ausgedörrt. Dann hat man mit dem allgegenwärtigen Staub zu kämpfen, der die Sicht beeinträchtigt und sich seinen Weg ins Fahrzeuginnere sucht – durch offene Fenster und Dichtungen hindurch. Um den leichten Überzug aus feinstem Puder zu vermindern, öffnet man im hinteren Teil des Wagens bzw. in der Gepäckkabine (bei Pick-up-Aufbauten) ein Fenster. Es dringt nicht mehr, sondern deutlich weniger Staub ein, weil so ein Vakuum vermieden wird, das den Staub magisch anziehen würde. Der Staub außen sollte im Normalfall dichter und störender sein als derjenige im Innenraum des Fahrzeuges. Der Staubfahne eines vorausfahrenden Fahrzeuges entgeht man nur durch langsameres Fahren, sicheres Überholen oder einen Windwechsel. Dem Gegenverkehr samt aufkommendem Staub und fliegenden Steinen begegnet man am besten langsamer fahrend auf der ganz linken Seite der Fahrbahn. Zur eigenen Sicherheit sollte bei Gegenverkehr, großem Staubaufkommen und in der Dämmerung das Licht eingeschaltet werden.

In der Hitze Namibias wird das Auge nicht nur vom Staub, sondern auch von der hohen Sonneneinstrahlung und dem damit verbundenen intensiven Schattenschlag gefordert. Mögliche Schlaglöcher, Sandverwehungen, Steine, Rinnen etc. werden oft erst in letzter Sekunde oder zu spät entdeckt. Dann heißt es aber wiederum: Durchfahren und durchrütteln lassen ist allemal besser als das Lenkrad noch schnell ruckartig herumzureißen.

Durchhalten ist auch beim sogenannten „Wellblech“ angesagt. Dabei handelt es sich um unbefestigte Straßen, die quer zur Fahrtrichtung liegende Bo-

In Namibia das normalste der Welt: Fahren auf Schotter!

denwellen ähnlich einem Wellblechmuster aufweisen. Voraussetzung für die Entstehung dieser Strukturen sind schwere und schnelle Fahrzeuge und eine schon vorhandene Vertiefung in der Fahrbahnoberfläche. Beim Herausfahren aus der Vertiefung bewegt sich das Rad wie auf einer Rampe nach oben, um nach einem kurzen Sprung eine weitere Bodenvertiefung vorzubereiten. So entsteht nach und nach eine Wellblechpiste, die Mensch und Material vor eine harte Prüfung stellen, zumal es keine gute Lösung gibt. Entweder man fährt langsam über den Streckenabschnitt hinweg, reitet dann aber jede Bodenwelle ab. Oder man fährt bzw. fliegt schneller darüber hinweg, so dass die Räder nicht jede Querrille mitnehmen. Dabei läuft man allerdings Gefahr die Bodenhaftung komplett zu verlieren und ins Schleudern zu geraten.

Als guter Vergleich kann die Fahrt auf Schotter mit der auf einer schneebedeckten Bundesstraße verglichen werden. Umsichtiges und vorausschauendes Fahren ist oberstes Gebot! Dies gilt besonders für das Bremsen: Durch abruptes und heftiges Bremsen (Vollbremsung!) kann der Wagen leicht ins Schleudern geraten. Durch gefühlvolles Bremsen und leichte Ausweichmanöver können die meisten schwierigen Situationen wie Wildwechsel, geplatzter Reifen etc. gemeistert werden. Auch der Zeitpunkt des Bremsens ist entscheidend: Bei scharfen Kurven sollte z. B. nie in der Kurve selbst gebremst werden. Vielmehr sollte der Bremsvorgang schon weit vor der Kurve begonnen und die Kurve anschließend mit gedrosselter Geschwindigkeit durchfahren werden.

Über den Zustand der Schotterpisten, mögliche Gefahrenpunkte und etwaig bessere oder schönere Ersatzrouten wissen Einheimische am besten Bescheid. Wer fragt, gewinnt also (Informationen dazu)! Gelegenheiten bieten sich immer: in der Unterkunft beim Ein- oder Auschecken, an der Tankstelle oder beim Einkauf im Shop. Auch die Aussagen anderer Reisender, z. B. entgegenkommender Fahrzeuge, können wichtige Informationen liefern.

Allrad

Einer der häufigsten Fehler ist es, den Allrad erst dann zu benutzen, wenn es schon (fast) zu spät ist. Der Allradantrieb darf aber auch schon gern verwendet werden, bevor man sich festfährt. Sobald das Fahren unsicher und das Gelände rauer werden, sollte ein Allradgang eingelegt werden. Allrad verbessert das Fahrverhalten auch schon auf normalen Schotterstraßen; die vier angetriebenen Räder erhöhen die Bodenhaftung des Fahrzeuges. Einzig der Kraftstoffverbrauch „leidet“ unter dem Einsatz des Allrad.

Doch wie benutzt man den Allrad eigentlich? Und welche Arten des Allrad-Fahrens gibt es?

Ein Großteil der in Namibia zur Verfügung stehenden Mietwagen mit Allrad verfügen über einen zuschaltbaren Allradantrieb und eine automatische Freilaufnabe. Der zuschaltbare Allradantrieb ermöglicht das Wechseln zwischen Zweiradantrieb und Allradbetrieb.

H2 (*high two*)

H4 (*high four*)

L4 (*low four*)

H2 (*high two*) = Zweiradantrieb
Einstellung für das Fahren auf Straßen und hohe Geschwindigkeiten.
Diese Stellung erlaubt wirtschaftlicheres, geräuscharmes Fahren mit dem geringsten Verschleiß.

H4 (*high four*) = Vierradantrieb/Allrad (Untersetzung ausgeschaltet)
Einstellung für Pisten, Schotterstraßen etc., d. h. potenziell rutschigen Untergrund.
Diese Stellung bietet eine stärkere Traktion als der Zweiradantrieb.
Höchstgeschwindigkeit: 80 km/h

L4 (*low four*) = Vierradantrieb/Allrad (Untersetzung eingeschaltet)
Geländegang für schwierige, langsam zu befahrende Passagen wie steile Bergauf- oder Bergabfahrten und Geländefahrten in Sand oder Schlamm. Diese Stellung sorgt für mehr Drehmoment und Traktion.
Höchstgeschwindigkeit: 40 km/h

Sollte der *low four* (L4) wirklich nicht ausreichen, gibt es auch noch die Differenzialsperre (englisch: *differential lock* oder kurz *diff lock*). Differenziale gleichen Drehzahlunterschiede zwischen den Rädern einer Achse oder zwischen Vorder- und Hinterrädern aus, wie sie in Kurven auftreten. Im Gelände kann es dazu kommen, dass einzelne Räder durchdrehen, während die anderen stillstehen. Die Differenzialsperre bewirkt eine starre Verbindung zwischen den Rädern einer Achse (vordere oder hintere Differenzialsperre) oder zwischen Vorderachse und Hinterachse (zentrale Differenzialsperre) und verhindert so das Durchdrehen der Räder.

Differenzialsperren sollte nur in Ausnahmefällen betätigt werden, z. B. wenn ein Rad in einer Bodenvertiefung oder auf rutschigem oder gewelltem Untergrund durchdreht. Weder beim Zuschalten der Sperre noch beim Entriegeln darf eine Kraft über den Antriebsstrang geleitet werden. Wie man schnell merken wird, bedarf das Fahren mit der Differenzialsperre einem höheren Lenkaufwand und damit größerer Vorsicht in Kurven. Die maximale Geschwindigkeit mit eingerücktem Differenzial liegt bei 8 bis 10 km/h. Differenzialsperren sind nicht für den Dauerbetrieb und dem Gebrauch auf festem Untergrund gefertigt und können dabei beschädigt oder zerstört werden.

Bevor es mit dem zunächst noch fremden Mietwagen auf Pad und ins Gelände geht, sollte dieser ausgiebig getestet werden. Das beinhaltet auch das Verstehen und Ausprobieren der verschiedenen technischen Einstellungen und Antriebsvarianten. Denn auch das Fahrverhalten des Geländewagens ändert sich je nach verwendetem Geländegang. Es ist allemal besser, dies im Vorhinein zu erlernen und zu erfahren, als sich mit der Materie erst zu beschäftigen, wenn das Auto schon fest im Sand eingegraben ist.

Wasser: Riviere und Matsch

Nach heftigen Regenfällen verwandeln sich viele Schotterstraßen in rutschig-matschige Pisten und die Trockenflüsse in z. T. reißende Flüsse. Die Riviere „laufen“ – eine freudige Nachricht für die Farmer, problematisch für die meisten Touristen. Die Tiefe eines laufenden Riviers ist kaum einzuschät-

Eine Wasserpassage sollte gut durchdacht sein!

zen, zumal Verspülungen und Löcher im Untergrund warten. Hier sollten der Wagemut und die Reiselust dem Menschenverstand weichen. Als Anfänger empfiehlt es sich, erst einmal abzuwarten und darauf zu hoffen, dass erfahrene Fahrer vor dem gleichen Problem stehen, die Situation aber besser einschätzen können. Ist und bleibt man allein, dann heißt es Aussteigen und beide Fahrspuren abgehen. So misst man einerseits die Wassertiefe und kann feststellen, ob im Flussbett Hindernisse, Schlickstellen oder Schlaglöcher die Durchfahrt behindern. Kniehohes Wasser ohne starke Strömung sollte mit den meisten Allradwagen problemlos zu befahren sein. Übersteigt das Wasser Kniehöhe, ist von einer Durchfahrt strengstens abzuraten. Wasser könnte in die Zündanlage und in den Luftfilter eindringen und diese beschädigen. Ist die Strömung auch bei flachen Rivieren sehr stark, besteht die Gefahr, dass das Fahrzeug weggespült werden kann. Ist man sich sicher, dass der Fluss zu bewältigen ist, schaltet man in den L4, legt den zweiten Gang ein und fährt langsam, aber konstant in den Fluss. Schnelles Fahren muss unbedingt vermieden werden, da dadurch eine Bugwelle vor dem Fahrzeug entsteht und Wasser angesaugt werden kann.

Problemlose Wasserdurchfahrt

Nach dem Regen kommt der Schlamm und damit eine weitere Herausforderung. Im Schlamm fahren sieht auf Bildern immer spektakulär aus, ist aber oft sehr tückisch, denn im Schlamm lauern Felsen, Löcher oder Untiefen. Doch auch diese sind zumeist zu bewältigen. Das Warten auf ein weiteres Fahrzeug zum möglichen Herausziehen kann hilfreich sein, das Warten auf das Trocknen des Schlamms ist allerdings keine Option. Oftmals hilft nur auszusteigen und die Schlammpassage zu Fuß zu erkunden. Sollte diese kostenlose Fangopackung positiv verlaufen, wird der Allradantrieb eingeschaltet und die Differenziale gesperrt. Mit L4, dem 2. Gang und gesperrtem Differenzial geht es dann ins Schlammbad. Am besten fährt man mit mittlerer Drehzahl gleichmäßig durch den Schlamm, möglichst ohne Lenkbewegung. Bei durchdrehenden Rädern heißt es, etwas vom Gas zu gehen, bis die Reifen wieder Grip haben. Der Balanceakt zwischen Gas geben bei Traktion der Räder und Gas wegnehmen bei durchdrehenden Rädern ist zugegebenermaßen nicht ganz einfach. Sind im Schlamm Spurrillen vorhanden, kann man versuchen mit dem Reifen am Rand einer solchen Spurrille entlang zu fahren und so zusätzlichen Grip durch die Seitenwand des Reifens zu bekommen.

Sand

Das Volk der San kennt eine Vielzahl an unterschiedlichen Wörtern für Sand. Wir Mitteleuropäer spüren zumeist nur den farblichen Unterschied der Sandkörner auf. Aber die Art und Beschaffenheit von Sand unterscheidet sich je nach Entstehungsgeschichte, Temperatur und Feuchte. Je heißer und trockener der Sand ist, desto schwieriger ist er zu befahren. Warmer und trockener Sand ist weicher, womit sich die mögliche Fahrgeschwindigkeit verringert, der Kraftstoffverbrauch und die Gefahr des Einsinkens bzw. Festfahrens erhöht. Steht also eine längere Sandpassage an, sollte diese – wenn möglich – in den Morgenstunden absolviert werden, wenn der Sand durch die Morgenfeuchtigkeit noch tragfähiger ist. Bei Sanddurchfahrten muss der Allradantrieb eingeschaltet und die Differenziale gesperrt werden (empfohlene Gangstellung: L4 und 2. Gang). Zudem ist das „Luftablassen“ an den Reifen von großer Bedeutung. Eine Reduzierung auf minimal 0,8 bis maximal 1,5 bar ist für Sandpassagen empfohlen. Je lockerer der Sand erscheint, umso niedriger muss der gewählte Luftdruck liegen. Die Reduzierung des Luftdrucks vergrößert die Auflagefläche des Reifens auf dem Sand und damit den Grip. In bereits ausgefahrenen Spuren ist der Sand bereits verdichtet und bietet damit ebenfalls eine höhere Angriffsfläche für den Reifen. Beim Ritt durch die Sandfelder sollte ein Gangwechsel unbedingt vermieden werden. Jeder Schaltvorgang wirkt wie eine Bremsung. Möchte man anhalten, sollte ein Platz mit festem Untergrund oder abfallendem Terrain ausgewählt werden. Anstatt zu bremsen, kann der Wagen dort einfach ausrollen. Beim Bremsen entsteht ein kleiner Sandwall vor den Vorderrädern, der das Anfahren unnötig schwierig macht.

Sollte sich der Wagen trotz aller Vorkehrungen einmal festgefahren haben, ist dies nicht weiter schlimm, sondern gehört zum Erlebnis Sandfahren einfach dazu. Der beste Weg weiter ist der Weg zurück! Statt sich nach vorn oder gar zur Seite zu wühlen, sollte der Wagen in der eigenen Spur zurückbewegt werden. Anschließend kann die Problemzone mit höherer Geschwindigkeit oder auf einem anderen Weg überwunden werden. Tja, und dann gibt es natürlich auch noch Schaufel, Sandbleche und Wagenheber als Hilfsmittel.

Offroad

Die endlos erscheinenden Ebenen der Namib-Wüste und die weiten Sanddünen der Küste verlocken Allradfahrer geradezu, sich und ihr Fahrzeug einmal so richtig „offroad" auszuprobieren. Die meisten dieser Flächen besitzen den höchsten Schutzstatus Namibias, den eines Nationalparks. Das Verlassen der Straßen und Wege ist im Nationalpark strengstens verboten! Bei Zuwiderhandlung kann das fragile Ökosystem stark in Mitleidenschaft gezogen werden, denn blindes Querfeldeinfahren schadet der Natur nachhaltig. Speziell an das Wüstenklima adaptierte, langsam wachsende Pflanzen und Flechten werden geschädigt, Kleintiere oder ihre Nester gar überfahren. Auch der optische Eindruck bleibt erhalten: Fahrzeugspuren bleiben in diesem regenarmen Gebiet oft Jahrhunderte unverändert erhalten.

Offroad-Fahren ist auch in Namibia an den meisten Stellen untersagt!

Die Geländefahrt mit einem echten Allradfahrzeug kann ein aufregendes und spaßiges Unterfangen sein, wenn man sich denn mit dem Allradfahren auskennt und an die bestehenden Regeln hält. Die „Sau rauslassen" kann man also gern zu Hause oder auf dafür vorgesehenem Gelände in Namibia (z. B. auf verschiedenen Gästefarmen) oder auf speziellen Veranstaltungen.

Ähnliches gilt für die abgelegenen Gebiete des Landes, wie z. B. das Kaokoveld und Khaudum. Hierher sollten nur erfahrene und umsichtige Afrika- und Allrad-Reisende fahren! Aber auch als selbsternannter Kenner von Namibia und Geländewagen sollte man sich in diese Regionen nicht allein aufmachen. Ein lokaler Guide ist von unschätzbarem Wert hinsichtlich der Orientierung und im Umgang mit der lokalen Bevölkerung. Außerdem sollten sich zwei Fahrzeuge zu einem Konvoi zusammenschließen, um sich im Notfall gegenseitig helfen zu können.

4. Reisen mit Kindern

Mittagspause im Schatten für Mensch, Mimi und Material

4. Reisen mit Kindern

Ist der lange, teils langweilige Flug erst einmal überstanden, liegt Namibia als riesiger Abenteuerspielplatz vor den Augen, Händen und Füßen unserer Kinder. Die grellen Farben, fremden Gerüche und vielen bunten Tiere ziehen nicht nur die kleinen Besucher Afrikas in ihren Bann. Dabei gilt Namibia als sicherstes Reiseland Afrikas – ein großes Land mit wenigen Einwohnern und einer niedrigen Kriminalitätsrate. Kinder prägen das Gesellschaftsbild im Südlichen Afrika; sie sind allgegenwärtig und zumeist gern gesehen. Der alltägliche Umgang mit Kindern drückt sich in Gelassenheit und Selbstverständlichkeit aus. So sorgen z. B. schreiende Kinder für keinerlei Aufregung oder gar Kopfschütteln in der Öffentlichkeit. Mit Englisch als Amtssprache gestaltet sich die Verständigung im Alltag sowie im Notfall außerdem sehr einfach. Dank der deutschstämmigen Familien und Unternehmen im Lande kommt man auch mit Deutsch ziemlich weit. Derart fühlen sich auch kleinere Kinder heimisch, während die Großen ihre Englischkenntnisse ausprobieren können. Überzeugend ist auch die Infrastruktur des Landes. In den Supermärkten und Drogerien der großen Städte bekommen Eltern alle nötigen Dinge für den Nachwuchs, in den Apotheken hilfreiche Arzneien bei kleineren und größeren Wehwehchen. Sollte es dennoch einmal nötig sein, stehen zumindest in den größeren Städten Krankenhäuser und deutschstämmige Ärzte zur Verfügung.

Gerade für Aktivitäten in der freien Natur ist Namibia ein regelrechtes Abenteuerland für die Kinder. Hier erleben und entdecken sie Dinge, wie sie es zu Hause nur aus Büchern, dem Fernsehen oder dem Zoo kennen. Flusspferd, Giraffe, Löwe und Zebra stammen eben nicht aus Madagaskar, sondern kommen hier ganz real und in voller Lebensgröße vor. Hinsichtlich der uns unbekannten, aber sehr vielfältigen Tierwelt Namibias herrscht oft Bedenken. Dieses Unbehagen drückt sich vor allen Dingen im Umgang mit Spinnen, Skorpionen, Schlangen und größeren Raubtieren aus. Unerlässlich ist es, Kindern das Verhalten wilder Tiere zu erklären und Verhaltensregeln auszugeben. Wird allerdings aufmerksam und mit der nötigen Vorsicht durch das Land gereist, besteht kaum ein Risiko für Kinder. Haben z. B. die Schuhe nachts draußen gestanden, genügt am Morgen ein Blick hinein, um sicherzustellen, dass kein Skorpion darin genächtigt hat. Sind die Schuhe dann erst einmal am Fuß, sollte darauf geachtet werden, wohin man tritt. Unter Stämmen und Steinen ruhen oftmals Spinnen, Skorpione und Schlangen.

Zu den potenziell gefährlichen Tieren gehören auch Mücken. Zwischen 500.000 und einer Millionen Menschen sterben jährlich an den Folgen einer Malariaerkrankung. In Namibia ist vornehmlich der Nordosten des Landes betroffen – in besonderem Maße während der Regenzeit im namibischen Sommer. Der trockene namibische Winter, Europas Sommerferienzeit, stellt für Familien sicherlich die günstigste Reisezeit dar.

Doch kommen wir zunächst noch einmal zu den schönen Seiten Namibias: Die Dünenlandschaften der Namib sind ein wahres Paradies für Kinder. Die hohen Sanddünen mit ihrem weichen Sand laden zum Hinunterrennen oder Purzeln ein; Profis probieren sich beim *dune boarding*. Das aufwendige und anstrengende Erklimmen der Dünen sorgt am Abend für die notwendige Bettschwere. Auch die einsamen Strände der Atlantikküste sind idealer Urlaubsort für junge Familien. Sandburgenbau und Planschspaß eignen sich für die Kleinsten. Auf ältere Kinder und Jugendliche hat sich besonders die Region zwischen Walvis Bay und Swakopmund spezialisiert, mit einem breiten Angebot an Fun-Sportarten wie Kamelreiten, Quadfahrten oder Skydives.

Bei all diesen Aktivitäten ist verstärkt auf den Sonnenschutz zu achten: breitkrempige Hüte oder Mützen mit Nackenschutz, Sonnenschutz mit hohem Lichtschutzfaktor und UV-resistente Sonnenbrillen sind als Basisausstattung zu verstehen.

Daneben gehören in den Koffer feste, knöchelhohe Schuhe, Sandalen, luftige und warme Kleidung (vor allem in der Trockenzeit) und alles, was die langen Stunden im Flieger und im Auto angenehmer werden lässt (Spiele, Hörbücher, Musik, Malbücher etc.). Das Abenteuer Afrika wird lebendiger und bunter durch einen eigenen, kleinen Fotoapparat, eine eigene Stirnlampe, ein Kinder-Taschenmesser, ein eigenes Fernglas und kindgerechte Reiseliteratur.

Mitnahme von Kindern im Fahrzeug / Kindersitze

In Namibia gilt die Anschnallpflicht für alle Fahrzeuginsassen. Für Kleinkinder ist auch die Benutzung von Kindersitzen (SABS-zertifiziert) vorgeschrieben, was allerdings kaum kontrolliert wird. Somit obliegt das Anbringen und Benutzen von Kindersitzen eher der Verantwortung der Eltern. Ratsam sind Kindersitze (oder Sitzkissen) allemal, da die Kinder nicht nur sicherer unterwegs sind, sondern auch etwas höher sitzen und so die Tiere und Landschaft besser beobachten können.

Da das Mitbringen der eigenen Kindersitze aus Europa immer etwas umständlich ist, sollte auf das Angebot der Autoverleiher zurückgegriffen werden. Die meisten Autovermietungen verleihen auch Kindersitze und Sitzerhöhungen für Kinder. Vor der Miete des Campers sollten Eltern daher frühzeitig mit dem Vermieter oder Vermittler Rücksprache halten, ob und wie viele Kinder im Wunschfahrzeug sicher mitreisen können.

Der Allrad-Camper als ideale Familienkutsche

Die beste Alternative für einen Familienurlaub in Namibia stellt ein 4x4-Camper dar. Er wird schnell von den Kindern erobert und als neues, rollendes Zuhause auf vier Rädern akzeptiert. Auch die typischen Camping-Gepflogenheiten (und Eigenheiten) samt den dazugehörigen Tagesabläufen werden schnell von den Kindern verinnerlicht. Trotz wechselnder Kulissen entsteht sowohl für die Kinder als auch für deren Eltern eine ähnliche Tagesroutine, wie sie auch im häuslichen Bereich anzutreffen ist – eben der ganz normale Wahnsinn nur auf engerem Raum. Jede Nacht schlafen Kind und Kuscheltier im selben Bett, das Frühstück kann mit Nutella und anderen aus Europa bekannten Genüssen aufwarten – und bei den in Namibia wartenden Abenteuern ist Heimweh ausgeschlossen. Dazu gehören aber auch einige Regeln und Absprachen, die letztlich viel Zeit und noch mehr Nerven sparen. Schließlich können die Kinder in den häuslichen Camping-Alltag mit eingebunden werden und einige wichtige Aufgaben übernehmen. Brennholz muss besorgt werden, der Abwasch erledigt und das Zelt täglich auf- und abgebaut werden …

Bei aller täglichen Routine bleibt eine Reise im Allrad-Camper an Flexibilität unerreicht: Stopps und Pausen können eingelegt werden, wann und wo es eben vonnöten ist, Reiserouten und Etappen auf die Bedürfnisse der kleinen und großen

TIPP: Tipps für die unbeschwerte Camper-Reise mit Kindern

- Streckenplanung gemeinsam festlegen: Aktivitäten zusammen auswählen, Strecke auf der Karte nachzeichnen, Tagesetappen festlegen etc.
- Für Unterhaltung während der Fahrt sorgen: z. B. durch Malstifte, Kartenspiele oder (Hör-)Bücher. Weniger geeignet sind Puzzles oder Legosteine, da sie sich bei der ersten Bodenwelle im Fahrzeug verteilen.
- Fahrtzeiten begrenzen, dafür mehr Aktivitäten einbauen.
- Mehrere Tage am gleichen Ort verbringen.
- Interessante, landestypische Outdoor-Aktivitäten planen: Der Sundowner am Wasserloch mag für Kinder nicht ganz so (ent)spannend sein wie für die Eltern. Daher auch für „Action" sorgen wie z. B. bei der Suche nach den „Little Five" oder einem Ausritt zu Pferde.
- Die eigene Ausrüstung weckt den Entdeckergeist der Kinder. Mit Kamera, Kompass, Fernglas, Taschenlampe und Taschenmesser sind die Kleinsten besser ausgerüstet als der erfahrenste Buschmann.
- Feste Aufgaben verteilen: Alltägliche, kleine Aufgaben (wie das Sammeln des Lagerfeuerholzes) erhöhen nicht nur das Verantwortungsbewusstsein der Kinder, sondern auch das bewusste Erleben des Campings.

Es gibt viel zu sehen in Namibia – für Groß und Klein!

Mitreisenden abgestimmt werden. Nach spätestens zwei Stunden Fahrt sollte eine ausführliche Pause gemacht werden; am besten verbindet man diese mit einer kurzen Wanderung oder einer anderen Aktivität. Stundenlanges Fahren bringt selbst das geduldigste Kind früher oder später zum Zappeln und Nörgeln. Darum sollten mit Kindern die Tagesetappen auch nicht länger als 200 bis maximal 300 Kilometer sein. Das zeitige Erreichen des Übernachtungsplatzes lässt genügend Raum, um das Nachtlager in Ruhe und bei Tageslicht aufzuschlagen. Zudem lässt sich so der Stellplatz und die nähere Umgebung auch einfacher erkunden und auf Kindersicherheit prüfen.

Als Schlafplatz eignen sich besonders gut kleinere Gästefarmen. Die Gastgeber dort sind oft flexibler und familiärer als in den größeren Lodges und Hotelketten. Auf die Bedürfnisse von Kindern und Familien wird besonders eingegangen, spezielle Angebote für Kinder sind keine Seltenheit. Wer könnte schon genug bekommen vom Spielen und Planschen im Swimmingpool? Doch tritt all dies in den Hintergrund, wenn die wilden oder ganz zahmen Tiere der Gästefarmen „auftreten“. Dann erinnert das Bild eher an den typischen Urlaub auf dem Bauernhof.

Ist ein so besonderer Platz gefunden und erst einmal eingenommen, möchte man am liebsten gar nicht mehr weg oder weiter. Kinder freuen sich, wenn man nicht jeden Tag den Stellplatz wechselt, sondern auch mal eine Weile vor Ort bleibt und die nähere Gegend erkundet. Darum sind unbedingt immer wieder mehrere Übernachtungen an einem Ort einzuplanen.

Einreise mit Kindern ins Südliche Afrika

Kinder unter 18 Jahren müssen – auch wenn sie in Begleitung beider Elternteile reisen – für die Einreise nach Namibia, Botswana, Sambia und in andere Staaten des Südlichen Afrikas die Original-Geburtsurkunde vorlegen; zudem eine beglaubigte, englische Kopie. Diese Unterlagen werden nicht mehr nur an den Grenzen durch die Einreisebehörden, sondern vermehrt bereits an den Abflughäfen durch die Fluggesellschaften kontrolliert. Auf den Seiten des Auswärtigen Amtes heißt es zur Einreise von Minderjährigen nach Namibia:

Hinweise für die Ein- und Ausreise von Minderjährigen:
Unter Verweis auf die Einreisebestimmungen benachbarter Länder ist es derzeit gängige Praxis an namibischen Grenzkontrollstellen, bei der Ein- und Ausreise minderjähriger Kinder die Sorgerechtslage zu prüfen. Personen unter 18 Jahren müssen neben dem Reisepass eine Geburtsurkunde vorweisen können, in der die Eltern aufgeführt sind. Erforderlich ist eine internationale Geburtsurkunde, bzw. gegebenenfalls eine beglaubigte englische Übersetzung.

Unbegleitete minderjährige Kinder benötigen zur Ein- und Ausreise die Zustimmung beider Elternteile („affidavit" in englischer Sprache), dass das Kind allein reisen darf. Die beglaubigten Kopien der Reisepässe beider Elternteile müssen dem Affidavit angeheftet werden.

Reist ein Minderjähriger nicht in Begleitung beider sorgeberechtigter Elternteile, muss außerdem nachgewiesen werden, dass der nicht anwesende Elternteil entweder mit der Reise einverstanden ist (eidesstattliche Versicherung („affidavit"), Passkopie und Kontaktdaten des nicht anwesenden Elternteils), bzw. dass die Einverständniserklärung nicht erforderlich ist (gerichtlicher Beschluss über alleiniges Sorgerecht oder Sterbeurkunde oder Negativbescheinigung des deutschen Jugendamts, wenn die minderjährige Person in Deutschland wohnhaft ist).

Personen, die mit Minderjährigen reisen, welche nicht ihre eigenen Kinder sind, müssen neben der vollständigen Geburtsurkunde des Kindes eidesstattliche Versicherungen („affidavit"), Passkopien und die Kontaktdaten beider sorgeberechtigter Eltern bzw. des gesetzlichen Vertreters des Kindes vorlegen.

Allein reisende Minderjährige müssen darüber hinaus bei Einreise ein Bestätigungsschreiben einschließlich Kontaktdaten und Wohnanschrift, eine Passkopie und gegebenenfalls eine Kopie der namibischen Aufenthaltserlaubnis derjenigen Person vorlegen, zu welcher der Minderjährige in Namibia reisen soll.

Eidesstattliche Versicherungen („affidavits") bedürfen der Beglaubigung durch einen „commissioner of oaths" (in Namibia), einen Notar oder eine namibische Auslandsvertretung. Es wird dringend empfohlen, englischsprachige Erklärungen, Urkunden bzw. Übersetzungen vorzulegen.

Kurzfristige Änderungen der Bestimmungen oder abweichende Auslegungen durch einzelne Dienststellen können nicht ausgeschlossen werden. Detaillierte und verbindliche Informationen erhalten Sie beim namibischen Ministry of Home Affairs and Immigration oder der für Ihren Wohnort zuständigen namibischen Auslandsvertretung.

Aktuelle Informationen unter:
www.auswaertiges-amt.de/de/ReiseUndSicherheit/reise-und-sicherheitshinweise?letter=N
(Stand: 05/2026)

Teil 2
Reise-Route

Beeindruckendes Ende eines viel zu kurzen Tages

5. Streckenplanung

Viele Wege führen durch Namibia!

5. Streckenplanung

Die Strecken- und Etappenplanung ist bei einer Selbstfahrerreise im Südlichen Afrika von entscheidender Bedeutung und bedarf einiger Voraussicht. Zumindest Start- und Zielpunkt der Reise sollten durch die interkontinentalen Flüge und die Mietbedingungen des Fahrzeuges (Ort der Abholung und der Abgabe etc.) vorgegeben sein. Doch zwischen dem Anfang und dem Ende der Reise harren hohe Erwartungen, unvergessliche Erlebnisse, einige Abenteuer und vor allem die große Freiheit.

Mit einer Grundfläche von weit über 800.000 Quadratkilometern ist Namibia mehr als doppelt so groß wie die Bundesrepublik Deutschland. Dem Reisenden eröffnet sich also eine riesige Spielwiese voll intensiver Naturerlebnisse. Einige Regionen fallen jedoch aufgrund der fehlenden touristischen Infrastruktur oder einem hohen Schutzstatus (Kernzonen der Nationalparks) von vornherein aus der Reiseplanung heraus. Dennoch können die verbleibenden Landesteile und die vorhandenen Urlaubstage den Reisenden erst einmal vor einige Probleme stellen. Anders als in Mitteleuropa ist die Fahrtzeit zwischen Start- und Zielpunkt nicht so stark abhängig von der Entfernung bzw. den dazwischenliegenden Straßenkilometern. Viel entscheidender für die Reisegeschwindigkeit sind der Straßenbelag (Asphalt, Schotter, Sand, ...) und der Zustand der jeweiligen Straßen.

5.1 Der erste grobe Plan

In der Regel verwenden mitteleuropäische Touristen ca. 10 bis 20 Urlaubstage für eine Fernreise. Das ist definitiv zu wenig Zeit, um Namibias wunderbare Vielfalt und beeindruckende Weite in seiner Gesamtheit zu erleben. Der Tourismus in Namibia freut sich daher über einen hohen Prozentsatz an „Wiederholungstätern". Doch egal ob Erstbesucher, Selbstfahrer bzw. Namibia-Kenner: Sinnvolle und empfehlenswerte Routen ergeben sich immer aus den persönlichen Interessen und einer realistischen Einschätzung der Streckenabschnitte.

Es gibt viele Gründe, eine (Selbstfahrer-)Reise zu unternehmen! Je nach Interessenlage der Mitreisenden sollten bestimmte Schwerpunkte auf der Route festgelegt werden, gleichbedeutend mit einer Beschränkung auf einige Höhepunkte. Das bedeutet, es können nicht alle Dörfer der Himbas im Kaokoveld besucht, nicht alle noch fehlenden Vogelarten abgehakt und auch nicht alle geologischen Formationen bestaunt werden. Einschlägige Internetforen und die unterschiedlichsten Reiseführer helfen da als Vorabinformation und Ein-

Übernachtung im Zelt oder im Hotel!? Namibia bietet für alle Geschmäcker etwas.

schätzungsgrundlage. Der häufigste Fehler bei einer Fernreise stellt ein zu vollgepacktes Programm dar. Der allgegenwärtige Drang, möglichst viel in der (zu) kurzen Urlaubszeit zu sehen, ist erstaunlich groß. Auch wenn sich genügend Argumente für dieses Phänomen finden (Reisepreis, Flugzeit etc.), ist weniger häufiger mehr. Die Gefahr eines überladenen Programms besteht auch bei einer Selbstfahrerreise, bei der man sich die Reise, Route und Inhalte individuell zusammenstellen kann. Dies liegt sowohl an der Fülle an Programmpunkten bzw. Reiseinhalten als auch an der Verkennung von Entfernungen und Reisezeiten.

Im Normalfall sollten Tagesetappen von maximal 300 bis 400 Kilometern ausgewählt werden. Damit dürften ein entspannter Tagesablauf und ein problemloses, frühes Erreichen des Nachtquartiers möglich sein. Entfernungstabellen helfen bei der groben Einschätzung der Abstände, für die detaillierte Routenplanung steht gutes Kartenmaterial (auch in digitaler Form) zur Verfügung. Besonderes Augenmerk sollte dabei auf die Standorte von Tankstellen und Lebensmittelshops gelegt werden. Auch der schönste Urlaub endet mit leerem Tank bzw. leerem Magen. Die Wegstrecken Namibias sind ohnehin immer wieder mit Überraschungen, Herausforderungen und Erlebnissen gespickt. Die Begegnungen mit anderen Menschen und Kulturen, Haus- und Wildtieren sowie das Auftreten von Pannen und Unfällen werden später noch näher beleuchtet (s. S. 240 ff.).

„Die Europäer haben die Uhren, die Afrikaner die Zeit!“. Getreu diesem Motto sollte man es gerade in Afrika und zudem als Selbstfahrer gemütlich und entspannt angehen lassen. Denn als Selbstfahrer hat man den großen Vorteil, sein Reisetempo selbst bestimmen zu können. Demnach besteht auch immer die Möglichkeit, den im Vorhinein verfassten Reiseplan individuell und flexibel anzupassen und abzuändern. Derart kann man auf aktuelle und lokale Ereignisse jederzeit reagieren. Wäre es nicht ein Jammer, wenn man das Dorffest abseits der Route verpassen würde? Ist es wirklich so schlimm, noch eine weitere Nacht auf diesem schönen Campingplatz mit den neuen, netten Bekanntschaften zu verbringen? Generell sollte der Routenplan so angelegt sein, dass in regelmäßigen Abständen immer wieder zwei Übernachtungen an einer Stelle angedacht sind. Dies gibt dem Reisenden die Gelegenheit, sich zu sammeln und die Ereignisse der letzten Tage zu verarbeiten, zumal auch das Camping-Equipment (samt Lebensmittel) und das Fahrzeug immer wieder Pflege und Kontrolle benötigen.

Streckenplanung:

- individuelle Auflistung aller interessanten Sehenswürdigkeiten und wichtigen Aktivitäten
- Vorabinformation über das geplante Programm mittels Printmedien oder Internet
- Rücksprache mit den Mitreisenden (Partner, Freunde, Kinder etc.)
- Überarbeitung der Programmliste:
  - Streichen bzw. Hinzufügen von Programmpunkten
  - Anpassung: Programmpunkte – Urlaubstage
- Markierung der Programmpunkte auf einer Karte
- Erstellung eines ersten Routenverlaufs durch Verbinden der einzelnen Programmpunkte
- Feinplanung der Strecke, der einzelnen Tage und notwendigen Infrastruktur (Lebensmittel, Treibstoff, Übernachtungsmöglichkeiten etc.)

5.2 Streckenplanung nach Jahreszeit und Saison

Ähnlich wie in Deutschland drehen sich viele Gespräche in Namibia (zumindest außerhalb der Städte) um das Wetter. Landesweites Gesprächsthema Nummer eins sind Regenfälle und die damit verbundenen Niederschlagsmengen, die über das Wohlergehen der Farmen entscheiden. Also bloß nicht wundern, wenn auf Gästefarmen über Millimeterangaben philosophiert wird. Das Auftreten und die Intensität des Regens hält das ganze Land in Atem. Charakteristisch für das Klima Namibias sind oft jahrelange Dürreperioden (schlechte Jahre). In guten Jahren kommt der Regen wie erwartet während des warm-heißen Sommers

(Oktober bis April), mit den ergiebigsten Niederschlägen zwischen Januar und März. Die Trockenzeit fällt in den namibischen Winter (Mai bis September), der durch kühle bis kalte Nächte gekennzeichnet ist. Deutlich kühler als das abgeschlossene Binnenland erweist sich die Atlantikküste, an welcher der kalte Benguelastrom (12 bis 14°C Wassertemperatur) vorherrscht. Diese aus der Antarktis stammende Strömung ist einer der entscheidenden Wetterfaktoren in Namibia und Ursache für die Trockenheit des Landes. Aufgrund des großen Temperaturunterschiedes zwischen Wasser- und Lufttemperatur findet keine Wolkenbildung statt, lediglich Morgennebel ist in Küstennähe zu beobachten. Die Regenwolken, die das Land erreichen, dringen vom Äquator über Angola und Sambia nach Süden vor und erreichen Namibias Norden und Nordosten. Je weiter es nach Südwesten geht, umso geringer werden die durchschnittlichen Niederschlagsmengen.

Die Trockenzeit von Mai bis September eignet sich am besten für Tierbeobachtungen. Mit zunehmender Trockenheit sind die Wildtiere gezwungen, regelmäßig zu den vorhandenen Wasserstellen zu kommen. Im Juni und Juli liegen die Temperaturen am niedrigsten – tagsüber in der Sonne erreichen die Temperaturen angenehme 20°C, abends wird es jedoch schnell recht frisch. Die Nachttemperaturen können dann z. T. deutlich unter den Gefrierpunkt rutschen.

Nebel in Swakopmund

Regenwolken am namibischen Himmel

TIPP: Dachzelte im Sturm

Ab Mitte August bis September wird es tagsüber allmählich wärmer, nachts ist es jedoch noch kalt. Wegen der großen Temperaturunterschiede kommt es zu starken Winden bis hin zu heftigen Stürmen. Ein ähnliches Phänomen findet sich während der Regenzeit an den Gewitterfronten. Dann gehen die großen, schwarzen Wolken mit starkem Wind einher.

Wind und Sturm sind per se unangenehm, können zudem auch den Gebrauch und die Funktion eines Dachzeltes beeinträchtigen. So kann ein im Wind stehender, geöffneter Eingang das gesamte Dachzelt wieder zusammenklappen lassen. Bei allzu heftigem Zusammenkrachen des Zeltes kann es zu Schäden am Zelt und besonders am Zeltgestänge kommen. Darum ist im Fall des Falles auf die Windrichtung zu achten und das Fahrzeug bzw. das Dachzelt derart zu positionieren, dass dem Wind möglichst wenig Angriffsfläche entgegengebracht wird. Eingänge und Fenster sollten bei Wind möglichst geschlossen werden.

Ab Oktober steigt neben den Temperaturen auch zunehmend das Niederschlagsrisiko. Oftmals fallen die Niederschläge in Form von Starkregen, der von dem ausgedorrten Boden nicht aufgenommen werden kann. Die Wassermassen bahnen sich ihren Weg, werden zu Sturzbächen, überspülen Straßen und lassen Trockenflüsse (Riviere) zu reißenden Strömen werden. Die Gefahr, in Wüsten zu ertrinken, liegt anscheinend auf einem ähnlichen Niveau wie das Risiko des

Verdurstens. Die eigene Gesundheit im Sinne und die Unversehrtheit des Fahrzeuges (und die damit verbundenen Kosten) im Hinterkopf, ist vom Campen in Rivieren abzusehen. Auch bei der Durchfahrt laufender Riviere ist Vorsicht geboten, da die Beschaffenheit des Bodens sowie die Tiefe und Fließgeschwindigkeit des Wassers zunächst unbekannt sind. Befindet sich man erst einmal in den Fängen des Wassers, gibt es oftmals kein Vor und Zurück mehr für das Fahrzeug samt Insassen und Equipment. Aber auch außerhalb der Riviere kann das sich ergießende und aufgestaute Wasser zu Problemen führen. Weite Teile des Caprivi-Zipfels im Nordosten des Landes stehen in der Regenzeit regelmäßig unter Wasser, so dass ein Besuch dieser Region von vornherein problembehaftet bis unmöglich ist.

Mit den Niederschlägen steigt in vielen Landesteilen auch die Anzahl der (stechenden) Insekten und damit auch das Malariarisiko (besonders im Nordosten). Damit wird das Thema Mückenschutz zu einem zentralen Thema – vor allem während der Dämmerung, aber auch nachts. Diverse Cremes, Sprays, Bänder und Funktionstextilien sollen die Plagegeister vom erwärmten, duftenden Körper fernhalten. In der Nacht sollte man sich tunlichst unter den Schutz eines Moskitonetzes begeben. In der Regel verfügen alle festen Unterkünfte (d. h. Lodges und Hotels) über Netze an ihren Betten. Die auf den Fahrzeugen montierten Dachzelte verfügen ebenfalls über Moskitonetze an den Eingängen und Fenstern. Nachts kann es allerdings bei Temperaturen über 20°C unangenehm warm werden unter der Moskitohaube. Da steckt man dann leicht in der Zwickmühle, was man im Zelt haben möchte: „dicke" Luft oder Blutsauger.

Neben dem Wetter sind bei der Reiseplanung auch die Ferienzeiten im Südlichen Afrika und die Hochsaison des internationalen Tourismus zu berücksichtigen. Während dieser Zeiten ist es ratsam, Flüge, Unterkünfte (auch Campingplätze) und Mietwagen weit im Voraus zu reservieren. Knapp wird es vor allen Dingen an den touristischen Hotspots, wie z. B. dem Etosha National Park und in der Namib-Wüste in unmittelbarer Nähe zu Sossusvlei.

In der Zeit von Oktober bis April kann es zu Starkregen kommen.

Mitte Juni beginnen in Südafrika die großen Ferien, so dass sich viele Südafrikaner auf den Weg ins Nachbarland machen. Daran schließen sich die europäischen Sommerferien an – einhergehend mit einem Heer an internationalen Touristen. Im Dezember sind die großen namibischen Schulferien: Viele Namibianer (und Südafrikaner) zieht es zu ihren Familien oder an die Küste; einige Gästefarmen schließen gänzlich während dieser Zeit. Und auch während der Osterzeit wird es traditionell recht voll in Namibia.

Die Mietwagenpreise orientieren sich natürlich auch an der Nachfrage; mit erhöhter Nachfrage und knapperem Angebot steigen die Preise. Die Fahrzeugflotte der verschiedenen Anbieter ist nicht unendlich; oftmals sind während der Hochsaison alle Fahrzeuge unterwegs. Da heißt es, so früh wie möglich seinen Wunsch-Mietwagen zu buchen, um an den schönsten Tagen des Jahres nicht ohne Wagen dazustehen. Die Preise variieren je nach Anbieter, Ausstattung, Mietdauer und Mietzeitraum. Allerdings lässt sich das umfangreiche Angebot stark vereinfacht auf folgende kurze Formel bringen: Die Preise liegen in den ersten sechs Monaten eines jeden Jahres z. T. bedeutend unter den veranschlagten Raten im zweiten Halbjahr.

5.3 Der Tagesplan

Die Tage in Namibia sind kurz und gehen leider viel zu schnell vorüber. Über das Jahr hinweg variieren Sonnenstand und Tageslänge natürlich, doch der Vereinfachung halber kann man grob damit rechnen, dass gegen 6 Uhr die Sonne auf- und gegen 18 Uhr wieder untergeht. Auch wenn Sachsen-Anhalt diesen Slogan bereits für sich vereinnahmte, so ist Namibia sicherlich das „Land der Frühaufsteher". Dies wird am deutlichsten auf einer der vielen Gästefarmen des Landes. In den frühen Morgenstunden kommen die Farmarbeiter am Farmhaus zusammen, um mit dem Farmverwalter oder Vorarbeiter den Arbeitseinsatz des Tages zu besprechen. Kurz danach laufen auch schon die ersten Maschinen bzw. Fahrzeuge an und der Arbeitstag beginnt lautstark. Aber auch Touristen können den Langschläfer jäh aus den schönsten Träumen reißen. Die Camps in den Nationalparks sind komplett eingezäunt als Vorsichtsmaßnahme gegen unliebsame und gefährliche

Rotstock-Berg in den Morgenstunden

Tiere. Der einzige Zugang erfolgt über ein Tor *(gate)*, das während des Tages geöffnet, während der Nacht verschlossen ist. Die Öffnungszeiten des *gates* richten sich nach Aufgang bzw. Untergang der Sonne. Darum herrscht auf den Campingplätzen innerhalb der Parks meist schon gegen 5 Uhr die erste Aufbruchstimmung, die einem festen, ungeschriebenen Ritual folgt. Nach dem Gang zur Toilette wird das Feuer für den morgendlichen Kaffee entfacht – entweder fauchen Gasbrenner auf, oder mit noch müder Lungenkraft wird das Lagerfeuer des letzten Abends wiederbelebt. Danach wird das Zelt geräumt und wieder zusammengefaltet. Kurz vor 6 Uhr machen sich die ebenfalls noch kalten Diesel-Fahrzeuge auf den Weg zum *gate* und starten zum morgendlichen *game drive*. Die Eile am Morgen macht insofern Sinn, als dass die Hauptaktivitätszeiten der Tiere nachts und in den kühleren Morgen- bzw. Abendstunden liegen. Die heißeren Stunden des Tages verbringen die Tiere mit möglichst wenig Bewegung und zumeist im Schatten.

Der Tag beginnt früh in der Namib.

Es ist ratsam, dem Beispiel der Tiere zu folgen! Nach einem frühen Start in den Tag (es muss ja nicht immer zum Sonnenaufgang sein!) sollte die kühle, frische Luft des Morgens genutzt werden. Zu tun und zu erleben gibt es genug! Die normale Camper-Routine (Nachtlager und Zelt zusammenpacken; Frühstück zubereiten etc.) sollte auf das Fahrzeug und die Camper-Ausstattung ausgeweitet werden. Wie sieht es in den Tanks von Treibstoff und Brauchwasser aus? Was machen die Lebensmittelreserven samt Trinkwasser? Welche Wege erwarten uns und unser Fahrzeug heute (ggf. Kontrolle des Reifendrucks)? Wo liegt das heutige Ziel? Welche lohnenswerten Stopps liegen auf der Etappe? Wo kann man wahrscheinlich mit Karte zahlen? Wie viel Bargeld verbleibt?

Im Idealfall sind all diese Fragen schon am Vorabend geklärt worden, so dass mehr Zeit darauf verwendet werden kann, die nähere Umgebung zu erkunden, sei es nun der Weg in den Souvenirladen (*curio shop*), der zweite Kaffee im Restaurant oder ein morgendlicher Spaziergang. Persönlich würde ich mich für Letzteres entscheiden, u. a. um die farbenprächtige Vogelwelt Afrikas zu bestaunen. Auf jeden Fall schadet körperliche Bewegung nicht, zumal ein paar Stunden Fahrt auch an diesem Tag sicherlich warten.

300 bis maximal 400 Kilometer am Tag sind ein vertretbarer und gebräuchlicher Fahrdurchschnitt. An einigen Tagen dürfen die Etappen kürzer sein, beispielsweise an den Ruhetagen mit zwei Übernachtungen an einem Ort. Dagegen können es sicherlich auch einmal mehr Kilometer werden auf den wenigen Asphaltstraßen des Landes und bei eintönig, langweiliger Umgebung. Die dazu aufzuwendende Fahrtzeit richtet sich stark nach dem Zustand und der Beschaffenheit der Straße und dem persönlichen Fahrrhythmus (z. B. Pausen). Regelmäßige Stopps und längere Pausen sollten auf jeden Fall eingeplant und auch abgehalten werden. Unzählige Fotomotive warten am Straßenrand nur darauf, vom Hobbyfotografen abgelichtet zu werden. Ein Shop mit kalten Getränken kann nach stundenlanger, heißer Fahrt der sprichwörtlichen Oase in der Wüste gleichen. Viele kleine Stopps ersetzen dabei aber nicht eine längere Mittagspause – bevorzugt im Schatten und mit einem kleinen Snack (Obst, Biltong etc.) und ausreichend Flüssigkeit versehen.

Wenn der Beifahrer, gelangweilt vom Navigieren und dem Blick auf die Karte, langsam murrt und des Fahrers Konzentration und Aufmerksamkeit stetig nachlässt, ist es Zeit für einen Wechsel in der Fahrerkabine. Das Fahren in Namibia kann gerade in den ersten Tagen und je nach Strecke sehr anstrengend sein. Die höchste Konzentration wird vom Fahrer eingefordert. Zunächst geht es darum, sich an den Linksverkehr zu gewöhnen. Ist diese Hürde gemeistert, warten z. T. staubige, löchrige Pisten mit schwer einsehbaren Kurven und Kuppen und uneinsichtigen Fahrzeugen und Tieren. Auch die hohe Sonneneinstrahlung und die ungewohnte Hitze vermindern die Konzentrationsfähigkeit und körperliche Fitness beachtlich. Da hilft neben dem Griff zur (Trink-)Flasche nur die Einsicht zum Stoppen und Verweilen.

In einem so dünn besiedelten Land wie Namibia ist das Zusammentreffen mit anderen Personen schon etwas Besonderes, auch wenn es sich nur um das entgegenkommende Fahrzeug handelt. Ein Gruß per Handgeste gehört da zum guten Ton. Auf Begegnungen anderer Art sollte man sich in ganz Namibia einstellen: Anders als in anderen afrikanischen Ländern ist in Namibia auch außerhalb der großen Schutzgebiete mit Wildtieren zu rechnen.

Verdienter Ausklang des Tages: der Sundowner!

Kreuzende Haus- und Wildtiere sind der Hauptgrund dafür, dass von Fahrten in der Dämmerung bzw. nachts unbedingt abgesehen werden sollte. Die Tagesetappe muss so geplant sein, dass das Tagesziel sicher und entspannt bis maximal am späten Nachmittag erreicht werden kann. Denn auch beim Einchecken vor Ort sollte keine Eile entstehen. Vielmehr kann die entspannte Atmosphäre genutzt werden, um sich bei einem kühlen Getränk über die Örtlichkeiten zu informieren. Die Gastgeber werden gern Auskunft erteilen und mit Geheimtipps aufwarten. Und vielleicht gibt es ja auch einen Swimmingpool als verdiente Belohnung für den harten Fahrtag? Nach Besichtigung und Bezug des Campingplatzes stehen je nach Uhrzeit die Erkundung der näheren Umgebung oder das Errichten des Nachtlagers an. Denn für die unverwechselbaren afrikanischen Sonnenuntergänge sollte das Lagerfeuer schon angefacht und ein kühles Getränk griffbereit sein. Der Sundowner gehört zum Südlichen Afrika wie das Bier zu Deutschland.

Morgendliche bzw. abendliche Checkliste für die nächste Etappe

- Treibstoff (Tank/Doppeltank/Tankstellen in der Umgebung)
- Trinkwasser
- Lebensmittel
- Brauchwasser
- Reifen/Reifendruck
- Route der nächsten Etappe
- Highlights/Stopps auf der nächsten Etappe
- Ziel/Unterkunft auf der nächsten Etappe
- Bargeldsituation vs. Kartenzahlung

6. Klassische Routen

Selbstfahren in Namibia – ein Hauch von Freiheit

6. Klassische Routen

Namibia lässt sich am besten und einfachsten mit einem eigenen (bzw. gemieteten) Fahrzeug erkunden. Dabei ist schon der eigentliche Weg das Ziel der Reise. Nicht nur die Naturwunder und Attraktionen an sich sind sehenswert – auch der Weg dorthin ist oft bereits atemberaubend schön. Langweilig wird es auf den Straßen im Südlichen Afrika sicherlich nicht.

Im Folgenden sind die beliebtesten und bekanntesten Selbstfahrerstrecken Namibias kurz aufgeführt. Weitergehende Informationen erhält der Reisende im Internet, auf den angegebenen Websites, in Büchern und Reisemagazinen oder in einigen Touristeninformationen vor Ort.

Felszeichnungen in Twyfelfontein

Als Ausgangspunkt (und oftmals auch Ziel) der vorgestellten Touren dient das wirtschaftliche und politische Zentrum des Landes, Windhoek. Die Hauptstadt verfügt über den größten internationalen Flughafen des Landes und die umfangreichste Auswahl an Mietwagen und Zubehör etc.

Sowohl die Streckenlänge als auch die Reisedauer sind Näherungswerte, die je nach eigenem Interesse und Rhythmus variieren können. Schaut man sich neben den Hauptattraktionen noch weitere Dinge in der näheren Umgebung an oder verbleibt man mehrere Tage an einem Ort, erhöhen sich Strecke und Reisezeit entsprechend. Generell gilt allerdings: „Mehr ist mehr!", d. h. für jedwede Tour in Namibia und im Südlichen Afrika sollte eher immer mehr Zeit eingeplant werden, um sich alle Eventualitäten offenzuhalten und sich dem Rhythmus des Landes anzugleichen.

6.1 „Best of Namibia“ kompakt

Streckenverlauf

Windhoek – Sossusvlei – Swakopmund – Twyfelfontein – Etosha NP – Waterberg NP – Windhoek
Streckenlänge: ca. 2500 km
Empfohlene Reisedauer: 14 Tage

Höhepunkte

- Windhoek
- Namib-Wüste mit Sossusvlei (UNESCO-Weltnaturerbe)
- Swakopmund und Atlantikküste
- Felsgravuren von Twyfelfontein (UNESCO-Weltkulturerbe)
- mögliche Begegnungen mit Himba, San, Damara und Herero
- Etosha National Park
- Waterberg National Park

Diese Rundreise vermittelt in kürzester Zeit ein umfassendes Bild von Namibia und ist somit als „Einsteiger“-Variante bestens geeignet. Dabei bietet sie eine wunderbare Mischung aus weltbekannten Sehenswürdigkeiten, purem Naturgenuss und kulturellen Höhepunkten.

UNESCO-Weltkulturerbe Twyfelfontein

Im Tal der „zweifelhaften Quelle“ (Afrikaans: Twyfelfontein) kann man heute eine der größten Freiluftbühnen der Welt begutachten. In dieser Gegend sind auf über 200 Felsplatten tausende Felsbilder versammelt (mehr als 2500 Felsgravuren und etliche Felsmalereien), die zu den ältesten an einen Untergrund gebundenen Darstellungen in Afrika gehören. Über Jahrtausende hinweg wurde dieser Platz von verschiedenen Kulturen für Rituale genutzt: ab etwa 2000 v. Chr. von den Jägern und Sammlern der Wilton-Kultur, seit etwa 2500 Jahren von den Khoikhoi.

Die Qualität der Felsbilder ist so hoch, dass auch heute noch einzelne Tiere oder ihre Trittsiegel eindeutig zu identifizieren sind. Daneben gibt es auch Jagdszenen, abstrakte Darstellungen und geometrische Abbildungen zu bewundern.

1952 wurde das Tal zum Nationalen Denkmal (National Monument) erklärt; seit 2007 gehört es zum UNESCO-Weltkulturerbe. Zur Besichtigung der verschiedenen Felsgravuren wurden Wanderpfade angelegt, die nur mit einem offiziellen Guide begangen werden können.

6.2 „Best of Namibia"

Streckenverlauf

Windhoek – Keetmanshoop – Fish River Canyon – Lüderitz – Namib-Wüste – Sossusvlei – Swakopmund – Twyfelfontein – Etosha NP – Waterberg NP – Windhoek
Streckenlänge: ca. 3500 km
Empfohlene Reisedauer: 21 Tage

Höhepunkte

- Windhoek
- Fish River Canyon
- Wildpferde von Garub
- Lüderitz und ehemaliges Diamanten-Sperrgebiet (z. B. Kolmannskuppe)
- Namib-Wüste mit Sossusvlei (UNESCO-Weltnaturerbe)
- Swakopmund und Atlantikküste
- Felsgravuren von Twyfelfontein (UNESCO-Weltkulturerbe)
- mögliche Begegnungen mit Himba, San, Damara und Herero
- Etosha National Park
- Waterberg National Park

Die Buschmänner nutzen ihre ausgehöhlten Äste als Köcher für ihre Pfeile, daher der Name: Köcherbaum.

Nach der Ankunft am Flughafen Hosea Kutako in der Nähe von Windhoek verbringen die meisten Touristen Namibias die ersten Stunden bzw. Tage in Windhoek oder zumindest auf einer Farm oder Lodge ganz in der Nähe. Diese ersten Momente sollten genutzt werden, um erst einmal anzukommen in Afrika und sich mit den neuen Umständen vertraut zu machen. Das Mietfahrzeug muss abgeholt und erste Einkäufe müssen getätigt werden. Verlässt man dann die große Stadt Windhoek gen Süden, führt einen die B1 bzw. A1 über Rehoboth, den Wendekreis des Steinbocks (*Tropic of Capricorn*) und Mariental bis nach Keetmanshoop (knapp 500 Kilometer). Die kleinere Stadt dient als Versorgungszentrum, lädt aber nicht gerade zum Verweilen ein. Viel interessanter sind da schon die nördlich gelegenen Ansammlungen von Köcherbäumen (*Aloe dichotoma*), liebevoll Köcherbaumwälder genannt, und der sogenannte Spielplatz der Riesen (*Giants Playground*), eine grobe Anhäufung bizarrerer Granitformationen. Über den |Ai-|Ais Richtersveld Transfrontier Park mit dem Naturwunder des Fish River Canyon und über Garub geht es weiter gen Westen. Erst in Lüderitz stoppt die raue Brandung des kalten Atlantiks die Weiterfahrt.

Die Wildpferde von Garub

Einen sonderlichen Anblick bieten die im südlichen Teil der Namib vorkommenden Wildpferde. Das gilt im Besonderen, wenn sich die Pferde an der Wasserstelle zu Garub mit anderen Wildtieren wie Oryxantilopen und Straußen vergesellschaften. Eigentlich gibt es im Südlichen Afrika keine wildlebenden Pferde, und die hier herrschenden klimatischen Bedingungen sind alles andere als ideal für Pferde. Die ersten Pferde kamen als Arbeits- und Reittiere mit den europäischen Siedlern ins Südliche Afrika. Von welchen Pferden die nun wilden Pferde von Garub abstammen, weiß niemand mit Gewissheit zu sagen, Theorien dazu gibt es viele. Das Überleben der Tiere in der ansonsten lebensfeindlichen Umgebung wurde durch die absolute Sperrung des Großraumes über 80 Jahre hinweg (Diamanten-Sperrgebiet) begünstigt. Des Weiteren gab es bei Garub ein Bohrloch für Wasser, mit welchem die nahe gelegene Eisenbahnlinie mit Wasser versorgt wurde. Daraus entwickelte sich eine Tränke, die sich zum zentralen Anlauf- und Aufenthaltspunkt der Wildpferde entwickelte. Heute lassen sich bei Garub von einem hölzernen Unterstand aus die Wildpferde an der Tränke beobachten. Wer dorthin gelangen möchte, sollte auf der Nationalstraße B4 von Aus nach Lüderitz fahren. Ca. 20 Kilometer nach Aus führt ein kleiner Schotterweg nördlich zur schon erwähnten Tränke.

Die heutige Population umfasst etwa 250 bis 300 Tiere, die durch Dürrejahre und die zunehmende Zahl an großen Beutegreifern (v. a. Tüpfelhyänen) gefährdet sind. Seit den 1990er-Jahren kümmern sich das Umweltministerium und private Organisationen um die letzten Wildpferde (www.wild-horses-namibia.com).

Lüderitz, ein kleiner Ort im Nichts, macht eher einen verschlafenen und nüchternen Eindruck. Der Stadt sieht man noch immer ihre deutsche Geschichte an, in deren Verlauf Lüderitz vor allem als Landungsbrücke, Hafenstadt und Versorgungsstützpunkt wichtig war. Als Anfang des 20. Jahrhunderts Diamanten in den Dünen um Lüderitz gefunden wurden, hatten Lüderitz und vor allem Kolmannskuppe ihre Blütezeit. Kolmannskuppe war das Hauptquartier des Diamanten-Sperrgebiets, das mit einer exzellenten, gar luxuriösen Infrastruktur aufwarten konnte – die Diamanten machten es möglich. Auch wenn heute immer noch Diamanten gefördert werden (allerdings nur noch über

Offshore-Gewinnung im Meer), ist die große Goldgräberstimmung vorüber und Kolmannskuppe nur noch eine Geisterstadt, die von glorreichen Zeiten vergangener Tage zeugt.

Bis man in Swakopmund wieder auf den Atlantik stößt, folgt man dem Verlauf der Namib-Wüste von Süd nach Nord. Diese erstreckt sich über 2000 Kilometer als langer, schmaler Streifen entlang der afrikanischen Atlantikküste von Angola bis nach Südafrika, d. h. entlang der gesamten namibischen Küste. Dieser Teil der Namib ist eingebettet in den Namib-Naukluft National Park und damit wohl in eine der typischsten und epischsten Landschaften Namibias. Der Park bietet mit der Namib Section, der Naukluft Section, Sesriem, Sossusvlei und Sandwich Harbour sehr unterschiedliche geologische Zonen und Lebensräume. Pflanzen und Tiere haben sich auf beeindruckende Weise an das Leben in dieser unwirtlichen Umwelt angepasst. Die Naukluft Section besteht aus steinernen Ebenen, die an Mondlandschaften erinnern, sowie aus dem Naukluft-Gebirge, das sich rund 1000 Meter über die Umgebung erhebt. Der größte touristische Anziehungspunkt innerhalb des Parks sind aber zweifelsohne das Sossusvlei und das Deadvlei mit ihren riesigen Dünen. Hier entstanden Fotos, die Namibia international bekannt gemacht haben und stetig für Sehnsucht und Fernweh sorgen (www.sossusvlei.com).

Während Sossusvlei uns deutlich ein klares Bild von Namibia vermittelt, könnten Teile der Küstenstadt Swakopmund auch gut und gerne in Deutschland stehen. Die während der Kolonialzeit erbauten Gebäude im Jugendstil und die vielen deutschstämmigen Läden und Geschäfte kreieren auch heute noch eine deutsche Atmosphäre. Doch Swakopmund ist keineswegs ein lebendiges Museum, sondern ein modernes Seebad, das vor allem vom Tourismus lebt. Während der Sommerferien rund um Weihnachten wird die Stadt von nationalen (und südafrikanischen) Gästen geradezu belagert. Das touristische Angebot in und um Swakopmund ist groß; nicht umsonst ist die Stadt an der Küste Teil fast jeder Namibia-Reise.

Auf dem Weg von Swakopmund nach Twyfelfontein warten noch zwei biologische Besonderheiten auf den naturbegeisterten Besucher:

Nicht unbedingt schön, aber einzigartig: *Welwitschia mirabilis*

- In den Wüstenflächen rund um Swakopmund gibt es eine eigentümliche und urtümliche Pflanzenart zu bestaunen: Welwitschie (*Welwitschia mirabilis*). Dieser Wüstenspezialist kann mehrere hundert Jahre alt werden, bildet dabei aber nur ein einziges Blattpaar aus. Die beiden Laubblätter können über drei Meter lang werden. Am Blattende sterben sie ab, verwittern und geben der Pflanze damit ein archaisches Erscheinungsbild. Die Welwitschie schmückt u. a. das Wappen Namibias, das Wappen der Stadt Swakopmund und das Wappen der Region Kunene.

- 115 Kilometer nördlich von Swakopmund ragt das sogenannte Cape Cross (Kreuzkap) als Landspitze in den Atlantik hinein. Auf dem flachen und kargen Küstenabschnitt befindet sich eine große, berühmte Kolonie des Südafrikanischen Seebären (*Arctocephalus pusillus*). Lange Zeit wurden diese Ohrenrobben unkontrolliert bejagt; heutzutage tummeln sich wieder über 1,5 Millionen Seebären an afrikanischen Küsten. Das Robbenreservat Cape Cross Seal Reserve allein beheimatet bis zu 200.000 dieser Tiere. Als Gesundheitspolizei fungieren hier Schakale und Braune Hyänen, die die verletzten und toten Tiere beseitigen. Für Besucher wurden Stege angebracht, von denen die Tiere beobachtet werden können – den typischen Fisch-Meeres-Robben-Duft und den Lärm aus zehntausenden Mäulern gibt es gratis dazu. Die Cape Cross Seal Reserve kann täglich von 10 bis 17 Uhr besichtigt werden (Eintritt 50 NAD, Fahrzeug 10 NAD). Die einzige hier verfügbare Übernachtungsmöglichkeit ist die Cape Cross Lodge (www.capecross.org).

Cape Cross: steinerne Nachbildungen der padrão von Diego Cão (1486)

Holzstege am Cape Cross

Von der Küste geht es in nordöstlicher Richtung weiter – über ein Kulturgut von nationaler und internationaler Bedeutung, dem UNESCO-Weltkulturerbe Twyfelfontein – zu einem der berühmtesten Nationalparks Afrikas, dem Etosha National Park. Bereits 1907 wurde der Etosha National Park als Wildreservat Nr. 2 unter Schutz gestellt. Seit dieser Zeit hat sich der Nationalpark aufgrund seiner Wilddichte und der guten touristischen Infrastruktur zu einer der Haupt-

Etosha National Park: Gedränge am Wasserloch

attraktionen Namibias entwickelt. Zugang zum Nationalpark erhält man über eines der Zugangstore (*gates*). Hier werden Besucher samt Fahrzeug registriert; die allgemeinen Parkregeln müssen unterzeichnet werden. Eine der wichtigsten Regeln besagt, dass man das Fahrzeug innerhalb des Nationalparks nur an wenigen, geschützten Stellen verlassen darf. Des Weiteren muss ein Camp erreicht sein, bevor die Tore des Parks geschlossen werden. Informationen über die genauen Öffnungszeiten der *gates* (offen von Sonnenaufgang bis Sonnenuntergang) und die letzten Tierbeobachtungen bekommt man an der Rezeption einer der drei staatlichen Restcamps Okaukuejo, Halali oder Namutoni. Hier müssen auch die Gebühren für Eintritt und Übernachtung entrichtet werden (www.etoshanationalpark.org/de).

Begegnungen an der Küste Namibias

Als letzter Punkt dieser Reise wird der Waterberg angefahren – ein mächtiger Tafelberg, der sich weit über die umgebenden Savannen-Flächen erhebt. Das riesige Waterberg Plateau (50 Kilometer Länge, 16 Kilometer Breite) und der 1972 eingerichtete Waterberg Plateau Park stellen für viele seltene und geschützte Tierarten eine Art Rettungsinsel dar. So kann man hier einige Tierarten erleben, die es im größeren Etosha National Park gar nicht gibt (z. B. Rappenantilopen). Die hier vorkommenden Afrikanischen Büffel komplettieren die sogenannten „Big Five". Der „Wasserberg" (Afrikaans: Waterberg) ist darüber hinaus auch ein lohnenswertes Ziel für Pflanzenfreunde, Wanderer und Historiker.

7. Weitere Routen

Ab ins Grüne!

7. Weitere Routen

Das namibische Fremdenverkehrsamt (*Namibia Tourism Board*, NTB) hat in den letzten Jahren eigene Routenempfehlungen für Selbstfahrer herausgegeben, die eine Verbindung von Kultur- und Naturerlebnis ermöglichen sollen. Die von offizieller Seite empfohlenen Routen sind in Einzeletappen aufgeteilt, die man miteinander kombinieren kann. Beschreibungen und Karten zu den einzelnen Routen finden sich unter www.visitnamibia.com.na/#:

- The Four River Route: www.visitnamibia.com.na/wp-content/uploads/2022/03/FOUR_RIVERS_DIGITAL_BROCHURE_FINAL.pdf
- The Omulunga Plam Route: www.visitnamibia.com.na/wp-content/uploads/2022/03/OMULUNGA_PALM_DIGITAL_BROCHURE_FINAL.pdf

Als Beispiel soll im folgenden Abschnitt eine der Routen durch den Nordwesten Namibias näher beschrieben werden.

7.1 Arid Eden Route

www.visitnamibia.com.na/wp-content/uploads/2022/03/ARID_EDEN_DIGITAL_BROCHURE_FINAL.pdf
Gesamtlänge: 2404 km
Empfohlene Reisedauer: 11 bis 18 Tage

Teilstrecken

- Windhoek-Galton: 520 km / 1 bis 2 Tage
- Welwitchia Experience: 860 km / 4 bis 6 Tage
- Himba Cultural Experience: 443 km / 3 bis 5 Tage
- North West Trail: 581 km / 3 bis 5 Tage

Höhepunkte

- Windhoek
- Okahandja: Holz- bzw. Handwerksmarkt
- Etosha National Park
- Felsgravuren von Twyfelfontein (UNESCO-Weltkulturerbe)
- lebendige Kultur der Himbas, Hereros und Damara
- Kunene-Region und Kaokoveld: Wüsten-adaptierte Tiere (Elefanten, Löwen, Nashörner) und kommunale Selbstverwaltung
- Epupa-Wasserfälle

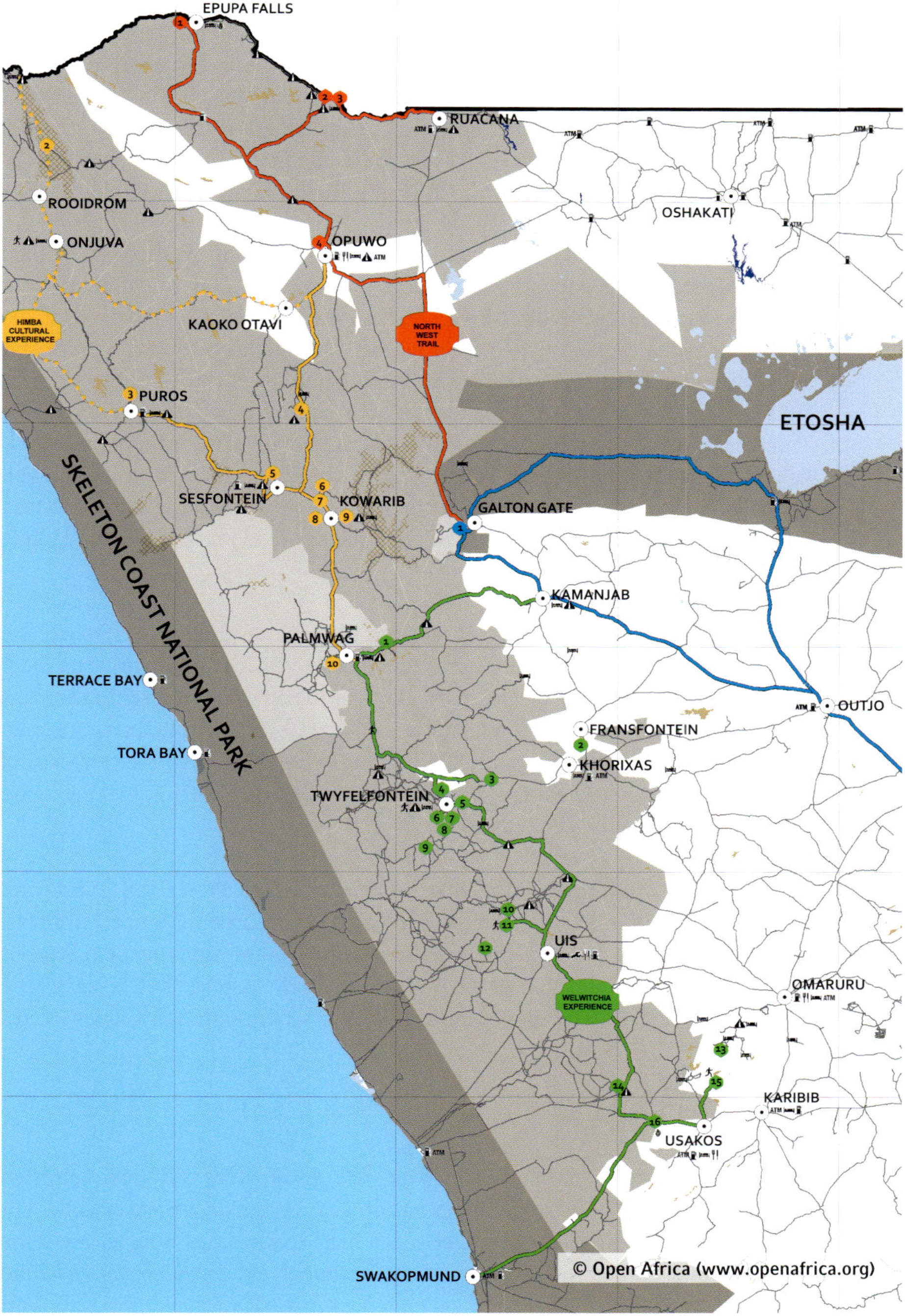
EPUPA FALLS
RUACANA
OSHAKATI
ROOIDROM
ONJUVA
OPUWO
KAOKO OTAVI
HIMBA CULTURAL EXPERIENCE
NORTH WEST TRAIL
PUROS
ETOSHA
SKELETON COAST NATIONAL PARK
SESFONTEIN
KOWARIB
GALTON GATE
KAMANJAB
PALMWAG
TERRACE BAY
OUTJO
FRANSFONTEIN
TORA BAY
KHORIXAS
TWYFELFONTEIN
UIS
WELWITCHIA EXPERIENCE
OMARURU
KARIBIB
USAKOS
SWAKOPMUND
© Open Africa (www.openafrica.org)

Das erste Teilstück der Arid Eden Route führt von Windhoek über Okahandja bis in den Etosha National Park. Das Landschaftsbild prägen zunächst dichte Dornbusch-Savannen, die das hügelige Farmland (Gäste-, Jagd-, Nutztierfarmen) im Khomas-Hochland bestimmen. Nach Norden hin geht die Vegetation in lichte (Mopane-)Wälder über. Den Eintritt zum Etosha National Park gewährt das Galton Gate, das den Zugang zum lange Zeit gesperrten, westlichen Teil des Etosha National Park ermöglicht.

Der Streckenabschnitt der Welwitchia Experience beginnt im Etosha National Park und endet in Swakopmund an der Atlantikküste. Das Stammesland der Damara ist gleichsam Heimat für Lebewesen, die sich an die Trockenheit der Wüste speziell angepasst haben. Hier wächst z. B. die langsam und extrem lange wachsende Pflanze *Welwitschia mirabilis*, die nur aus einem Blattpaar besteht. Wüstenelefanten ziehen auf der Suche nach Nahrung und Wasser durch die Trockenflussbetten (Riviere). Das kulturelle Highlight dieser Etappe ist sicherlich Twyfelfontein mit seinen Felsenbildern, die schon vor Jahrhunderten von Buschmännern in den Fels eingebracht wurden. Als scharfer Kontrast wartet zum Ende dieser Etappe das beschauliche Swakopmund und die raue und kühle Atlantikküste.

Die Himba Cultural Experience durchquert als sehr anspruchsvolle Strecke die nahezu unberührte Kunene-Region und das Kaokoveld. Sie führt vorbei an Siedlungen der Himba und Herero, zum Ongongo-Wasserfall und schließlich ins Palmwag-Konzessionsgebiet, wo Wüstenelefanten und Spitzmaulnashörner zu Hause sind. Ein geländegängiges Allradfahrzeug und eine hohe Fahrpraxis sind erforderlich; sicherer reist man in einer Kolonne aus mehreren Fahrzeugen und in Begleitung eines lokalen Guides.

Die vierte Teilstrecke der Arid Eden Route, der North West Trail, führt vom Etosha National Park zu den Epupa Falls an der nördlichen Grenze Namibias. Epupa entspricht in der Sprache der Herero dem Schaum von fallendem Wasser. Der Kunene, Grenzfluss zwischen Namibia und Angola, fällt hier knapp 40 Meter in die Tiefe und spannt mit seinem Wasser ein wahrhaft grünes Band.

7.2 Offroad-Routen

Neben den bisher beschriebenen Routen, die größtenteils auf Schotterpisten zu erfahren sind, gibt es in Namibia natürlich auch einige anspruchsvolle Allrad- bzw. Offroad-Strecken. Es handelt sich hierbei allerdings weniger um reine Offroad-Routen bzw. Rundwege, sondern vielmehr um einzelne, ausgewählte Streckenabschnitte. Für manche Regionen Namibias (Kaokoveld und Kaudom) ist es ratsam, diese mit mindestens zwei Fahrzeugen zu befahren oder sich direkt einer begleiteten Selbstfahrertour anzuschließen. Andere Regionen sind von vornherein nur in einer Gruppe oder mit einem speziellen Permit befahrbar. Eine gute Möglichkeit, sich und das Fahrzeug im Offroad-Betrieb kennen zu lernen, bieten 4x4-Trails. Hierbei handelt es sich um anspruchsvolle Allrad-Strecken, die in Zivilisationsnähe das Ausprobieren des Fahrzeugs möglich machen.

TIPP: 4x4 Tails in Namibia

Ausgewählte 4x4-Trails im Westen und Nordwesten Namibias wurden von Ute Nast-Linke und Frank Linke in ihrer Buchreihe ausführlich behandelt. Verfügbar über den GiraffenMog Verlag oder als Kindle Edition (E-Book).

Sandwich Harbour, etwa 50 Kilometer südlich von Walvis Bay gelegen, war im 19. Jahrhundert ein Fischereihafen und Anlaufpunkt für Abenteurer und Walfänger. Nachdem dort im Jahr 1898 das letzte Schiff vor Anker lief, gerieten der Ort und der Hafen in Vergessenheit – eingeschlossen von den hohen Sanddünen der Namib auf der einen und dem kalten, rauen Atlantik auf der anderen Seite. Heutzutage sind der Strand und die Dünen von Sandwich Harbour ein beliebtes Ausflugsziel mit Walvis Bay als Ausgangspunkt. Der einzige Weg folgt dem Verlauf der Küste und ist eine wahre Sandpiste durch die Dünen. Es gibt geführte Tagestouren nach Sandwich Harbour, aber generell ist auch eine Anreise im eigenen geländegängigen Allrad-Fahrzeug möglich. Übernachtungen vor Ort sind nicht möglich, so dass es sich bei einem Besuch von Sandwich Harbour immer um einen Tagestrip handelt. Wer dieses besondere Abenteuer auf Sand wagen und derart in die Namib Section des Namib-Naukluft National Park eintreten möchte, benötigt dazu eine Zufahrtsgenehmigung (*permit*) vom Umwelt- und Tourismus-Ministerium (*Ministry of Environment and Tourism*, MET). Büros des MET finden sich sowohl in Swakopmund (Ecke Bismarck Street/Dr. Sam Nujoma Avenue, Tel.: +264-64-405028) als auch in Walvis Bay (Tel.: +264-61-2842333). Obwohl der Erhalt der Zufahrtsgenehmigung mit einer Menge Papierkram verbunden ist, sollte man sich in der Folge nicht auf die abgehefteten Papiere bzw. die Verwaltung und Organisation in namibischen Büros verlassen. Da die *permits* nur vage und zufällig kontrolliert werden, wird im Notfall vermutlich auch niemand bemerken, wenn ein Fahrzeug in den sensiblen Zonen liegen bleibt. Man sollte sich also zur eigenen Sicherheit selbst absichern – am besten und einfachsten gelingt das im Konvoi aus mindestens zwei Fahrzeugen.

Die wohl anspruchsvollste Offroad-Strecke, die man allein in Namibia befahren kann, stellt der Naukluft 4x4-Trail im Namib-Naukluft National Park dar. Geröll, steile Hänge und Schluchten verlangen nach Konzentration und Offroad-Erfahrung. Für die 73 Kilometer lange Strecke müssen zwei Tage eingeplant werden. Übernachtet wird dabei an oder in einer einfachen Steinhütte, die etwa auf halbem Wege steht. Maximal 16 Personen bzw. vier Fahrzeuge dürfen sich auf dem Trail bewegen. Informationen und Reservierungen über das zentrale Büro der Namibia Wildlife Resorts (NWR) in Windhoek (Tel.: +264-61-2857200; reservations@nwr.com.na).

In der Nähe des Namib-Naukluft Park liegt die Gästefarm Ababis. Bereits im Jahr 2004 eröffnete Familie Neuhoff dort ein Trainingscenter für Fahrsicherheit. Die dort arbeitenden, ADAC-zertifizierten Fahrsicherheitsausbilder bieten qualifizierte Trainings für Fahrsicherheit und Off-Road-Fahren an.
Gästefarm Ababis – Kathrin und Uwe Schulze Neuhoff, P.O.Box 1004, Maltahöhe, Tel.: +264-63-293362, E-Mail: info2@ababis-gaestefarm.de, Web: www.ababis-gaestefarm.de, www.offroad-experience.com, www.naukluft-experience.com
Am Fuße des Gamsberges bietet die Gästefarm Isabis neben Unterkunft (Selbstversorgungshäuser und Campingplatz) auch einen eigenen 4x4-Trail, der sich vom Gamsberg Plateau hinab in die tiefen Schluchten des Gaub River windet. Möchte man den gesamten Trail (samt seiner „Schwarzen Pisten") befahren, sollte eine Camping-Übernachtung auf dem Trail eingeplant werden.
Gästefarm Isabis – Joachim Cranz; Tel.: +264-61-248682 (Windhoek), Tel.: +264-62-572133 (Isabis), Mobil: +264-81-1245588, E-Mail: info@isabis4x4.com, Web: www.isabis4x4.com

Unterwegs auf der Farm Isabis

Etwas wirklich Einmaliges für Abenteurer, Wüsten- und Allrad-Fans bietet die Durchquerung des ehemaligen Diamanten-Sperrgebiets von Lüderitz bis nach Walvis Bay. Die Strecke führt über Geröllflächen und menschenleere Strände, aber vor allen Dingen über kleinere und ziemlich große Dünen. Aber auch auf einige menschliche Überbleibsel wie die Baracken der Diamantensucher in Saddle Hill und Schiffswracks trifft man in den Weiten der Wüste. Dieser einwöchige Trip wird nur als geführte Selbstfahrertour (mind. 12 Teilnehmer) von zwei spezialisierten Anbietern aus Lüderitz angeboten. Den Anweisungen der erfahrenen Guides ist unbedingt Folge zu leisten, um die eigene Sicherheit und die der Gruppe nicht zu gefährden. Touren dieser Art werden in der Regel einmal pro Monat angeboten; eine frühzeitige Anmeldung ist unbedingt zu empfehlen. Aufgrund der immensen Logistik und der hohen Konzessionsgebühren ist ein solch unvergleichlicher Ausflug nicht ganz billig, aber wohl jeden Cent wert.
Desert Magic – Volker und Daggie Janke; Tel.: +264-63-202824, E-Mail: info@desertmagictours.com.na, Web: www.desertmagictours.com.na

8. Grenzüberschreitende Routen

Im Kgalagadi Transfrontier National Park

8. Grenzüberschreitende Routen

Peace Parks – Miteinander für die Umwelt
Eine afrikanische Besonderheit stellen die „Peace Parks" dar, grenzüberschreitende, transnationale Schutzgebiete. Das Konzept dieser Parks sieht den Wegfall von Grenzzäunen vor, so dass sich Tiere und Menschen wieder ungehindert auf z. T. traditionellen Wanderrouten bewegen können.

8.1 Namibia und Südafrika I: Kalahari

Streckenverlauf

Windhoek – Mariental – Mata-Mata – Twee Rivieren – Rietfontein – Keetmanshoop – Fish River Canyon – Lüderitz – Sossusvlei – Windhoek
Streckenlänge: ca. 2400 km
Empfohlene Reisedauer: 14 Tage

Höhepunkte

- Windhoek
- Kalahari
- Kgalagadi Transfrontier National Park
- Fish River Canyon
- Wildpferde von Garub
- Lüderitz und ehemaliges Diamanten-Sperrgebiet (z. B. Kolmannskuppe)
- Namib-Wüste mit Sossusvlei (UNESCO-Weltnaturerbe)

Unterwegs in der Kalahari

Über die vielbefahrene B1 lässt man Windhoek und ein Stück weit auch die Zivilisation hinter sich. Es geht gen Süden und damit Südafrika entgegen, doch bei Mariental orientiert man sich nach Osten und tritt ein in das rote Sandmeer der Kalahari. Mata-Mata stellt gleichsam Grenzübergang und Eingang zum Kgalagadi Transfrontier National Park dar. Allerdings erfolgt hier nur die Ausreise aus Namibia. Die südafrikanischen Einreiseformalitäten werden erst im Camp Twee Rivieren erledigt.

Kgalagadi Transfrontier National Park

Der Kgalagadi Transfrontier National Park entstand im Jahre 2000 durch die Zusammenlegung des Kalahari Gemsbok National Park (Südafrika) und des Gemsbok National Park (Botswana).

Der Kgalagadi Transfrontier National Park besitzt fünf Zugangstore (*gates*) in drei verschiedenen Ländern: Der Zugang von Namibia erfolgt über Mata-Mata, Twee Rivieren ist der Eintritt von Südafrika aus, Botswana besitzt drei Eingänge.

Campingplätze auf südafrikanischer Seite

- Twee Rivieren: südafrikanischer und botswanischer Grenzposten am südlichen Eingang des Parks
  Das größte und bestens ausgestattete Camp im Park verfügt über Chalets, Campingplätze, Restaurant, Shop, Tankstelle, Swimmingpool, Sanitärgebäude, Strom, Geldautomat, Wasserloch etc.
- Mata-Mata Rest Camp: westlicher Eingang zum Park; direkt an der Grenze zu Namibia
  Chalets, Campingplätze, Shop, Tankstelle, Swimmingpool, Sanitärgebäude, Strom, Wasserloch etc.
- Nossob Rest Camp: im trockenen Bett des Nossob River gelegen zwei Gästehäuser, Cottages, Campingplätze, Shop, Tankstelle, Swimmingpool, Sanitärgebäude, Strom etc.

Bei den anderen Unterkünften im Park (Bitterpan, Grootkolk, Kalahari Tented Camp, Kieliekrankie, Urikaruus und Gharagab) handelt es sich um sogenannte Wilderness Camps, kleine, exklusive, feste Unterkünfte mit einfacher bis luxuriöser Infrastruktur. Wegen der geringen Bettenzahl und der starken Nachfrage ist eine Planung und Reservierung im Voraus unbedingt zu empfehlen. Die meisten Camps sind schon über Monate hinaus ausgebucht.

Die Bezahlung im Park selbst erfolgt in südafrikanischen Rand (oder bei funktionierender Technik mit Kreditkarte). Buchungen und generelle Informationen unter www.sanparks.org/parks/kgalagadi

Willkommen in Mata Mata

Beim Durchfahren des Parks sollte der Reifendruck wegen der z. T. sandigen Pisten auf 1,5 bar reduziert werden. Ebenfalls erforderlich ist ein sogenannter Laufzettel, den man zusammen mit dem Zugangsschein (*entry permit*) von der südafrikanischen Parkverwaltung (SAN Park) bekommt. Bei jeder Pirschfahrt sollte der Laufzettel mitgenommen werden. Bei jedem Besuch eines Camps sollte der Zettel an der Rezeption abgegeben werden. Derart werden die Gäste der einzelnen Camps kontrolliert und die Sicherheit der Gäste garantiert. Es soll ja niemand – gerade nachts – auf der Strecke bleiben. Die Ausreise aus dem Park und die Einreise nach Südafrika findet in Twee Rivieren statt.

Grenzposten: Rietfontein – Klein Menasse

Verlässt man den Park nach morgendlicher Pirschfahrt, kann man Keetmanshoop am späten Nachmittag erreichen. Dazwischen liegt der Wiedereintritt nach Namibia über den Grenzposten Rietfontein – Klein Menasse, der von 8 bis 16:30 Uhr geöffnet ist. Von Keetmanshoop aus gleicht der weitere Routenverlauf dem Programm von 6.2 „Best of Namibia“, s. S. 80.

8.2 Namibia und Südafrika II: Windhoek – Kapstadt

Streckenverlauf

Windhoek – Swakopmund – Sossusvlei – Lüderitz – Fish River Canyon – Namaqualand – Cederberge – Kapstadt
Streckenlänge: ca. 3400 km
Empfohlene Reisedauer: 21 Tage

Höhepunkte

- Windhoek
- Swakopmund und Atlantikküste
- Namib-Wüste mit Sossusvlei (UNESCO Weltnaturerbe)
- Wildpferde von Garub
- Lüderitz und ehemaliges Diamanten-Sperrgebiet (z. B. Kolmannskuppe)
- Fish River Canyon
- Namaqualand
- Cederberge
- West Coast National Park
- Weinanbaugebiete Südafrikas
- Kapstadt

Auf direktem Wege, d. h. auf den durchgehend asphaltierten Schnellstraßen B1 (Namibia) und N7 (Südafrika) sind es „nur" ca. 1500 Kilometer zwischen der namibischen Hauptstadt Windhoek und der „Mutterstadt" des Südlichen Afrika, Kapstadt. Es ist die wichtigste Transitstrecke dieser beiden Nachbarländer und wird regelmäßig über verschiedene Fernbuslinien (z. B. *Intercape*) bedient. Als gute Möglichkeit für Touristen haben sich auch Gabelflüge etabliert – mit Ankunft in Windhoek und Abflug in Kapstadt (oder andersherum).

Doch liegt der Reiz dieser Route eher abseits bzw. westlich dieser Hauptverkehrsverbindungen. In Namibia sind es die bereits beschriebenen Höhepunkte im Westen und Süden des Landes: Swakopmund und Lüderitz mit der kühlen, rauen Atlantikküste, die Weite der Namib mit dem magischen Platz Sossusvlei sowie den Wildpferden in Garub und der tiefste Canyon Afrikas. Der Fish River Canyon liegt bereits im grenzüberschreitenden Schutzgebiet |Ai-|Ais – Richtersveld Transfrontier Park. Der zweitlängste Fluss des Südlichen Afrika, der Oranje, bildet die natürliche Grenze zwischen Namibia und Südafrika.

Auf südafrikanischer Seite ändert sich die Landschaft erst einmal wenig. Das Namaqualand („Land der Nama") im Nordwesten des Landes ist eine wellige, ausgedörrte Halbwüste. Im Frühling allerdings (d. h. zwischen August und September), wenn ausreichend Niederschläge gefallen sind, wird der steinige Boden von einem wahren Blütenmeer überzogen. Naturfreunde kommen in den Cederbergen und im West Coast National Park auf ihre Kosten. Die über 2000 Meter hohen Cederberge sind vor allem das Revier von Wanderern; Vogelfreunde tendieren zum großen Küstenschutzgebiet des West Coast National Park.

Kap der guten Hoffnung

Der kalte und nährstoffreiche Benguela-Strom unterhält ein vielfältiges Nahrungsnetz und Küstenökosystem, von dem letztlich auch der Mensch profitiert. Zur großen Auswahl an fangfrischem Fisch und Meeresfrüchten passt sehr gut einer der exzellenten südafrikanischen Weine. Deren Anbaugebiete finden sich rund um Kapstadt, dem letzten, aber lohnenswerten Ziel dieser Route. Die große Stadt mit ihrer traumhaften Lage am Kap der guten Hoffnung und im Schatten des Tafelberges ist wahrscheinlich die schönste, entspannteste und modernste Stadt im Südlichen Afrika – ein Sinnbild für das friedliche Zusammenleben verschiedenster Kulturen und für das moderne, weltoffene Afrika.

8.3 Von Kapstadt zu den Victoriafällen

Eine Reise vom südafrikanischen Kapstadt über Namibia bis hin zu den Victoriafällen in Simbabwe bzw. Sambia gehört sicherlich zu den klassischen Traumreisen im Südlichen Afrika. Die dabei zu bereisenden Länder beheimaten unterschiedliche Sprachen und Kulturen, verschiedene Landschaften und Naturräume – kurzum: eine Vielfalt von Eindrücken.

1. Teil der Reise: Kapstadt – Windhoek

Streckenverlauf

Kapstadt – Cederberge – Namaqualand – Fish River Canyon – Lüderitz – Sossusvlei – Swakopmund – Windhoek
Streckenlänge: ca. 3400 km
Empfohlene Reisedauer: ca. 20 Tage

Höhepunkte

- Kapstadt
- Weinanbaugebiete Südafrikas
- West Coast National Park
- Cederberge
- Namaqualand
- Fish River Canyon
- Wildpferde von Garub
- Lüderitz und ehemaliges Diamanten-Sperrgebiet (z. B. Kolmannskuppe)
- Namib-Wüste mit Sossusvlei (UNESCO Weltnaturerbe)
- Swakopmund und Atlantikküste
- Windhoek

Da der erste Teil der Reise dem Programm von 7.2 Namibia und Südafrika II: Windhoek – Kapstadt, S. 95, entspricht, wird hier nur noch der zweite Teil der Reise von Windhoek bis zu den Victoriafällen ausführlicher behandelt.

Downtown Windhoek

2. Teil der Reise: Windhoek – Victoriafälle

Für den zweiten Teil der Reise von Windhoek bis zu den Victoriafällen gibt es zwei Alternativen:
A) durch den Caprivi-Zipfel (Namibia) zu den Victoriafällen
B) durch Botswana zu den Victoriafällen

Variante A

Streckenverlauf

Windhoek – Etosha NP – Rundu – Bwabwata NP – Mudumu NP – Chobe NP – Kasane – Victoria Falls/Livingstone (Namibia – Botswana – Simbabwe – Sambia)
Streckenlänge: ca. 2200 km
Empfohlene Reisedauer: ca. 10 Tage

Höhepunkte

- Windhoek
- Etosha National Park
- Bwabwata National Park
- Mudumu National Park
- Chobe National Park
- Victoriafälle (UNESCO-Weltnaturerbe)

Wie Perlen an einer Kette reihen sich verschiedene Nationalparks in den Tourenverlauf. Vom zentralen Hochland Namibias geht es über den Etosha National Park ins grüne Herz Namibias. Die Kavango-Sambesi-Region (ehemals Caprivi), ein schmales Stück Land im Nordosten von Namibia, ragt wie ein Finger aus dem Rest des Landes heraus. Diese vom Wasser geprägte Region ist ein Paradies für Naturliebhaber, zumal es hier einige Tierarten gibt, die man im eher trockenen Rest von Namibia vermisst. Riesige Herden an Elefanten und Büffeln durchstreifen die Sümpfe und Wälder, Flusspferde und Krokodile tummeln sich im Wasser und ein Heer an Wasservögeln belebt die Uferregionen.

Kavango-Zambezi Transfrontier Conservation Area (KAZA)
Fünf Länder – eine Idee

Gleich fünf Länder sind an der Gründung eines „Peace Park" unvorstellbarer Größe beteiligt. 2012 konnten sich Angola, Botswana, Namibia, Sambia und Simbabwe auf die Gründung der *Kavango-Zambezi Transfrontier Conservation Area* (KAZA) einigen. Das Zentrum dieses Gebietes ist der Zusammenfluss des Chobe und des Sambesi River, wo sich die Grenzen von Botswana, Namibia, Sambia und Simbabwe treffen. Es beinhaltet namhafte Regionen wie den Chobe National Park, den Hwange National Park, das Okavango-Delta und die Victoria-Wasserfälle.

Folgende Nationalparks sind Teil dieses Großschutzgebiet:

Namibia:
- Nkasa Lupala National Park
- Mudumu National Park
- Bwabwata National Park

Botswana:
- Chobe National Park
- Makgadikgadi National Park
- Nxai Pan National Park
- Moremi Game Reserve

Simbabwe:
- Hwange National Park
- Kazuma Pan National Park
- Zambezi National Park
- Victoria Falls National Park

Sambia:
- Liuwa Plain National Park
- Kafue National Park
- Mosi-oa-Tunya National Park
- Sioma Ngwezi National Park

Angola:
- Luiana National Park
- Longa-Mavinga National Park

Infos unter www.kavangozambezi.org

Bei der Überquerung des Chobe River (Ngoma-Brücke) verlässt man Namibia in Richtung Botswana und steht unmittelbar im Chobe National Park. Dieser berühmte Nationalpark wurde 1967 als erster Nationalpark Botswanas kurz nach der Unabhängigkeit des Landes gegründet. Auf über 11.000 Quadratkilometern kann sich die Natur hier frei entfalten und der Besucher ein einmaliges Safari-Erlebnis genießen.

TIPP: Chobe National Park

Offizielle Homepage des Nationalparks: www.chobenationalpark.com
Campingplätze im Nordteil des Chobe National Park: www.mwandiview.com, www.muchenjecampsite.com, www.sklcamps.com, www.kwalatesafaris.com
Die stark frequentierten Camps des Chobe National Park sollte man während der Hochsaison von August bis Oktober sowie zu Weihnachten und Ostern unbedingt frühzeitig reservieren.

Nach der Durchquerung des nördlichen Teils des Chobe National Park (von West nach Ost) gelangt man zur Kleinstadt Kasane.

Variante A1

Ganz in der Nähe liegt der Grenzposten Kazungula, wo man Botswana verlässt und nach Simbabwe einreist. Eine gut ausgebaute Teerstraße führt von der Grenze zur Kleinstadt Victoria Falls, die ihre Existenz den Wasserfällen und dem dadurch resultierenden Tourismus verdankt.

Variante A2

Mit der Kazungula-Fähre überwindet man den Sambesi und somit auch die Grenze zwischen Botswana und Sambia. Auf der Nordseite des Sambesi geht es auf Asphalt weiter in die Großstadt Livingstone, die nur 10 Kilometer von den Victoriafällen entfernt ist.

Victoriafälle

Der erste Europäer, der die Victoriafälle mit eigenen Augen sah, war der schottische Missionar und Afrikareisende David Livingstone. Nachdem er im Jahr 1851 Berichte über diesen Wasserfall gehört hatte, landete er vier Jahre später, am 16. November 1855, auf der kleinen Insel oberhalb der Fälle, die heute den Namen Livingstone Island trägt. Tief beeindruckt beschrieb er den Wasserfall als „das schönste, das er in Afrika je zu Gesicht bekam", und nannte ihn Victoria Falls, zu Ehren der damaligen britischen Königin Victoria. Ob es für den vielgereisten Touristen ebenfalls das schönste Erlebnis in Afrika ist, sei dahingestellt. Ein krönender Abschluss dieser besonderen und langen Reise durch das Südliche Afrika stellen die Wasserfälle aber allemal dar.

Hier an der Grenze zwischen Simbabwe und Sambia stürzt der Sambesi über eine Breite von mehr als 1,6 Kilometer ca. 100 Meter hinab in die Tiefe und hinterlässt damit einen gewaltigen optischen und akustischen Eindruck. Damit sind die Victoriafälle der breiteste durchgehende Wasserfall der Erde. Zum Ende der Regenzeit im März und April, wenn der Sambesi durch die Niederschläge stark angeschwollen ist, schießen bis zu 10.000 m^3/s Wasser (d. h. bis zu 600 Mio. Liter pro Minute) über den Nordrand der Schlucht in die Tiefe. Zum Ende der Trockenzeit, in den Monaten Oktober und November, kann die Wassermenge deutlich schrumpfen.

Auf beiden Seiten des Sambesi, die über eine Brücke (Victoria Falls Bridge) verbunden sind, finden Touristen ein breites touristisches Angebot (Hotels, Lodges, Campingplätze, Restaurants, Bootsfahrten etc.), das sich so langsam schon in Richtung Vergnügungspark entwickelt (z. B. „Lion Walk" oder „Bungee Jumping").

Victoriafälle

Variante B

Streckenverlauf

Windhoek – Gobabis – Maun – Kasane – Victoria Falls/Livingstone (Namibia – Botswana – Simbabwe – Sambia)

Streckenlänge: ca. 1800 km

Empfohlene Reisedauer: ca. 10 Tage

Höhepunkte

- Windhoek
- Kalahari
- Okavango-Delta (UNESCO-Weltnaturerbe)
- Chobe National Park
- Victoriafälle (UNESCO-Weltnaturerbe)

Verlässt man Windhoek über die B6 (bzw. Trans-Kalahari-Highway) gen Osten, tritt man schon bald in die rote Sandwelt der Kalahari ein. Die riesige Halbwüste, erstreckt sich beidseitig des südlichen Wendekreises von der südafrikanischen Provinz Nordkap durch Namibia und Botswana hindurch bis nach Angola, Simbabwe und Sambia. Hier findet sich viel roter Sand und rote Sanddünen, die nur spärlich mit Gräsern bewachsen sind, aber auch eine an die kargen Umstände angepasste Tier- und Pflanzenwelt. In der Hitze des Tages halten sich viele Tiere im Schatten der großen Kameldornbäume auf, die in den Trockenflussbetten (Riviere) ausharren. Der einzige ganzjährig wasserführende Fluss der Kalahari ist der Okavango. Zugang zur zentralen Kalahari und zu Botswana erhält man über den Grenzübergang Buitepos – Mamuno. Nach rund 200 Kilometern in Botswana verlässt man den Trans-Kalahari-Highway in Richtung Norden (d. h. Ghanzi und Maun), verbleibt aber weiterhin auf Asphalt. Die Stadt Maun stellt das Eintrittstor zum weltberühmten Okavango-Delta dar. Maun hat sich in atemberaubender Schnelligkeit von einer Versorgungsstation für Großwildjäger in eine Hochburg des internationalen Tourismus verwandelt, mit internationalem Flughafen. Von hier aus starten täglich Ausflüge zu Wasser mit dem Boot oder Einbaum (Mokoro) und zu Luft (Rundflüge). Da fast alle Straßen im Okavango-Delta für den Privatverkehr gesperrt und nur wenige Lodges auf dem Landweg erreichbar sind, bietet sich ein organisierter Besuch des Deltas an. Eine Unzahl

Okavango-Delta

Der Okavango ist mit gut 1600 Kilometern Länge der drittgrößte Fluss im Südlichen Afrika. Er entspringt im Zentrum Angolas, bildet für etwa 400 Kilometer die Grenze zwischen Angola und Namibia und durchquert dann in südöstlicher Richtung den schmalen Caprivi-Zipfel Namibias. Der Weg des mächtigen Flusses endet schon bald im Nordwesten Botswanas, wo er sich in die sandige Kalahari ergießt und das größte Binnendelta der Welt bildet – das Okavango-Delta. Diese amphibische Landschaft von der Größe Schleswig-Holsteins ist geprägt von Wasser, Sümpfen und Waldinseln. Die Fülle an Wasser in der ansonsten trockenen Umgebung der Kalahari ist ein wahrer Anziehungspunkt für Tiere und auch der Mensch hat den Wert dieses einzigartigen Naturwunders erkannt. Weite Teile des Deltas stehen unter Schutz und 2014 wurde das Okavango-Delta ins UNESCO-Weltnaturerbe aufgenommen. Infos unter www.okavangodelta.com

an Safariveranstaltern in Maun organisiert mehrtätige Trips zu den oft sehr luxuriösen Lodges; die Anreise erfolgt zumeist per Flug, selten per Boot.

Das Moremi Wildlife Reserve stellt für Selbstfahrer und Campingfreunde die einzige Möglichkeit dar, das Okavango-Delta zu bereisen. Sowohl dieses Schutzgebiet als auch der weitere Weg durch den Chobe National Park bis nach Kasane sind aufgrund von Sand- und Matschpisten nur mit einem geländegängigen Allradfahrzeug und Offroad-Erfahrung zu befahren. Hinzu kommt das Fehlen von Tankstellen, Werkstätten und Shops!

Moremi Wildlife Reserve

Schon 1963 wurden erste Teile des Okavango-Deltas unter Schutz gestellt (von der Witwe des Chiefs Moremi III.). Seitdem hat sich das Schutzgebiet mehrfach erweitert und beinhaltet heute auch einige Inseln im Delta. Im Grunde genommen ist das Wildtierreservat ganzjährig zu bereisen. Als beste Reisezeit für die Tierbeobachtung gelten die Monate Juli bis Oktober. Ab November, wenn der Regen einsetzt, verteilt sich das Wild und auf den Pisten kann es zu erheblichen Einschränkungen kommen.

Offizielle Homepage der Moremi Wildlife Reserve: www.moremi.com
Campingplätze in der Moremi Wildlife Reserve: www.sklcamps.com, www.kwalatesafaris.com, www.xomaesites.com

Beide Varianten und Wege hin zu den Victoriafällen lassen sich auch gut kombinieren und zu einer Rundreise ab/bis Windhoek zusammenfassen.

Streckenverlauf

Windhoek – Etosha NP – Rundu – Bwabwata NP – Mudumu NP – Chobe NP – Kasane – Victoria Falls/Livingstone – Kasane – Chobe NP – Maun – Gobabis – Windhoek
Streckenlänge: ca. 4000 km
Empfohlene Reisedauer: ca. 20 Tage

Höhepunkte

- Windhoek
- Etosha National Park
- Bwabwata National Park
- Mudumu National Park
- Chobe National Park
- Victoriafälle (UNESCO-Weltnaturerbe)
- Okavango-Delta (UNESCO-Weltnaturerbe)
- Kalahari

9. Grenzübertritt und Einreisebestimmungen

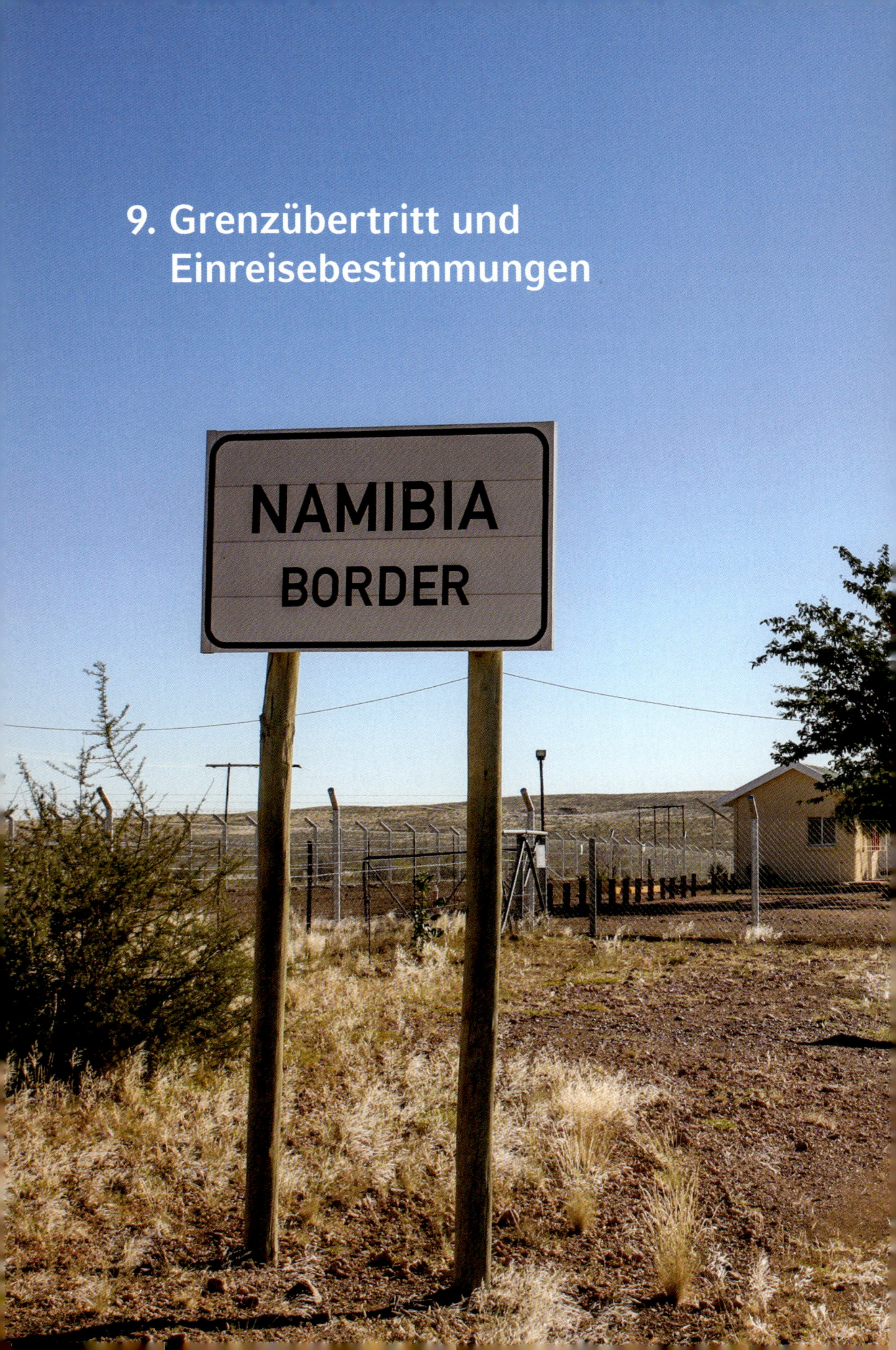

Eingangspforte nach Namibia

9. Grenzübertritt und Einreisebestimmungen

Anders als in der annähernd grenzenlosen Europäischen Union existieren im Südlichen Afrika noch strikte Landesgrenzen mitsamt fest installierter Grenzposten. Um den Weg von (Land) A nach (Land) B zu erleichtern, sind im Folgenden die wichtigsten Regeln zum unbeschwerten Grenzübertritt zusammengefasst.

Die Grenzbeamten spielen dabei eine entscheidende Rolle, indem sie die offiziellen Regeln und Gesetze sehr strikt oder etwas lockerer auslegen können. Da man im Vorfeld nie weiß, an welchen Grenzbeamten man gerät, ob er einen guten oder schlechten Tag hat, sollte man sich immer auf die offiziellen Regularien einstellen. Das Absetzen von Hut und Sonnenbrille und das Aufsetzen eines Lächelns wird allerdings von allen Grenzbeamten honoriert.

ASCO CAR HIRE

Asco Car Hire cc
195, Mandume Ndemufayo Ave.
PO Box 40214, Windhoek – Namibia
Tel: + 264 (0) 61 377200 – Fax: 377203
Email: info@ascocarhire.com
Web: www.ascocarhire.com

Letter of Authority

This letter serves to confirm that the individual and vehicle, whose particulars given below, have the permission to take the said vehicle into:

SOUTH AFRICA – BOTSWANA – ZIMBABWE – LESOTHO – SWAZILAND

Please take note: This is a permission letter only. It does not include any local border crossing fees, road taxes, etc.

Your co-operation and assistance is greatly appreciated. Should you have any queries, please contact the Asco Car Hire cc Management concerned whose details are also given below:

Asco Car Hire cc. Manager's full names: Mr. M. De Wilde
Branch Windhoek, Rep of Namibia
Tel & Fax: +264 61 377200 Cell: +264 81 129 2514 Cell: +264 81 127 2949

DRIVER:	MR BERNHARD VOGT
2ND DRIVERS	N/A
PASSPORT NUMBER	SEE PASSPORT
DATE OF EXPIRE	SEE PASSPORT
RENTAL DATES	22.03.2017 – 29.03.2017
TYPE OF VEHICLE	TOYOTA HILUX
REG. NUMBER	N 95935 W
ENGINE NUMBER	2GD0110244
CHASSIS NUMBER	AHTKB3CD702600329
MANUFACTERED IN	SOUTH AFRICA

CAR RENTAL AGENT CLIENT

22.03.17
Date: Signature:

Einverständniserklärung (*letter of authority*)

Die Öffnungszeiten der Grenzposten werden zumeist in südafrikanischer Zeit angegeben. In der namibischen Winterzeit (1. Sonntag im April bis 1. Sonntag im September), bei der die Uhr eine Stunde zurückgestellt wird, verschieben sich die Öffnungszeiten auf namibischer Seite um eine Stunde.

Die Grenzformalitäten laufen an den jeweiligen Grenzen eigentlich immer nach derselben Prozedur ab. Man begibt sich zuerst an den *Immigration*-Schalter, wo eine *entry* oder *entrance card* auszufüllen ist und anschließend der Reisepass mit einem Stempel und der entsprechenden Aufenthaltsdauer versehen wird. Grundvoraussetzung für einen erfolgreichen Grenzübertritt ist ein gültiger und noch 6 Monate geltender Reisepass. Danach geht es zum Zoll (*customs*), wo diverse Formalitäten rund um das Fahrzeug und das mitgeführte Gepäck zu erledigen sind. Der Zoll achtet auf das Mitführen von Waren, Waffen und pflanzlichen bzw. tierischen Produkten aller Art. So besitzen viele Länder im Südlichen Afrika Einfuhrbeschränkungen für Holz, Fleisch, Obst, Gemüse und Treibstoff. Da die Gesetze für das Mitführen pflanzlicher und/oder tierischer Produkte aktuellen Ereignissen angepasst werden und sich die Öffnungszeiten der Grenzen mitunter ändern, ist es ratsam, Einheimische und andere Reisende vor Grenzübertritt nach ihren aktuellen Erfahrungen an der Grenze zu befragen.

Zu beachten sind die im Südlichen Afrika geltenden, besonderen Regeln für das Reisen mit Kindern, welche im Kapitel 4 beschrieben sind.

Schon bei der Fahrzeugübernahme sollte der Routenplan so weit stehen, dass mögliche Zielorte im Ausland angegeben werden können. Denn je nach Reiseland sind unterschiedliche Formulare und Papiere mitzuführen. Damit der Vermieter den gesamten Papierkram – Zollpapiere, Einverständniserklärung (*letter of authorization*), Internationale Zulassung, Versicherungsunterlagen etc.– vorbereiten kann, bedarf es einer frühzeitigen Abstimmung hinsichtlich der zu bereisenden Länder. Die Autovermieter stellen im Normalfall für die Ausstellung und die Besorgung der Papiere eine Gebühr in Rechnung. Für die Autovermietungen sprechen vor allen Dingen Sicherheitsbedenken gegen eine Reise nach Angola, so dass Angola das einzige Nachbarland Namibias ist, welches mit einem normalen Mietwagen bzw. normalen Mietbedingungen nicht zu bereisen ist.

9.1 Namibia

Seit dem Jahre 2025 benötigen viele Nationalitäten ein kostenpflichtiges Visum für den Aufenthalt in Namibia – so auch Deutsche, Österreicher und Schweizer. Die Kosten für das Visum betragen ca. 1600 NAD. Man kann das Visum im Vorfeld online beantragen (eVisa) (/namibia-evisa.com/registation/) oder bei der Einreise am Flughafen klarmachen (Visa on Arrival). In beiden Fällen ist ein Aufenthalt bis zu 90 Tagen in Namibia möglich. Auch Multiple Entry Visa sind erhältlich und lohnen sich z. B. bei grenzüberschreitenden Rundtouren.

Bei der Einreise nach Namibia mit einem ausländischen Fahrzeug wird an den Grenzübergängen eine Straßenbenutzungsgebühr (*road tax*) verlangt, die sicherstellen soll, dass auch ausländische Fahrzeuge ihren Beitrag zur Erhaltung der namibischen Infrastruktur leisten.

Auf dem Landweg nach Namibia

Willkommen in Südafrika

9.2 Südafrika

Deutsche, Österreicher und Schweizer benötigen für die Einreise nach Südafrika kein Visum. Per Stempel im Reisepass erhält man eine Aufenthaltsgenehmigung für maximal 90 Tage. Für die Einreise nach Südafrika mit Kindern benötigen diese neben ihrem eigenen Reisepass auch eine Geburtsurkunde in Englisch. Am besten beantragen die Eltern auf dem Bürgeramt der zuständigen Stadt eine internationale Geburtsurkunde. Minderjährige, die ohne oder nur mit einem Erziehungsberechtigten reisen, müssen bei der Einreise eine schriftliche Zustimmungserklärung (*letter of consent*) des anderen Elternteils und ggf. weitere Dokumente vorlegen.

Als Zahlungsmittel wird in Südafrika nur der Südafrikanische Rand (ZAR) akzeptiert. Das ist insbesondere erwähnenswert, als dass der Namibische Dollar (NAD) an den Südafrikanischen Rand gekoppelt ist und in Namibia auch gleichwertig behandelt wird (Wechselkurs: 1:1). Während man also in Namibia auch mit Rand bezahlen kann, werden in Südafrika keine Namibischen Dollar akzeptiert.

Grenzposten

Klein Menasse/Rietfontein	7:30 – 16:30 Uhr	Tel.: +264-63-280680
Mata-Mata	6:30 – 16:30 Uhr	Tel.: +264-63-252055

Bitte beachten: Bei einem Grenzübertritt, egal in welche Richtung, müssen im Vorfeld zwei Nächte im Kgalagadi Transfrontier National Park verbracht werden.

Sendelingsdrift	7:30 – 16:30 Uhr	Tel.: +264-63-222114
Der Fluss Oranje stellt die Grenze dar. (Überfahrt per Ponton)		
Oranjemund/Alexander Bay	6:00 – 22:00 Uhr	Tel.: +264-63-232756
Noordoewer/Vioolsdrift	0:00 – 24:00 Uhr	Tel.: +264-63-297122
Velloorsdrift/Onseepkans	8:00 – 22:00 Uhr	Tel.: +264-63-269134
Ariamsvlei/Nakop	0:00 – 24:00 Uhr	Tel.: +264-63-280057

Quelle: www.visitnamibia.com.na/border-posts-point-of-entry/
Stand: 05/2026

9.3 Botswana

Für Einreise und Aufenthalt benötigen Deutsche, Österreicher und Schweizer in Botswana *kein* Visum. Üblicherweise wird bei der Einreise eine Aufenthaltsberechtigung für 30 Tagen ausgestellt, die sich aber leicht in einem der *Immigration Offices* verlängern lässt. Die Ein- und Ausreiseabwicklung von Touristen erfolgt in der Regel sehr zuvorkommend.

Grenzposten

Mohembo	6:00 – 18:00 Uhr	Tel.: +264-66-259 902
Ngoma Bridge	6:00 – 18:00 Uhr	Tel.: +264-66-252 856
Buitepos – Mamuno	6:00 – 18:00 Uhr	Tel.: +264-62-563 518
Impalila Island – Kasane	7:00 – 18:00 Uhr	Tel.: +264-66-218 087
Der Grenzposten ist nur für Personen geöffnet, da Impalila Island für Fahrzeuge nicht zugänglich ist. Fahrzeuge verbleiben in Kasane – Zugang zur Insel per Boot oder Flugzeug.		

Quelle: www.visitnamibia.com.na/border-posts-point-of-entry/
Stand: 05/2026

Sambia und Simbabwe: KAZA Uni-Visum – *ein* Visum für 2 Länder!
Die Kavango-Zambezi Transfrontier Conservation Area (KAZA) ist ein von 5 Ländern gegründetes Großschutzgebiet (s. S. 103). Sambia und Simbabwe konnten sich 2015 auf das sogenannte *KAZA UNIVISA* einigen. Damit können für 50 USD innerhalb von 30 Tagen beliebig viele Grenzübertritte innerhalb beider Länder getätigt werden. Darüber hinaus sind Tagesbesuche in Botswana erlaubt.
Erhältlich ist das Visum an folgenden Orten:
- in Sambia an den Flughäfen Lusaka und Livingstone sowie an den Grenzposten Livingstone/Victoria Falls und Kazungula;
- in Simbabwe an den Flughäfen Harare und Victoria Falls sowie an den Grenzposten Victoria Falls und Kazungula.

9.4 Sambia

Deutsche, Österreicher und Schweizer benötigen für die Einreise nach Sambia seit 2025 KEIN Visum mehr. Die Gebühren für die Visaerteilung bei Ankunft (Stand: 2016): Single Entry 50 USD, Double Entry 80 USD, Transitvisum 50 USD (max. 7 Tage), Day Tripper 20 USD (max. 24 Stunden).

Einreise mit einem Mietfahrzeug nach Sambia

Sambia erhebt für nicht-sambische Fahrzeuge eine Straßenbenutzungsgebühr (*road tax*) von 30 USD und eine CO2-Steuer (*carbon tax*). Die Höhe der *carbon tax* berechnet sich nach dem Motorhubraum und kann zwischen 30 und 50 USD betragen. Außerdem muss ander Grenze eine Pflichtversicherung (Third Party Insurance) abgeschlossen werden, die wiederum ca. 20–40 USD in Anspruch nimmt. Und zu guter Letzt gibt es denn dann auch noch eine (Grenz-)Maut (Road Toll / Cross-Border Toll) von ca. 10–20 USD und eine Kommunalabgabe (Council Levy) in Höhe von ca. 20 USD. Alles in allem landet man schnell bei 150 USD.

Grenzposten

Wanela/Sesheke – Katima Mulilo	6:00 – 17:00 Uhr	Tel.: +264-66-253-430

9.5 Simbabwe

Deutsche, Österreicher und Schweizer benötigen für die Einreise nach Simbabwe ein kostenpflichtiges Visum, das bei der Einreise an allen Grenzübergängen erteilt wird und 30 Tage gültig ist. Die Kosten belaufen sich auf 30, 45 bzw. 55 USD (ein- bzw. zwei- bzw. mehrmalige Einreise) und müssen direkt, in bar und in Devisen entrichtet werden. Der Reisepass muss bei der Einreise noch mindestens 30 Tage lang gültig sein. Wer länger als 30 Tage im Land verweilen möchten, muss sein Visum beim *Department of Immigration* (Linquenda House, Nelson Mandela Ave., Harare) entsprechend verlängern lassen.

Einreise mit einem Mietfahrzeug nach Simbabwe

Simbabwe erhebt für Fahrzeuge, die nicht in Simbabwe angemeldet sind, eine Straßenbenutzungsgebühr (*road access fee*) und zudem noch weitere Gebühren. Einen Überblick findet man bei Zimbabwe National Road Administration (ZINARA) (www.zinara.co.zw/tarrifs-fees/). Allerdings bildet dies nur die Theorie ab und die Praxis erfolgt an jedem Grenzposten aufs Neue.

Seit 2019 hat Simbabwe wieder eine eigene Währung, den Simbabwe-Dollar (vgl. RTGS-Dollar). Für Touristen stellt der US-Dollar dennoch das gängigste Zahlungsmittel dar. In den grenznahen Gebieten werden außerdem südafrikanischer Rand und botswanischer Pula akzeptiert, in touristischen Zentren auch Euro und Englisches Pfund.

Teil 3
Das richtige Fahrzeug für Namibia

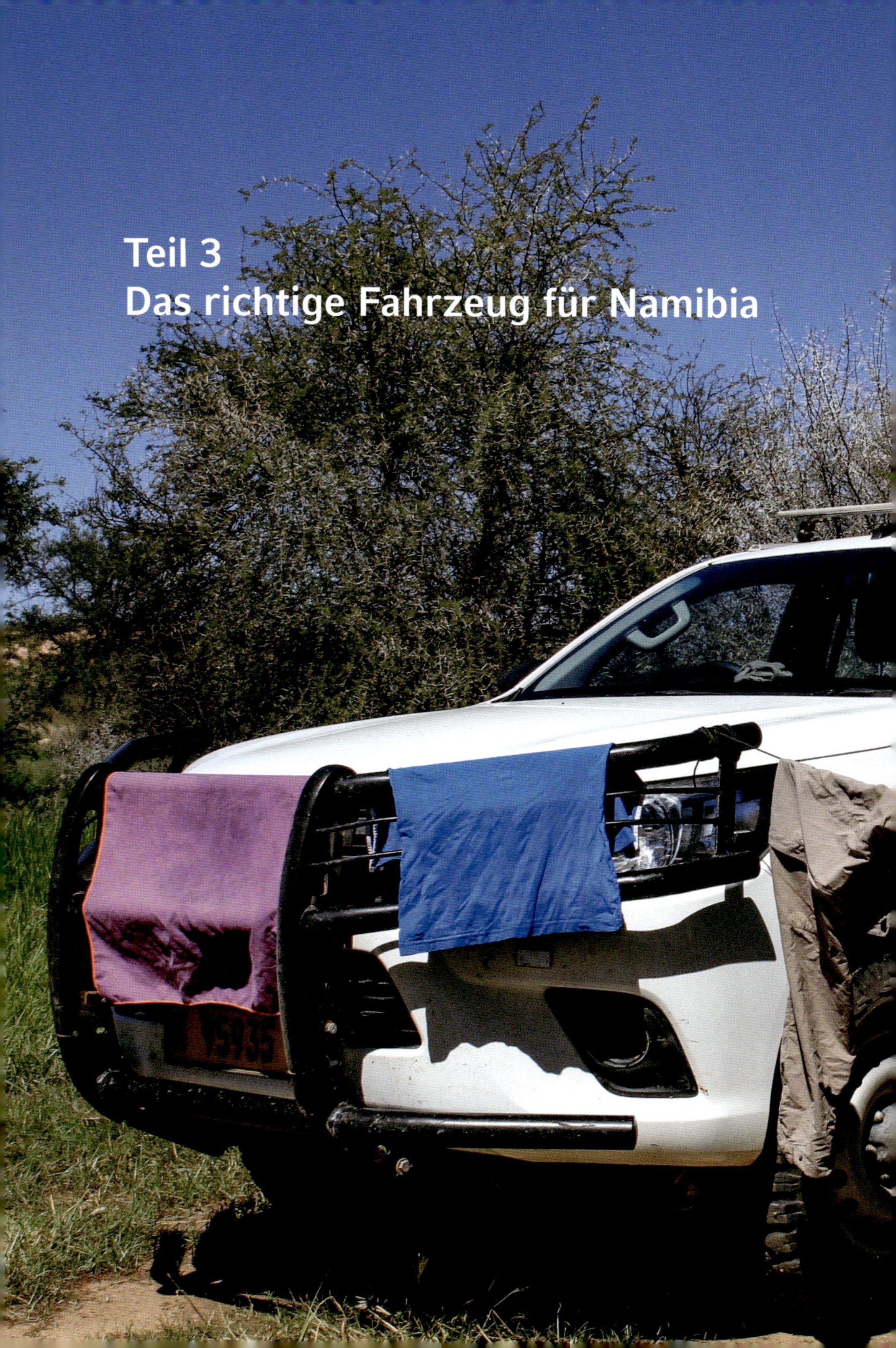

Trotz aller Skandale der letzten Jahre genießen deutsche Automobilhersteller international den Ruf, qualitativ hochwertige und zuverlässige Fahrzeuge zu produzieren. Einhergehend damit pflegen Deutsche eine ganz besondere Zuneigung und Wertschätzung ihrem Auto gegenüber. Dem Thema „Automobil" wird generell mit breitem Interesse, vorgegeben fachkundiger Meinung und einem hohen Qualitätsanspruch begegnet. An zuverlässige Fahrzeuge und eine hohe Service-Infrastruktur gewöhnt, treten deutsche Urlauber die Suche nach einem geeigneten Mietfahrzeug an. Dabei kommt schnell Skepsis auf – gegenüber den unbekannten ausländischen Vermietern, dem technischen Zustand (Alter, Pflege und Wartung) des Fahrzeugs und ggf. auch gegenüber den meist asiatischen Herstellern der Mietwagen.

Home, sweet home!

10. Fahrzeugvermieter in Namibia

Heimspiel für namibische Autoverleiher

10. Fahrzeugvermieter in Namibia

Obwohl Afrika generell sicherlich nicht dafür geeignet ist, diese Zweifel auszuräumen, dürften sich die Sorgenfalten für Namibia entspannen. Die bekannteren, größeren namibischen Vermieter können auf viele Jahre Berufserfahrung zurückblicken und bieten ein hohes Maß an Qualität, Sicherheit und Service. Die vorhandene Fahrzeugflotte ist breit und wird regelmäßig gepflegt und gewartet. Letztlich haben diese Unternehmen verstanden, dass die beste Werbung die

Mit dem Mietwagen unterwegs im Südlichen Afrika

„Mund-zu-Mund-Propaganda" zufriedener Kunden darstellt. Schwarze Schafe unter den Vermietern können sich in einem solch hart umkämpften Geschäft nicht lange halten. Internetforen und Berichte helfen dabei, schlechte Beispiele ausfindig zu machen und sich ein eigenes Urteil zu bilden. Neben den rein namibischen Unternehmen gibt es auf Namibias Straßen auch einige große, international agierende Autovermieter. Eine Sonderform stellen Autovermietungen dar, die sich auf das Südliche Afrika spezialisiert haben und ihren Sitz oftmals in Südafrika haben. Sie bieten sich bei einer Reise durch mehrere Länder im Südlichen Afrika an, weil sie zumeist mehrere Anmietstationen in verschiedenen afrikanischen Ländern besitzen.

Während des gesamten Mietzeitraumes stehen die Vermieter nicht nur als Ansprechpartner zur Verfügung, sondern sie geben darüber hinaus auch hilfreiche Tipps zu Routen, Unterkünften und Straßenverhältnissen.

10.1 Namibische Fahrzeugvermieter

In den letzten Jahren ist es – bedingt durch den stark steigenden Tourismus – zu einer regelrechten Schwemme an namibischen Fahrzeugvermietern gekommen. Das weite Spektrum namibischer Autovermieter reicht daher von ziemlich jungen Kleinstunternehmen mit wenigen Fahrzeugen bis hin zu etablierten Unternehmenskonglomeraten mit mehreren Hundert Fahrzeugen.

Eine Art Dachverband namibischer Autoverleiher stellt CARAN (*Car Rental Association of Namibia*) dar, eine gemeinnützige Vereinigung von derzeit 24 Mitgliedern (Stand: Mai 2023). Ihr Hauptziel besteht darin, die Interessen der Touristen und der Mietwagen-Branche in Bezug auf Service und Qualität zu wahren.

Um als Mitglied der CARAN aufgenommen zu werden, muss der Mietwagenverleiher folgende Kriterien erfüllen:

- Registrierung und Eingliederung beim Ministerium für Handel und Industrie
- Fahrzeuge: Mindestanzahl: 5
Alter: ≤ 4,5 Jahre
Km: ≤ 200.000 km (Pkw)
≤ 250.000 km (4x4)
- spezielle Versicherungsauflagen
- Notfall- bzw. Pannenhilfe innerhalb von 24 Stunden
- regelmäßige Pflege und Wartung der Fahrzeuge

Die strengen Normen sind den großen Entfernungen Namibias, der hohen Anzahl an selbstfahrenden Touristen und der hohen Beanspruchung der Fahrzeuge durch die lokalen Straßenverhältnisse geschuldet.

Beispiele für CARAN-Mitglieder (mit Camping-Fahrzeugen)

CARAN:	www.caran.com.na
Advanced Car Hire:	www.advancedcarhire.com
Africar Hire:	www.de.africar-carhire.com/
African Sun Car Hire:	www.smiling-africansun.com/index_g.htm
Asco Car Hire:	www.ascocarhire.com/de
Autovermietung Savanna:	www.savannacarhire.com.na
Camel Car Hire:	www.camel-carhire.com
Caprivi Car Hire:	www.caprivicarhire.com/de
Dornbusch Car Hire:	www.dornbuschcarhire.com
Namibia Car Rental:	www.namibiacarrental.net

Da CARAN einen losen und freiwilligen Zusammenschluss darstellt, sind nur wenige namibische Unternehmen darin organisiert.

Das Zentrum der namibischen Autovermietung stellt zweifelsohne Windhoek dar. Zwar gibt es auch einige Anbieter in den Küstenstädten Swakopmund und Walvis Bay, aber die meisten Anmietstationen liegen in der namibischen Hauptstadt, die als große Drehscheibe des internationalen Tourismus fungiert. Während der Flughafen allerdings den großen internationalen Fahrzeugvermietern vorbehalten ist, verteilen sich die lokalen Autovermieter über das gesamte Stadtgebiet. Darum bieten eigentlich alle Unternehmen einen Shuttle-Service vom Flughafen oder Hotel zur Mietstation bzw. von der Mietstation zum Flughafen oder Hotel an.

Beispiele für namibische Fahrzeugvermieter (mit Camping-Fahrzeugen)

Africa on Wheels: www.africa-on-wheels.com/de
Odyssey Car Hire: www.odysseycarhire.com

10.2 Fahrzeugvermieter des Südlichen Afrika

Das Südliche Afrika wird wirtschaftlich vom Schwellenland Südafrika bestimmt. Auch Namibia hängt aufgrund seiner Geschichte und der kaum 30-jährigen Unabhängigkeit wirtschaftlich noch stark vom großen Nachbarn ab. Der Namibische Dollar (NAD) ist an den Südafrikanischen Rand (ZAR) gekoppelt (Wechselkurs: 1:1) und viele Wirtschaftsgüter, wie z. B. Lebensmittel, stammen aus Südafrika. Vergleicht man die geografische Größe (1,5-mal größer als Namibia) und besonders die Einwohnerzahl (2 Mio. gegenüber 54 Mio.) erscheint Südafrika geradezu übermächtig.

Da Südafrika aber auch eine beliebte Urlaubsdestination ausländischer Touristen ist, verfügt das Land über eine ausgezeichnete touristische Infrastruktur, zu der auch diverse Autovermieter gehören. Neben kleineren lokalen Anbietern gibt es auch große nationale Unternehmen mit mehreren Stationen in Südafrika und z. T. weiteren Stationen in den Nachbarländern. Die Autovermieter lassen ihre Fahrzeuge (oft mehrere Hundert Stück) dabei zwischen den einzelnen Stationen im Südlichen Afrika kursieren. Auch im Stadtgebiet Windhoeks besitzen einige südafrikanische Autoverleiher eigene Büros und Mietstationen. Besonders bei Reisen von oder nach Südafrika (oder einer Einwegmiete) besitzen diese Unternehmen aufgrund der Vielzahl der zur Verfügung stehenden Autos und Mietstationen einen Heimvorteil; ein Preisvergleich lohnt hier.

Beispiele für südafrikanische Fahrzeugvermieter mit einer Vertretung in Namibia
Bushlore: www.bushlore.com
Büros in Johannesburg und Kapstadt (Südafrika), Kasane und Maun (Botswana) und Windhoek (Namibia)
Bobo Campers: www.bobocampers.co.za/?lang=de
Büros in Johannesburg, Kapstadt und Windhoek

10.3 Internationale Fahrzeugvermieter

Internationale Großunternehmen wie Avis, Britz oder Hertz agieren ähnlich wie die südafrikanischen Unternehmen. Ihre große Flotte an Mietfahrzeugen bewegt sich im Südlichen Afrika zwischen den einzelnen Ländern und Stationen hin und her. Die einzelnen Stationen sind dann weniger Heimatgarage der Fahrzeuge als vielmehr Durchgangsstation. Passend dazu operieren diese Unternehmen zumeist direkt vom Hosea Kutako Airport in Windhoek aus.

Aufgrund der Fülle an Fahrzeugen und Mietstationen im Südlichen Afrika eignen sich diese Autoverleiher für grenzüberschreitende Reisen und Einwegmieten im Südlichen Afrika.

Besteht aus Europa auf geschäftlicher oder privater Ebene bereits ein Kundenkonto zu einem der genannten international tätigen Unternehmen, können evtl. spezielle Angebote und Rabatte angefragt werden.

Beispiele für internationale Fahrzeugvermieter mit Sitz in Namibia
AVIS: www.avis.com.na
Britz: www.britz.co.za
Hertz: www.hertz.com
Europcar: www.europcar.com

11. Anmietung in Namibia vs. Anmietung in Deutschland

Qual der Wahl

11. Anmietung in Namibia vs. Anmietung in Deutschland

Internationale Touristen bereisen Namibia und das Südliche Afrika üblicherweise innerhalb einer geführten Gruppenreise oder als Selbstfahrer in einem Mietfahrzeug. Nur wenige Touristen (z. B. Jagd- und Reitgäste) halten sich für längere Zeit an einem Ort in Namibia auf, um danach festzustellen, dass sie doch noch einmal gerne mit dem Mietwagen durchs Land reisen würden. Die Suche nach einem geeigneten Fortbewegungsmittel beginnt also in der Regel schon lange vor der Reise und dem Aufenthalt in Namibia. Eine frühzeitige Reservierung und Buchung sichert die Verfügbarkeit des gewünschten Fahrzeugs und einen angemessenen Preis. Die konkrete Anmietung des Traumwagens kann über mehrere Wege erfolgen:

- Anmietung direkt beim Autoverleiher in Namibia
- Anmietung über einen deutschen Reiseveranstalter bzw. ein deutsches Reisebüro
- Anmietung über ein Internetportal für Autovermietungen

„Geländewagen-Präsentation" im Feld

In den heutigen digitalen und vernetzten Zeiten stellt es keinerlei Problem dar, direkt mit den Autovermietern in Namibia in Kontakt zu treten. Der Austausch und die Kommunikation sind immer in Englisch möglich, in vielen Fällen sogar auf Deutsch. Auch die Bezahlung per Kreditkarte erfolgt technisch schnell und problemlos über das Internet, die Zusendung von Quittungen, Verträgen und Belegen per E-Mail ebenso. Zwar lässt sich der Mietwagen zuvor nicht „live und in Farbe" anschauen, aber viele Vermieter verfügen auf ihren Homepages über ein umfangreiches Foto- sowie Videomaterial, womit sich der Interessent einen realistischen Eindruck vom Fahrzeug machen kann. Gibt es dennoch konkrete Fragen und Wünsche zum Fahrzeug, können diese am besten und schnellsten vom Vermieter selbst beantwortet werden, denn niemand kennt seine Fahrzeuge besser als der Besitzer bzw. Vermieter. Viele Homepages der namibischen Autovermieter sind mehrsprachig (englisch, deutsch, französisch) aufgebaut und liefern Informationen zu den Fahrzeugen, deren Ausstattung, möglichen Extras und Preisen. Einige namibische Vermieter weisen mittlerweile ihre Preise auch schon direkt in Euro aus – ein Entgegenkommen an die vielen europäischen Gäste und Kunden. Unter der Voraussetzung, dass der Euro auch weiterhin stabiler bleibt als der Namibische Dollar, geht der Kunde somit keinerlei finanzielles Risiko aufgrund von Wechselkursschwankungen ein. Die Webseiten der Autovermieter bieten auch spezielle Anfrageformulare, mit denen man die Verfügbarkeit der Mietwagen erfragen kann. Eine Anfrage ist mit keinerlei Verpflichtung oder Kosten verbunden und kann dementsprechend gleichzeitig bei mehreren Anbietern eingereicht werden. Je nach Schnelligkeit und Art der Antwort kann dann in Ruhe von zu Hause aus entschieden werden.

Welcher Wagen darf es denn sein?

Die persönlichste Beratung hinsichtlich einer Reise und Autoanmietung in Namibia bekommt man sicherlich im heimischen Reisebüro vor Ort oder bei einem der vielen europäischen Reiseveranstalter, die sich auf Afrika-Urlaube spezialisiert haben. Auskunft und Beratung finden durchgehend in Deutsch statt, Formulare und Verträge sind in Deutsch angefertigt und in Euro ausgepreist. Informationsmaterial, Reisevorschläge und Fahrtipps gibt es oft gratis dazu. Gerade bei einer längeren und damit kostenintensiven Fahrzeugmiete sind im Vorfeld viele Fragen oder Unsicherheiten zu klären. Ein ausgestellter Sicherungsschein sichert die Vorauszahlungen des Mieters im Fall einer Insolvenz des Vermieters. Hat der Kunde während der Reise Probleme am Fahrzeug oder mit dem Vermieter, ist es ihm möglich, sich an seinen Reiseveranstalter zu wenden. Auch wenn diesem durch die Distanz ein Stück weit die Hände gebunden sind, kann er zumindest zwischen Mieter und Vermieter vermitteln. Und sollte es gar zu einem Rechtsstreit kommen, unterliegt der Reisende aufgrund des Vertragsrechts der Rechtsprechung seines Heimatlandes.

Neben der reinen Fahrzeuganmietung bieten die Reisebüros und -veranstalter zudem die Möglichkeit, die notwendigen Flugverbindungen und etwaige Übernachtungen vor Ort zu reservieren. Damit wird die Reise zu einem Komplettangebot, das an einer zentralen Stelle zusammenläuft und vertraglich abgesichert ist. Viele Reiseveranstalter bieten Selbstfahrerreisen im Südlichen Afrika als fertige Produkte an. (Fertig heißt aber nicht, dass nicht noch Änderungen an der Reiseroute, den Reisedaten, den Übernachtungen oder dem Fahrzeug möglich wären.) Das vielfältige Programm der Reiseveranstalter ist im Internet einzusehen, in diversen Katalogen nachzuschlagen oder aber persönlich auf den verschiedenen Touristik-Messen im Winterhalbjahr kennenzulernen.

Auf der Suche nach dem richtigen Gefährt für das namibische Hinterland

Mietwagensuche via Internet

Online wird heutzutage alles gekauft – von Kleidung über Technik, von Tickets bis hin zu Lebensmitteln. Dann ist es doch auch ganz normal, sich einen Mietwagen im Südlichen Afrika ganz bequem vom heimischen Sofa aus zu bestellen. Im Internet wartet mittlerweile eine große Zahl an Vergleichsportalen darauf, mithilfe von Suchmaschinen das passende Gefährt zu ermitteln. Angebote sind entweder direkt buchbar oder werden nach unverbindlicher Anfrage per E-Mail verschickt. So kann der kommende Selbstfahrer bequem von zu Hause aus nach dem perfekten Preis-Leistungs-Verhältnis schauen.
Beispiele:
www.billiger-mietwagen.de
www.mietwagen.check24.de
www.RENTaCAMPER.de

12. Preisgestaltung der Miete

Big Five für Big PS

12. Preisgestaltung der Miete

Der Preis eines Mietfahrzeuges in Namibia wird in der Regel als Preis pro (Miet-)Tag angegeben. Unabhängig vom Vermieter und dessen Angebot richtet sich der Tagespreis immer nach der Fahrzeugkategorie, der Fahrzeugausstattung, der Mietdauer und dem Zeitraum der Miete. Je nach Vermieter variieren jedoch die Einteilungen der Mietdauer und Jahreszeiträume (Neben- und Hauptsaison) erheblich. Auch die Bezeichnung der Fahrzeuggruppen gestaltet jeder Vermieter nach Belieben. Allgemeingültige Aussagen sind somit schwer und der Preisvergleich z.T. aufwendig.

Je nach Vermieter wird das Jahr in ein bis vier Mietzeiträume eingeteilt. Eher selten kommt es vor, dass die Preise pro Kalenderjahr gelten und innerhalb des Jahres nicht mehr variieren (= ein Mietzeitraum). Häufig gibt es eine Zweiteilung des Jahres – von Dezember bis Juni und von Juli bis November. Dabei ist der Mietzeitraum von Juli bis November der erheblich preisintensivere Teil, was an der touristischen Hochsaison im Juli/August liegt. Am häufigsten ist eine Einteilung des Jahres in vier Mietzeiträume, wie es die nebenstehende Tabelle verdeutlicht.

Mietzeitraum	Preis
01.01. – 14.03.	+
15.03. – 14.07.	++
15.07. – 14.08.	++++
15.08. – 31.12.	+++

++++: preisintensiv +: günstig

Auch wenn die Mietdauer, je nach Vermieter, in unterschiedliche Gruppen zusammengefasst wird, ergibt sich doch ein einheitliches Bild. Grob lässt sich sagen, dass die Mietdauer bei den meisten Vermietern bei einer Woche startet. Die erste Einteilung ist demzufolge eine Mietdauer von einer bis zu zwei Wochen (7 bei 14 Tage). Darauf folgt eine Mietdauer von zwei bis drei Wochen (15 bis 21 Tage). Den Abschluss nach oben bilden Mietdauern von mehr als 22 Tagen. Je länger die Miete andauert, umso günstiger gestaltet sich der Tagespreis. Die Mietdauer wird in Namibia üblicherweise nach dem 24-Stunden-Zyklus berechnet, d. h. vom Zeitpunkt der Anmietung bis zum Zeitpunkt der Rückgabe. Wer das Fahrzeug also gegen 10 Uhr morgens abholt, sollte es am letzten Tag auch möglichst bis 10 Uhr wieder beim Vermieter abgegeben haben. Für verspätete Rückgaben können sonst Zusatzgebühren entstehen. Bei wenigen Anbietern gelten der erste und letzte Miettag generell als voller Miettag, unabhängig von der Uhrzeit der Übernahme und Abgabe des Fahrzeugs.

Grundsätzlich variieren die Preise bei den verschiedenen Anbietern für vergleichbare Leistungen nicht sonderlich. Ein *Toyota Hilux Double Cab* eines bestimmten Baujahrs mit einer bestimmten Ausstattung wird während der Hauptsaison bei allen Anbietern für etwa denselben Tagespreis angeboten werden. Trifft man auf große Preisunterschiede oder gar auf ein Schnäppchen, sollte man sich in Ruhe die beinhalteten Leistungen und die Ausstattung des Fahrzeuges ansehen.

Für den Bereich Camping-Fahrzeuge setzen sich aktuell zwei verschiedene Angebotsmodelle durch. Es handelt sich zum einen um vollausgestattete Camping-Fahrzeuge mit allen nützlichen und notwendigen Camping-Utensilien, bei denen Wünsche meist nicht mehr offenbleiben. Etwaige Extras, wie z. B. ein Satellitentelefon, können zusätzlich dazu gebucht werden. Diese Vollausstattung hat natürlich ihren Preis.

Dem gegenüber bieten viele Vermieter im Budget-Bereich Fahrzeuge mit einer minimalen Grundausstattung an. Derart ergibt sich eine günstige Grundmiete für das Fahrzeug. Die gesamte Campingausrüstung muss einzeln oder als Paket zusätzlich hinzugebucht werden.

Vollausgestattetes Expeditionsfahrzeug

Bei vergleichbarer, kompletter Ausrüstung liegen die Endpreise bei beiden Modellen auf dem selben Niveau. Die vollausgestatteten Fahrzeuge eignen sich für Mieter, die nicht so sehr auf den Preis schauen müssen und die den Luxus einer Vollausstattung genießen möchten. Die Basismodelle sind auf preisbewusste Kunden abgestimmt, die Lust darauf haben, sich das Fahrzeug nach ihren Bedürfnissen und Wünschen zusammenzustellen.

Im Mietpreis grundsätzlich enthalten sind:
- Basis-Versicherungs-Schutz, bestehend aus Haftpflicht-, Unfall-, Diebstahl- und Feuer-Versicherung
- unbegrenzte Kilometer
- Mehrwertsteuer (VAT) und sonstige Steuern
- Öl, Wartung und Endreinigung

12.1 Zusätzliche Kostenfaktoren

Buchungszeitpunkt

Es ist ratsam, das Fahrzeug frühestmöglich zu reservieren. Gerade in der Hochsaison im europäischen Sommer sind Camping-Fahrzeuge oft schon weit im Voraus ausgebucht. Je weniger Fahrzeuge generell verfügbar sind, umso teurer werden diese auf dem Markt gehandelt.

Fahrzeugkategorie

Je größer, neuer, luxuriöser oder geländegängiger der gewählte Mietwagen ist, desto teurer wird der Mietpreis dafür sein. Die Anzahl der Mitreisenden spielt allerdings keine Rolle, denn der Mietpreis gilt pro Fahrzeug. Je mehr Insassen an Bord sind, desto günstiger wird es also für den Einzelnen.

Versicherung

Der Standardpreis beinhaltet nur eine Basisversicherung unter Einbezug einer Selbstbeteiligung sowie einer Kaution. Wer sich zudem gegen Unfälle oder Schäden an Fenstern, Lack, Reifen und Unterboden schützen möchte, bucht ein zusätzliches Versicherungspaket dazu.

Einwegmiete

Wird der Mietwagen nicht an derselben Station abgegeben, an der er auch abgeholt wurde, verlangt der Vermieter eine einmalige Einweggebühr. Diese ist umso höher, je weiter abgelegen und weniger nachgefragt die gewählte Niederlassung ist. Da nicht alle Vermieter diesen Service anbieten oder nur für wenige ausgesuchte Orte und Länder, lohnt sich der Vergleich von Vermietern bzw. den angebotenen Mietstationen. Die internationalen und südafrikanischen Mietwagenunternehmen bieten im Südlichen Afrika das breiteste Netz an Mietstationen. Wer eine längere Tour plant, sollte die Route so planen, dass mehrere Mietstationen auf dem Weg liegen bzw. zumindest am Anfang und Ende der Reise. Eine Rundreise mit derselben Abhol- wie Rückgabestation erfordert in den meisten Fällen deutlich mehr Fahrtstrecke und damit auch kostbare Zeit. Deshalb muss bei solchen Planungen und Überlegungen abgewägt werden zwischen der Gebühr für eine Einwegmiete und der möglichen Zeitersparnis.

Grenzübertritt

Passiert man mit dem Mietwagen eine Landesgrenze, ist der Vermieter im Vorfeld darüber zu informieren. Spezielle Papiere und Formulare sind für den Grenzübertritt des Fahrzeuges vorzubereiten. Für diesen zusätzlichen Papierkram und bürokratischen Aufwand stellen die Vermieter eine Gebühr in Rechnung, deren Höhe sich nach den zu bereisenden Ländern richtet. Anfang 2017 beliefen sich die Kosten für eine gemeinsame Grenzübertritts-Genehmigung für Botswana, Südafrika, Lesotho, Swasiland und Simbabwe auf 500 NAD. Für die Länder Sambia, Malawi und Mosambik lag die Gebühr bei 2000 NAD. Mit dieser Genehmigung ist es möglich mehrfach über die Landesgrenzen der einzelnen Länder zu fahren. Lokale Kosten und Steuern, die beim Eintritt ins Nachbarland zu zahlen sind, müssen allerdings vor Ort beglichen werden. Informationen über Höhe und Art der Abgaben finden sich in Teil 2 Kapitel 9, Seite 110 ff.

Extra-Fahrer

Soll das Fahrzeug von mehreren Fahrern durch die Weite Namibias gelenkt werden, wird für jeden weiteren Fahrer in der Regel eine zusätzliche Gebühr erhoben. Ist man als Paar oder innerhalb einer Gruppe unterwegs, lohnt sich dieser Mehraufwand allerdings recht schnell. Bei den zu erwartenden langen Fahrten in Namibia kann die Anstrengung so auf mehrere Schultern bzw. Augen verteilt werden.

Zusätzliche Ausrüstung

Möchte man mit mehr als der Grundausstattung auf die große Reise gehen, so gibt es allerhand schönes und nützliches, zusätzliches Equipment, welches kostenpflichtig gebucht werden kann. Dazu gehören z. B. Navigationsgerät, Satellitentelefon oder auch Kindersitze.

Vertragsgebühr

Einige Vermieter behalten sich vor, für den Abschluss des Vertrages vor Ort eine Vertragsgebühr zu berechnen. Über den Sinn dieser Gebühr lässt sich zwar leicht diskutieren, doch bei Gebühren um die 25 NAD sollten die Diskussionen nicht allzu lange geführt werden.

Unfallkosten

Ist man mit einem Unfall nicht schon gestraft genug, kommen zu den reinen Unfallkosten noch weitere Gebühren vom Vermieter hinzu:

- Unfallbearbeitungsgebühr
- Abschleppkosten: Bei Pannen aufgrund von mechanischen Fehlern trägt die Autovermietung die Abschleppkosten. Im Fall eines Unfalls oder Fahrlässigkeit gehen die Abschleppkosten zu Lasten des Kunden.

13. Mietwagen in Namibia

Draußen zu Hause!

13. Mietwagen in Namibia

Das Straßenbild Namibias wird beherrscht durch große, oft weiß lackierte Allradfahrzeuge meist asiatischer Produktion. Dieser Umstand ist der Infrastruktur Namibias geschuldet: Wenige geteerte Straßen und städtische Bereiche stehen menschenleeren, ländlichen Bereiche mit Schotterpisten gegenüber.

Auch bei den Mietfahrzeugen ergibt sich ein eher einheitliches Bild, denn trotz der Vielfalt an Autovermietern greifen diese bei ihrer Fahrzeugflotte weitestgehend auf dieselben Fahrzeugmodelle zurück. Diese tragen zwar allesamt ein anderes Logo auf dem Lack, sind aber in Modell, Größe und technischen Daten meist identisch. Trotzdem kann die Auswahl an Fahrzeugen und Vermietern leicht verwirrend und unüberschaubar werden. Darum sollte bei der Auswahl des richtigen Mietwagens in zwei Schritten vorgegangen werden:

1. Auswahl eines Fahrzeugtyps samt Ausstattung

Abhängig von der gewählten Route, den Unterkünften (Lodge-Hopper vs. Camper), den Camping-Vorlieben und den Mitfahrern (Anzahl, Alter etc.) Folgende beispielhaften Fragen müssen im Vorfeld geklärt werden:

- Wie geländegängig muss mein Fahrzeug sein, damit die gewählte Reiseroute ohne Probleme zu befahren ist?
- Welche Art der Übernachtung wird gewählt (feste Unterkünfte vs. Camping)?
- Wie rustikal oder luxuriös soll es beim Campen zugehen?
- Wie viele Personen reisen im Fahrzeug?
- Wie viele Fahrzeuge benötige ich für die Mitreisenden? Generell ist es zu empfehlen, das Fahrzeug eher zu groß als zu klein zu wählen. Die mit dem täglichen Ortswechsel verbundene Unordnung ist so besser zu beherrschen. Möchte man sich mit dem befreundeten Pärchen auch nach dem gemeinsamen Camperurlaub noch verstehen, sollten vielleicht besser zwei kleinere Fahrzeuge statt eines großen Campers gemietet werden.
- Benötigen die Mitreisenden spezielle Ausstattungsmerkmale (Kindersitze etc.)?

Perfekte Einsteiger-Kombi: Kleinwagen und Bodenzelt!

2. Suche bei den verschiedenen Vermietern nach dem Wunsch-Fahrzeug

Vergleich nach Preis, zeitlicher Verfügbarkeit und Ausstattung

13.1 Mietwagen ohne Allradantrieb und ohne Campingausrüstung

Auch mit kleinem Gefährt kann man große Dinge erleben!

Entgegen der landläufigen (europäischen) Meinung benötigt man zum Reisen in Namibia nicht zwangsläufig einen großen Geländewagen mit Allradantrieb. Auch mit einem normalen Pkw mit Zweiradantrieb kann man durchaus eine wunderschöne Rundreise durch Namibia machen. Dabei können zwar nicht alle Ecken des Landes bereist, aber die bekannten Sehenswürdigkeiten auf den Hauptrouten des Landes besucht werden. Dies gilt allerdings nur mit Einschränkungen bzw. während der trockenenMonate im Jahr: Kommt es in der Regenzeit (Oktober bis März) zu Starkregen, sind viele der Schotterstraßen in Namibia nur mit Allradantrieb befahrbar.

Gerade für den Erstbesuch oder den preisbewussten Selbstfahrer eignet sich diese Variante jedoch, auch wenn es einer genauen Routenplanung im Vorfeld bedarf. Da diese Fahrzeuge nicht darauf ausgelegt sind, dass man im, am oder auf dem Fahrzeug übernachtet, stellt sich die allabendliche Frage nach der Unterkunft. Zur Not und je nach Größe des Fahrzeuges und der Insassen kann natürlich auch mal eine Nacht im Fahrzeug geschlafen werden. Deutlich entspannter und ausgeruhter wird man am nächsten Morgen allerdings nach einer Nacht in einer festen Unterkunft sein. Die angenehme bis luxuriöse Reise von fester Unterkunft zu fester Unterkunft (sog. Lodge-Hopping) lässt sich im Vorfeld gut planen und auch bereits reservieren. Alternativ und deutlich günstiger fährt man allerdings, wenn man sich ein Zelt in den Kofferraum legt und von Campingplatz zu Campingplatz reist. Natürlich lassen sich beide Varianten auch gut miteinander kombinieren, z. B. mietet man sich alle vier bis fünf Tage eine schöne, feste Unterkunft, dazwischen übernachtet man auf dem Campingplatz.

Die Palette an Miet-Pkw ohne Allradantrieb ist relativ groß und reicht von Kleinwagen über Limousinen bis hin zu Kleinbussen. Gerade für größere Gruppen oder Familien eigenen sich solche Kleinbusse, die sich sowohl mit Zweirad-(*Toyota Quantum*) als auch mit Allrad-Antrieb (*VW Bus 4motion*) finden lassen.

Vermieter

Eine große Auswahl an Mietwagen ohne Allradantrieb und ohne Campingausrüstung bieten die großen internationalen Autovermieter, die in Namibia u. a. Stationen in der Innenstadt von Windhoek und am Hosea Kutako Flughafen betreiben.

AVIS:	www.avis.com.na
Budget:	www.budget.co.na
Europcar:	www.europcar.de
Hertz:	www.hertz.co.za

Pkw vs. Allrad

Vorteile von Mietwagen ohne Allradantrieb (gegenüber Allradlern):

- günstiger Einstiegspreis
- geringerer Treibstoff-Verbrauch
- Vielfalt an Modellen (von Kleinwagen bis Minibussen)

Nachteile von Mietwagen ohne Allradantrieb (gegenüber Allradlern):

- nicht alle Pisten und Routen in Namibia befahrbar
- höhere Schadensgefahr für Reifen, Scheiben und Unterboden etc.
- tiefere Sitzposition = schlechtere Rundumsicht (v.a. auf Safari)

13.2 Mietwagen mit Allradantrieb, aber ohne Campingausrüstung

Auch wenn es unter Allradfahrzeugen deutliche und entscheidende Unterschiede gibt, kann man generell davon ausgehen, dass man mit einem Allradler weiter kommt als mit einem zweiradgetriebenen Fahrzeug. Damit sind mehr Reiserouten möglich und der potenzielle Reiseradius erhöht sich deutlich. Auch der Komfort und das Fahrverhalten, besonders auf Schotterpisten, profitieren vom Allradantrieb.

Die „Einstiegsdroge" für Allradfahrzeuge bilden sog. SUV (*Sport Utility Vehicle*), die in Europa bereits bekannt und beliebt sind. Auch wenn die Außenhülle der SUV den Proportionen eines Geländewagens nachempfunden ist, ähneln SUVs technisch eher zweiradgetriebenen Straßenfahrzeugen. Daher muss man bei einem SUV mit verminderten Geländefähigkeiten auskommen.

Aber natürlich werden reinrassige und waschechte Geländefahrzeuge auch ohne spezielle Campingausrüstung angeboten. Sie eignen sich für wahre

Erkundungsfahrten im Land (evtl. mit Bodenzelten im Gepäck) und besonders für sogenannte „Lodge-Hopper“, die von einer festen Unterkunft zur nächsten hüpfen.

Das angebotene Spektrum der Allradfahrzeuge ohne spezielle Campingausrüstung reicht in Namibia von sehr kleinen Allradlern vom Typ eines *Suzuki Jimny* bis hin zu einem Expeditionsfahrzeug à la *Toyota Land Cruiser*. Diese schon rein äußerlichen Unterschiede spiegeln sich natürlich auch im Mietpreis wider.

Allradler vs. Pkw

Vorteile von Fahrzeugen mit Allradantrieb (gegenüber Pkw ohne Allrad):

- Allrad erhöht die Möglichkeit an Routen und Pisten
- erhöhter Fahrkomfort und verbesserte Straßenlage (auf Schotter)
- höhere Sitzposition = bessere Rundumsicht (v. a. auf Safari)

Nachteile von Fahrzeugen mit Allradantrieb (gegenüber Pkw ohne Allrad):

- höherer Einstiegspreis
- höherer Treibstoff-Verbrauch

Für alle Fahrzeuge ohne Campingausstattung, d. h. Fahrzeuge ohne Dachzelt, lässt sich eine komplette Campingausstattung beim Autovermieter oder speziellen Outdoor-Ausrüstern mieten. Dieser Service reicht von der Grundausstattung (Bodenzelte, Campingmöbel, Schlafsäcke, Matratzen und Küchen-Equipment) bis hin zur Spezialausrüstung wie Navigationsgeräte, Wasser- und Benzinkanister, Satellitentelefon etc. In verschiedenen Ausrüstungs- und Outdoorläden in und um Windhoek findet man zudem eine geradezu umwerfende Auswahl an Camping-Equipment.

Weniger Campen heißt mehr Lodge!

13.3 Mietwagen mit Allradantrieb und mit Campingausrüstung

Camper in Zivil

Allradler mit Dachzelt

Das klassische Camping-Fahrzeug des Südlichen Afrika ist ein Geländewagen mit aufgesetztem Dachzelt. Der fahrbare Untersatz besteht dabei zumeist aus einem Pick-up, einem Geländewagen mit ebener, offener Ladefläche (Pritsche). Typischster und verbreitetster Vertreter dieses Fahrzeugtyps weltweit ist der

Allradler mit einem Dachzelt

Toyota Hilux. Der *Hilux* und andere Pick-up-Modelle werden in verschiedenen Karosserievarianten produziert, man unterscheidet z. B. *single cab* (Einzelkabine nur für Fahrer und Beifahrer) und *double cab* (Doppelkabine: Fahrer, Beifahrer und Rückbank). Beide Varianten haben denselben Radstand und die gleiche Außenlänge, d. h. der *single cab* besitzt eine längere Ladefläche und dementsprechend mehr Laderaum als der *double cab*.

Familienvariante I: Allradler mit zwei Dachzelten

Um einen Pick-up als Camping-Fahrzeug zu nutzen, wird die Ladefläche mit einem geschlossenen Aufbau (*canopy*) versehen, der als Laderaum genutzt wird für Gepäck, Camping-Equipment etc. Die Aufbauten für die Ladeflächen variieren z. T. erheblich, und gerade die Innenausbauten des Laderaumes werden nach individuellen Wünschen des Eigentümers bzw. Vermieters erstellt. Im Normalfall schließen diese Aufbauten in der Höhe mit der Dachlinie des Fahrzeuges ab. Das Dachzelt wird bei einem Pick-up in der Regel auf den Aufbau oberhalb der Ladefläche aufgesetzt. Wird ein zweites Dachzelt benötigt oder ist das Fahrzeug ein geschlossener Geländewagen, wird das Dachzelt auf eine Dachreling (*roof rack*) oberhalb des Fahrzeugdaches angebracht. Dachzelte sind üblicherweise für zwei Personen ausgelegt. Es gibt aber auch breitere Familienzelte und die Möglichkeit, ein zweites Dachzelt auf dem Wagen zu montieren.

Familienvariante II: ein Dachzelt und ein Bodenzelt

Technische Details: *Toyota Hilux*

- Treibstoff: Diesel
- Hubraum: 2020er Modell: 2,4l oder 2,8l
- Gangschaltung oder Automatik
- zuschaltbarer Allradantrieb (mit Geländegang)
- Zwei-Wege-Batteriesystem
- Tankkapazität: bis zu 140l (Doppeltank)
- Reichweite: ca. 1200-1400 km
- Reifengröße: 245x75/16
- Motorenöl: BP 20 W 50
- Max. Maße [mm]: 5325 x 1900 x 1865 (Länge x Breite x Höhe)

Toyota Hilux von seiner besten Seite

Wer sich im Vorhinein mit dem Fahrzeug vertraut machen möchte, kann einen Vertragshändler in Deutschland aufsuchen oder sich die Betriebsanleitungen bzw. Handbücher des aktuellen Modells kostenlos als PDF herunterladen: www.toyota.de/customer/manuals

Quelle: www.toyota.de/neuwagen/hilux

Allradler als Bushcamper

Das Campen im Südlichen Afrika kann auch sehr bequem und gemütlich zugehen. Die passende Fahrzeugklasse dazu sind sogenannte Bushcamper. Diese für Afrika eher neue Fahrzeugkategorie ist ein Sammelbecken für Allradfahrzeuge mit Wohnmobil-Charakter. Allen Fahrzeugen gemein ist ein begehbarer Innenraum bzw. Rückraum mit fest installierten Möbeln und Fächern sowie ein aufklappbares Hubdach. Auf kompakter Grundfläche wird alles geboten, was man für einen mehrwöchigen Camping-Trip benötigt, ohne dafür große Abstriche beim Komfort machen zu müssen. Allein der Umstand, dass man im Fahrzeug stehen kann, ist für viele ein Pluspunkt.

Geschlafen wird nicht in einem vom Fahrzeug separierten Dachzelt, das mühsam über eine Leiter erklommen werden muss. Die Schlafkabine der Bushcamper

Die angenehmen Seiten des Camper-Lebens

ist vom Aufbau des Fahrzeuges zugänglich und eröffnet sich, nachdem das Hubdach nach oben, d. h. über die Dachlinie des Fahrzeuges geklappt wurde. Um die zum Teil schweren und aufwendigen Aufbauten zu tragen, werden als Unterlage geländegängige Pick-ups oder Geländewagen verwendet. Sowohl der Aufbau als auch der gut motorisierte Untersatz spiegeln sich im Mietpreis wider. Da bisher nur wenige, große Vermieter einige Buschcamper im Angebot

Alles aufgeklappt, was zu klappen ist!

haben, ist die Verfügbarkeit dieser Fahrzeuge eher gering. Darum sollten Buschcamper weit im Voraus reserviert und gebucht werden. Einen ersten optischen Eindruck von einem Bushcamper bekommt man unter: www.mynamibia.org/?page_id=2207 .

Vermieter von Bushcampern

Asco Car Hire:	www.ascocarhire.com/de
Autovermietung Savanna:	www.savannacarhire.com.na
Bushlore:	www.bushlore.com
Hertz:	www.hertz.co.za

Bushcamper vs. Allradler mit Dachzelt

Vorteile von Bushcampern (gegenüber Allradlern mit Dachzelt):

- mehr Komfort und Ordnung
- schnellerer Zugriff bzw. Aufbau des Schlafplatzes
- größerer Schutz vor Wetterfaktoren
- (z. T. mit fest installierter Küche und WC)

Nachteile von Bushcampern (gegenüber Allradlern mit Dachzelt):

- höherer Einstiegspreis
- höherer Treibstoff-Verbrauch
- weniger Fahrzeuge im Umlauf, d. h. geringere Verfügbarkeit

13.4 Wohnmobile

Klassische Wohnmobile sind in Afrika nach wie vor eine Seltenheit. Für die meisten Straßen Afrikas sind sie aufgrund des fehlenden Allradantriebs schlichtweg ungeeignet – hinzu kommen Größe und Gewicht der fahrenden Wohneinheit. Südafrika stellt ein erstes Refugium für Wohnmobile im Südlichen Afrika dar. Die Einfuhr von Wohnmobilen ist ohne aufwendigen Landtransport über einen der südafrikanischen Häfen möglich. Das gut ausgebaute Straßennetz Südafrikas besitzt einen hohen Anteil an asphaltierten Straßen, auf denen sich ein Wohnmobil ohne Problem durchs Land bewegen lässt. Generell verfügt die Destination Südafrika über eine exzellente touristische Infrastruktur, die viele internationale Touristen anzieht. Beliebt ist Südafrika bei europäischen Senioren und Rentnern, die das Land an der Südspitze Afrikas gerne für längere Aufenthalte während des grauen und kalten europäischen Winters nutzen. Wohnmobile sind aufgrund des höheren Komforts gerade für diese Altersgruppe interessant.

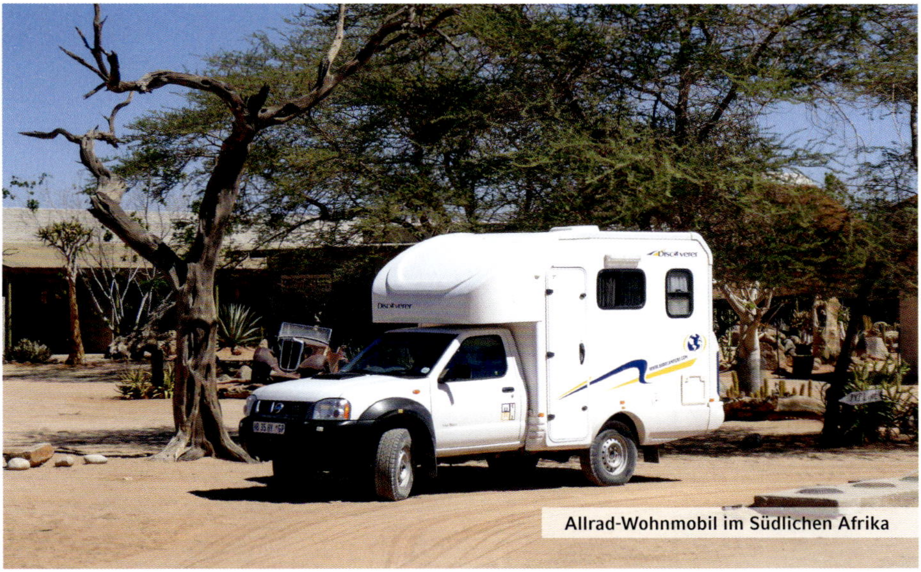

Allrad-Wohnmobil im Südlichen Afrika

Obwohl in Namibia gut 15 Prozent aller Straßen asphaltiert und viele der Schotterstraßen in ausgezeichnetem Zustand sind, haben sich Wohnmobile im Land noch nicht durchgesetzt. Das liegt wohl vor allen Dingen am fehlenden Allradantrieb bei den meisten Wohnmobilen, was ein ganzheitliches Bereisen des Landes unmöglich macht. Einige südafrikanische Anbieter haben diese Lücke allerdings erkannt und vermarkten nun Allrad-Camper mit Wohnkabine (*off-road motorhome*). Bei dieser Fahrzeugkategorie dient als fahrbarer Untersatz wiederum ein allradgetriebener Pick-up (*single cab*), auf dessen Ladefläche eine praktische Wohnkabine (inklusive Chemie-Toilette) für zwei Personen angebracht ist. Es ist die gelungene Symbiose zwischen dem Luxus eines Wohnmobils und den Allradfähigkeiten eines Geländewagens.

Vermieter von Wohnmobilen im Südlichen Afrika

Bobo Campers:	www.bobocampers.co.za/?lang=de
Britz:	www.britz.co.za
Maui:	www.maui.co.za

ASCO CAR HIRE
N 95935 W

Ausrüstung: Besser man hat, als man hätte!

14. Fahrzeug-Ausstattung

14. Fahrzeug-Ausstattung

Ist das passende Fahrzeug für eine Reise durch Namibia erst einmal gefunden, stellt sich die Frage nach der notwendigen Ausrüstung für den geplanten Trip. Der Camper als rollendes Zuhause auf Zeit sollte dabei alles an Bord haben, um die anstehende Fahrt möglichst angenehm und problemlos verlaufen zu lassen. Man sollte auf alle Eventualitäten vorbereitet sein – gerade auf einer Campingreise, umso mehr in den oft zivilisationsfernen Gebieten Namibias.

14.1 Technische Ausstattung

Die typischen Camping-Fahrzeuge mit Dachzelt basieren auf den als Arbeitsmaschinen konzipierten Pick-ups. Sie verfügen alle über einen zuschaltbaren Allradantrieb mit Geländeuntersetzung und Differenzialsperre. Derart können die meisten Hindernisse auf der Strecke über- oder umfahren werden. Als Motoren werden langlebige Dieselmotoren verwendet, was bei Mietwagen mit hohen Laufleistungen üblich ist. Auch sonst werden die Fahrzeuge zunächst einmal technisch unverändert vom Hersteller übernommen. Drei ungemein wichtige Details weichen allerdings von der serienmäßigen Ausstattung ab: Kraftstoff-Doppeltank, Zwei-Wege-Batteriesystem und GPS-Tracker.

Das kann dauern: Betankung eines Doppeltanks

Kraftstoff-Doppeltank

Im Allgemeinen verfügen Camping-Fahrzeuge im Südlichen Afrika über einen Doppeltank für den Kraftstoff. Dafür wird neben dem regulären Fahrzeugtank (ca. 80 Liter) ein zweiter Tank (bis zu 60 Liter) an das Fahrzeug angebracht, was die Reichweite des Fahrzeuges erheblich vergrößert. Die beiden Tanks sind miteinander verbunden, weshalb sie über eine Tanköffnung betankt werden. Die Kraftstoffanzeige im Innenraum des Fahrzeuges zeigt allerdings nur die Befüllung des ersten, regulären Tanks an. Darum fährt man mit einem vollgetankten Fahrzeug erst einmal viele hundert Kilometer, ohne dass sich die Kraftstoffnadel auch nur irgendwie bewegt. Manch einer suchte deshalb schon den Weg in die nächste Werkstatt. Aber die Kraftstoffanzeige funktioniert ganz normal (für den ersten Tank) und bewegt sich erst, nachdem der zweite Tank vollständig entleert ist. Dann ist der Bewegungsradius immer noch so groß, dass man sich in Ruhe Gedanken über den nächsten Tankstopp machen kann.

Zwei-Wege-Batteriesystem

Ein Großteil der Fahrzeuge verfügt über ein duales 12-Volt-Batteriesystem, auch Zwei-Wege-Batteriesystem genannt. Eine Batterie versorgt den Motor und daran angeschlossene Verbraucher wie Radio, Blinker, Licht etc. Die zweite Batterie liefert Energie für den Kühlschrank und eventuell vorhandene Steckdosen. Die beiden Stromkreise mit den jeweiligen Batterien sind voneinander getrennt. Das bedeutet, dass zwar ein System ohne das andere funktioniert; es heißt aber auch, dass sich die beiden Systeme gegenseitig nicht ersetzen können. Ist die Batterie für den Kühlschrank leer, lässt sich der Wagen weiterhin starten. Hat man vergessen, das Licht über Nacht auszumachen, bleibt das Bier zwar kalt, aber der Motor auch. Die Batterie kann den Kühlschrank je nach Nutzung etwa 10 bis 20 Stunden mit Energie versorgen. Nachts sollte der Kühlschrank dennoch etwas herunter gedreht werden. Das Brummen der Kühlung reiht sich trotzdem in die Geräusche der afrikanischen Nacht ein (Ohropax???). Beim Fahren laden sich beide Batterien automatisch auf. Wer jeden Tag ein wenig Strecke macht, muss also nicht befürchten, warmes Bier trinken zu müssen. Alternativ kann das Fahrzeug auf einem Campingplatz auch an ein externes Stromnetz angeschlossen werden (mithilfe eines beigefügten Stromkabels).

Innenansicht

Zwei-Wege-Batteriesystem

GPS-Tracker

Mit dem im Fahrzeug verbauten GPS-Tracker können die Mietwagenfirmen ihr Fahrzeug orten und die Fahrweise ihrer Kunden kontrollieren. Diese Art der Überwachung dient letztlich nur der Sicherheit der Kunden und der Fahrzeuge. Kommt es zu einer Geschwindigkeitsüberschreitung, erschallt in der Fahrerkabine ein schriller Piepton, der selbst schlafende Kinder auf der Rückbank aufhorchen lässt. Das unangenehme Geräusch verabschiedet sich erst, wenn das Tempo angepasst, d. h. verringert wird. Im Fall eines Unfalles werden die Daten des GPS Trackers herangezogen und können als Fahrlässigkeit zu einem Ausschluss der Versicherung führen. Über den GPS-Tracker kann das Fahrzeug aber auch koordinatengenau lokalisiert werden. Dies hilft bei einem Diebstahl des Fahrzeugs oder in einer Notsituation, wenn Fahrzeug und Insassen z. B. wegen einer Panne über längere Zeit an einem Ort festhängen.

Mittlerweile trifft man auch in Namibia nur noch selten auf ein Kassettenfach im Auto. Ein Radio mit CD-Spieler gehört inzwischen eigentlich zum guten Ton; neuere Modelle verfügen auch über USB-bzw. AUX-Anschlüsse für MP3-Player und Smartphones. Da bei den langen, anstrengenden Überlandfahrten der Radioempfang oftmals vollkommen zum Erliegen kommt, sollte die musikalische Untermalung der afrikanischen Reise schon im Vorfeld geplant und programmiert werden.

TIPP: Akku leer

Sind keine Steckdosen verfügbar oder der nächste Campingplatz noch weit entfernt, lassen sich Smartphone oder Kamera vielleicht auch schon beim Fahren aufladen. Manche Geräte lassen sich über den USB-Anschluss des Radios wiederbeleben. Sicherer geht es mit einem Koppler bzw. Adapter über den Zigarettenanzünder. Zwar ist die Stromstärke dabei nicht mit der einer Steckdose vergleichbar, aber für eine „Notsituation“ reicht es allemal.

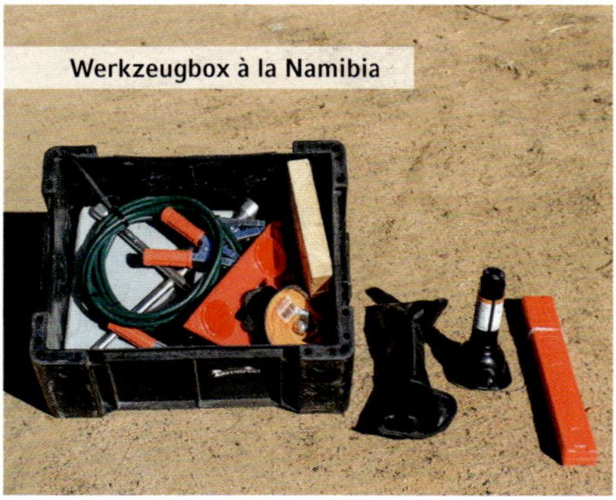
Werkzeugbox à la Namibia

14.2 Werkzeuge

Jedes Mietfahrzeug in Namibia wird mit einer Palette an Werkzeugen auf die Reise geschickt. Die wenigsten davon sind vom Fahrzeughersteller serienmäßig ab Werk mitgeliefert. Vielmehr statten die Autovermieter ihre Fahrzeuge nachträglich noch mit allerlei nützlichen Helfern in der Not aus.

Zu den auch bei uns in Europa gängigen Werkzeugen gehören:

- Werkzeugkoffer, mit allen eher kleineren Werkzeugen wie Hammer, Schraubenschlüssel bzw. -zieher etc.
- Wagenheber
- Radkreuzschlüssel
- Abschleppseil
- Starthilfekabel

Parade der Hilfsmittel

Zur Sicherheitsausstattung gehören üblicherweise:

- Warndreieck (gleich in zweifacher Ausfertigung, um den Unfallort nach hinten *und* nach vorne abzusichern)
- Warnwesten (Anzahl der Warnwesten = Anzahl der Fahrzeuginsassen)
- Feuerlöscher
- Verbandskasten

Trockenübung mit Holzblock

Daneben enthalten die meisten Allradfahrzeuge im Südlichen Afrika einige Spezial-Werkzeuge, die in Europa zumindest unüblich sind:

- Ersatzsicherungen für den Stromkreis im Fahrzeug bzw. für den Kühlschrank
- Holzblock als Unterlage für den Wagenheber auf weichem, unebenen Untergrund
- Spaten, für den ungeplanten Stopp im Sand
- Axt, um den Weg zu räumen und das Holz für das allabendliche Lagerfeuer zu zerkleinern
- Handkehrbesen, um Schmutzpartikel wie Sand, Steine, Dornen etc. aus dem Innenraum und Gepäckabteil zu befördern
- Luftdruckmesser, um den Reifendruck auf den jeweiligen Fahrbahnuntergrund abzustimmen

Spaten und Axt sind zumeist am Heck des Fahrzeuges angebracht.

Kompressor: Ausgangslage

Kompressor an, Luft rein!

Der Luftdruckmesser macht am meisten Sinn bei oft wechselndem Fahrbahnuntergrund auf der gewählten Route und in Verbindung mit einem Luftkompressor. Kleine, handliche Kompressoren werden auf speziellen Wunsch und gegen eine Mietgebühr vom Vermieter bereitgestellt. Der Luftkompressor wird an die Autobatterie angeschlossen und liefert dann Druckluft für sämtliche Reifen oder andere aufblasbare Dinge wie Luftmatratzen, Gummiboote etc.

Zusätzlich zu den vier fest am Fahrzeug montierten Rädern verfügen die Mietwagen über ein bis zwei Ersatzräder. Je nach gewählter Reiseroute und eigenem Sicherheitsbedürfnis sollte auf das zweite Reserverad besonderen Wert gelegt werden. Ist es nicht in der Grundmiete inbegriffen, kann es gegen Aufpreis dazu geordert werden.

14.3 Campingausrüstung

Während das Werkzeug eher selten oder eben im Notfall zum Einsatz kommt, wird die reichhaltige Camping-Ausstattung der Camper-Fahrzeuge annähernd alltäglich genutzt. Neben den wirklich essentiell notwendigen Camping-Utensilien wie z. B. dem (Dach-)Zelt verfügen diese Fahrzeuge auch über einige Details, die das Campen einfach schöner und bequemer machen. Denn wer möchte nicht gerne allabendlich an einem gedeckten Tisch mit warmen Speisen und kalten Getränken sitzen?

Wasserhahn des Wassertanks

Gerade den Komfort eines Kühlschranks und die damit verbundene größere Einkaufsreichweite möchte man im Südlichen Afrika nicht mehr missen. Schnell fragt man sich, wie man vorher ohne Freund Kühlschrank ausgekommen ist und durch die Lande gereist ist. Betrieben wird der auf der Ladefläche sitzende Kühlschrank über eine eigene Batterie. Auf Campingplätzen mit Stromanschluss kann der Kühlschrank aber auch direkt an die Steckdose angeschlossen werden.

Tischlein-deck-dich

Ebenfalls im Laderaum angebracht ist ein großvolumiger Brauchwassertank, der vor und während der Fahrt über Schlauch oder Gießer mit Leitungswasser versorgt werden kann. Da Leitungswasser in Afrika generell nicht zum Trinken geeignet ist, gilt dasselbe auch für das Wasser aus dem Brauchwassertank. Geeignet und gedacht ist dieses Wasser zur Körperhygiene und zum Waschen von Geschirr und Wäsche.

Zur Camping-Grundausstattung für zwei Personen gehören:

- 1 klappbarer Metalltisch
- 2 Campingstühle
- 1 Lampe, entweder LED oder Gas
- Kühlschrank (40l Volumen) mit Verlängerungskabel (220V) für den Anschluss an eine Steckdose
- Brauchwassertank (mind. 50l) mit außen angebrachtem Wasserhahn
- Matratze mit Überzug bzw. Bettlaken
- 2 Bettdecken mit Bezug
- 2 Kopfkissen mit Bezug
- 1 Seesack zum Verstauen vom Bettzubehör
- 1 Dachzelt (Maße: Länge: 2,45 m; Breite: 1,20 m oder 1,40 m oder 1,60 m)

Komplette Picknickausrüstung

Gerade Gebrauch und Aufbau eines Dachzeltes sind den meisten Mitteleuropäern eher nicht vertraut. Im Südlichen Afrika stellen sie hingegen eine gängige und übliche Form des rollenden Zuhauses dar. So stammen die in Namibia gebräuchlichen Dachzelte alle aus südafrikanischen Unternehmen, die sich auf Outdoor-Equipment, und (Dach-)Zelte spezialisiert haben. In Namibia werden üblicherweise Dachzelte folgender Anbieter auf die Camper-Fahrzeuge montiert.

Anbieter

Tentco:	www.tentco.co.za
Howling Moon:	www.howlingmoon.co.za
Eezi Awn:	www.eezi-awn.co.za

Diese südafrikanischen Unternehmen haben verschiedene Dachzelte im Angebot. Ein Unterscheidungsmerkmal der Zelte stellt die Breite der Zelte dar. Für bis zu zwei Personen eignen sich Zelte mit einer Breite von 1,20 Metern oder 1,40 Metern. Für Familien (mit Kleinkind) gibt es aber auch 1,60 Meter breite Dachzelte – die Grundfläche entspricht dann dem eines „Queensize"-Bettes. Es besteht bei den meisten Fahrzeugen jedoch auch die Möglichkeit, zwei kleinere Dachzelte auf das Fahrzeug zu montieren. Derart können zwei befreundete Paare oder Eltern mit ihren größeren Kindern ungestört voneinander in einem eigenen Zelt die Nacht verbringen.

Trotz mehrerer Zeltanbieter und Zeltgrößen geschieht der Zeltaufbau eigentlich immer nach derselben Art und Weise. Während man in den ersten Tagen noch unsicher und unerfahren dieser ungewohnten Übernachtungsweise gegenüber-

Leichte Personen können zum Zeltaufbau auch auf das Dach des Wagens steigen.

steht, baut man das Zelt schon nach wenigen Tagen wie im Schlaf in einigen Minuten auf und ab. Der Zeltauf- und -abbau ist generell allein, d. h. ohne weitere Hilfsperson zu bewerkstelligen. Um besser an das Zelt und einzelne Zeltteile heranzukommen, kann man sich auf den hinteren Stoßfänger oder die beiden Hinterreifen stellen. In Ausnahmefällen und bei leichtem Körpergewicht kann man sich auch auf die fest montierte Dachreling stellen.

Aufbau des Zeltes

- Öffnen der wasserdichten Plastik-Schutzhülle, die das eingepackte Zelt umgibt. Die Schutzhülle ist an drei von vier Seiten mit einem Reißverschluss versehen. Zumeist gibt es neben einem Reißverschluss noch zwei Haltebänder, um die Hülle zu befestigen.
- Zurückklappen der Schutzhülle auf eine Fahrzeugseite, in der Regel die Fahrerseite.
- Das Dachzelt liegt nun offen; man erkennt, dass es der Länge nach einmal gefaltet wurde. Der aus Holz bestehende Boden des Zeltes ist zur Hälfte am Fahrzeug montiert. Die andere Hälfte fungiert als klappbares Element. An diesem Element ist eine Leiter angebracht. Diese zusammenschiebbare Leiter kann über Metallstifte auf zwei Längen gebracht werden:

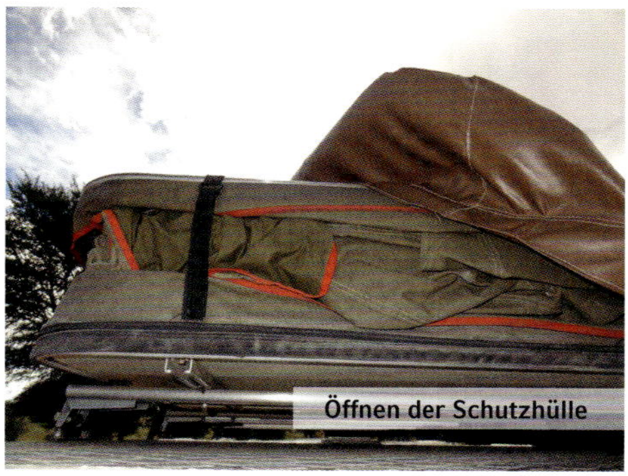
Öffnen der Schutzhülle

Zurückklappen der Schutzhülle

Entriegeln der Leiter

Klappen des eingefalteten Dachzeltes mithilfe der Leiter

Öffnen der Fenster und des Einganges

a) kurz bzw. eingeklappt
b) lang bzw. ausgeklappt

- Beine der Leiter lösen, auseinanderziehen, auf langes Maß bringen und einrasten.
- Leiter mit beiden Händen umgreifen, an den Beinen der Leiter ziehen und derart das Zelt zum Umklappen/Entfalten bringen.
- Soweit ziehen und umklappen bis das Dachzelt aufgeklappt ist und die Leiter auf dem Boden aufsitzt.
- Im Grunde genommen „steht" das Zelt jetzt schon!

Dachzelte verfügen zumeist über eine wasserdichte Außenhülle (*canvas*) und den eigentlichen Zeltkörper. Das Außenzelt ist dabei direkt am bzw. über dem Innenzelt angebracht.

- Außenzelt mit beiliegenden Metallstangen aufspannen und damit Eingang und Fenster freilegen. Ein Ende der Stangen wird am Boden des Zeltes verankert; das andere Ende gehört in eine Öse am Außenzelt.
- Die Öffnungen des Zeltes (Eingang und Fenster) verfügen über zwei Verschlüsse: nach außen hin einen Fensterladen aus demselben Material wie das Innenzelt, nach innen hin ein Moskitonetz.
- Eingang und Moskitonetz öffnen – beides einrollen oder zur Seite klappen.
- Innenraum des Zeltes herrichten:
  – ebenfalls zusammengeklappte Matratze auseinanderklappen
  – Bettzeug (Decken und Kissen) auf die Matratze legen
- Der Kopf gehört auf die andere Seite des Eingangs, die Füße gehören zum Eingang und zur Leiter.
- Ggf. Fenster und Moskitonetze öffnen je nach Hitze und Flugverkehr.
- Bei Regen, Unwetter und vor allem stärkerem Wind sind alle Fenster und der Eingang des Außenzeltes schnell zu schließen. Bei starkem Wind besteht

sonst die Gefahr, dass es zu einem unkontrollierten Zusammenklappen/Zusammenschlagen des ungenutzten Dachzeltes kommt. Dabei können das Gestänge des Zeltes und die Zelthaut nachhaltig beschädigt werden.
- Einleben, Wohlfühlen und Schlafen!

Zusammenbau des Zeltes

- Alle persönlichen und für den Tag wichtigen Gegenstände aus dem Zelt entfernen wie Kamera, Handy, Taschenlampe etc.
- Bettzeug aus dem Zelt räumen und wieder im Fahrzeug verstauen.
- Alle Fenster und Moskitonetze komplett schließen.
- Matratze zusammenklappen.
- Eingang samt Moskitonetz schließen.
- Metallstangen vom Außenzelt entfernen.
- Leiter mit beiden Händen umgreifen, Beine der Leiter nach oben drücken und derart das Zelt zum Einklappen/Zusammenfalten bringen. Dabei Beine der Leiter lösen, zusammenschieben, auf kurzes Maß bringen und einrasten.
- Innen- und Außenzelt so in das zusammengefaltete Zelt einbringen, dass sich Gesamtform den Maßen der Schutzhülle annähert.
- Schutzhülle des Zeltes wieder auf das zusammengeklappte Zelt klappen.
- Reißverschluss der Schutzhülle schließen.
- Haltebänder der Schutzhülle festzurren.
- Fertig und Abfahrt!

14.4 Küchenkiste

Die als Camping-Fahrzeuge konzipierten Mietwagen verfügen zudem über eine gut ausgestattete Küchenkiste. Alles in allem eine Küchen-Ausstattung, die keine (Camper-)Wünsche offenlässt.

Für das Kochen bzw. Erwärmen an sich, kann man sich zwischen zwei Varianten entscheiden. Entweder man wählt den traditionellen Weg von Feuer und Glut oder man greift auf den beiliegenden Gaskocher zurück. Denn zur umfangreichen Ausstattung der Küche gehören auch eine oder zwei Gasflaschen (je ca. 5 Kilogramm Butan-Gas) samt aufschraubbarem Gaskocher. Derart lässt sich der Kaffee am Morgen schnell und zuverlässig zubereiten, ohne erst einmal im Müßiggang das Feuer oder die Glut zu schüren. Der Kocher lässt sich zudem direkt auf die Gasflasche montieren. Man beachte dabei das Linksgewinde bei Gasflaschen! Bei geschlossenem Ventil am Kocher kann nun das Ventil an der Gasflasche geöffnet werden. Ein leichtes Zischen ist zu hören. Danach lässt sich der Gasfluss bzw. die Flammengröße mit dem Ventil am Gaskocher regulieren. Und schon steht dem Koch(en) nichts mehr im Wege!

Die Küchenkiste lässt kaum Wünsche offen!

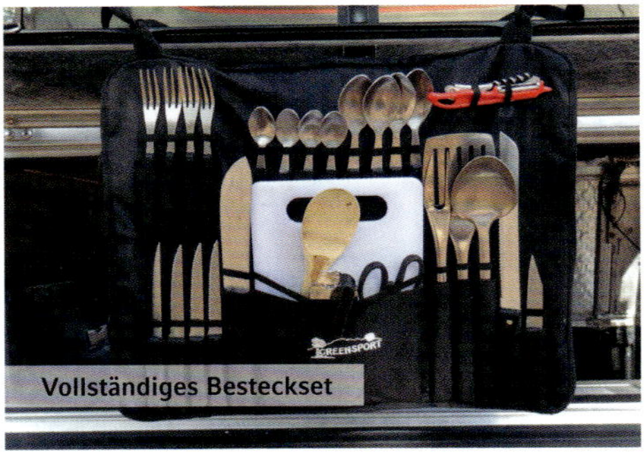

Vollständiges Besteckset

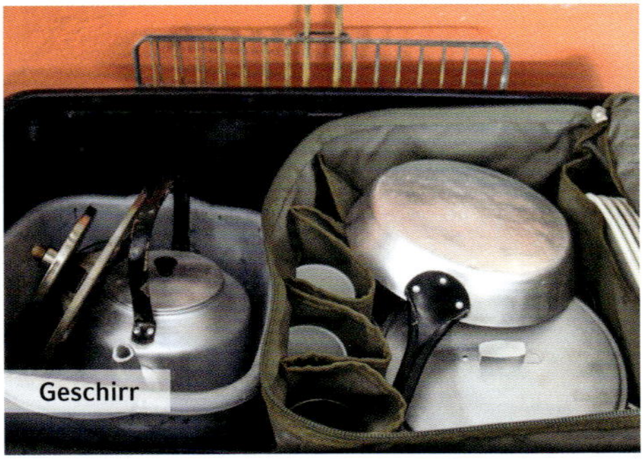

Geschirr

Dass man in Namibia gut und gerne isst und sich zur Zubereitung der Speisen auch die nötige Zeit nimmt, spiegelt sich auch in der Ausstattung der Küchenbox wider. Viele Küchenutensilien und Details sind darin enthalten, die man nicht zwangsweise erwartet oder mitgenommen hätte. Hier eine Beispielliste:

- Geschirr: Teller (groß/klein, flach/tief), Tassen, Schalen (klein) etc.
- Besteck: Messer, Gabel, Löffel (groß/klein) etc.
- Brotmesser
- Kochlöffel
- Kartoffelschäler
- Dosenöffner
- Korkenzieher
- Flaschenöffner
- Schere
- Schneidemesser/scharfe Messer
- Schneidebrett
- Pfannen (groß/klein)
- Töpfe (groß/klein)
- Wasserkessel
- Sieb
- Grillrost
- Grillbesteck
- Abwaschschüssel
- Küchenhandtücher und Schwämme
- 1-2 Plastikboxen – eine als Küchenbox, die andere zur Aufbewahrung von Lebensmitteln

TIPP: Starter Paket

Viele Autovermieter bieten neben dem reinen Küchen-Equipment auch ein sogenanntes Starter Paket an, das wichtige und alltägliche Dinge des Camperlebens enthält und den ersten Besuch im Supermarkt etwas kürzer gestaltet. Das kostenpflichtige Starter Paket enthält z. B. Feuerholz, Kohle, Grillanzünder, Streichhölzer, Trinkwasser, Insektenspray, Öl, Salz, Pfeffer, Aluminiumfolie, Spülmittel, Seife, Küchentücher, Müllsäcke und Toilettenpapier.

14.5 Zusätzliche Ausrüstung

Neben dieser Standardausrüstung für Camping-Fahrzeuge gibt es mittlerweile eine Fülle an Extras, die man bei den verschiedenen Mietwagenverleihern anfragen und buchen kann. Diese Zusatzausrüstung erhöht entweder die Sicherheit oder den Komfort der Mitreisenden wie z. B.:

Darf es etwas mehr sein an Ausstattung!?

Zweites Reserverad

Wie bereits erwähnt, fällt ein zweites Reserverad bei einigen Anbietern unter „Extras“, die dementsprechend auch einzeln berechnet werden. Die Vermieter informieren darüber aber auf ihren Internetseiten bzw. auf Anfrage. Ebenfalls hilft eine exakte Planung der Reise, um abzuwägen, ob die gewählte Route als „reifenmordend“ gilt.

Ersatzreifen Nr. 1 und Nr. 2

Navigationsgerät (GPS)

Die zumeist auf Garmin-Technik basierenden Navigationsgeräte funktionieren im Grunde genommen wie das heimische Navi, kennen sich dabei allerdings auch im Südlichen Afrika aus (auch auf den Offroad-Strecken).

FM Transmitter

Eine einfache Möglichkeit, um im Fahrzeug die eigene Musik hören zu können, sind FM Transmitter. Mittels FM Transmitter lassen sich über ein Radiosignal die Lieblingssongs vom USB-Stick, MP3-Playern, Smartphones wie auch Speicherkarten auf das Autoradio übertragen. Erforderlich ist dazu neben dem Gerät eine freie Radiofrequenz, doch davon gibt es in Namibia mehr als genug.

Carfi

Für alle, die auch in ihrem Urlaub nicht aufs „Surfen" bzw. das Nutzen mobiler Daten verzichten wollen, bietet Carfi einen mobilen Hotspot speziell fürs Auto. Das Carfi kann bis zu 10 WiFi-Geräte gleichzeitig mit dem Internet verbinden und basiert auf dem LTE Standard. Hohe Download-Geschwindigkeiten sind allerdings nur in den Städten und auf den großen Überlandstraßen zu erwarten.

Kompressor

Während der Luftdruckmesser zur Standardausrüstung der Camping-Fahrzeuge gehört, gibt es einen Kompressor nur auf Anfrage bzw. speziellen Wunsch des Kunden. Ein Kompressor kann Sinn machen bei oft wechselndem Fahrbahnuntergrund auf der gewählten Reiseroute. Der Luftkompressor wird an die Autobatterie angeschlossen und liefert dann Druckluft für sämtliche Reifen oder andere aufblasbare Dinge wie Luftmatratzen, Gummiboote usw.

Es müssen nicht immer Reifen aufgepumpt werden!

Kindersitze

Da es sehr umständlich ist, die eigenen Kindersitze von Europa aus nach Afrika zu überführen, sollten Eltern auf die Kindersitze beim Vermieter zurückgreifen. Wichtig ist die frühzeitige Klärung von Größe, Art und Verfügbarkeit des Kindersitzes.

Bodenzelt

Die Autovermieter verfügen neben den Dachzelten auch über diverse Bodenzelte. Diese kommen dann zum Einsatz, wenn neben dem Dachzelt noch ein weiteres Zelt benötigt wird oder wenn ein Fahrzeug ohne Campingausrüstung (und Dachzelt) auf die Reise geht.

Extras

Für (wissenschaftliche) Expeditionen ins namibische Hinterland fernab jeglicher Zivilisation bieten einige Anbieter regelrechte Expeditionsfahrzeuge mit kompletter Ausstattung an. Weiß man mit den Fahrzeugen und dem speziellen Equipment umzugehen, ist man für alle Unwägbarkeiten und Überraschungen gewappnet. Auch Einzelteile dieser Expeditions-Ausrüstung lassen sich mieten. Dazu gehören z. B.:

- zusätzliche Wasser- und Benzinkanister
- Sandbleche zum Fahren im bzw. aus tiefem Sand
- Seilwinde (*winch*) zum Herausziehen des Fahrzeugs aus Matsch, Wasser, Sand etc.
- großer Wagenheber (*hi-lift jack/air jack/farm jack*). Universell einsetzbar als Wagenheber, Stockwinde oder Bergewinde. Diese Wagenheber sind speziell geeignet für Fahrzeuge mit großer Bodenfreiheit wie Pick-ups oder Offroad-Fahrzeuge.
- Funksprechgerät (*two way radio*) zur Kommunikation untereinander
- Satellitentelefon: Das Mobilfunk-Netz von Namibia deckt nur ca. ein Drittel der Landesfläche ab. Ein Satellitentelefon ermöglicht unbegrenzte Kommunikation selbst aus der entlegensten Wildnis des Südlichen Afrika.
- Fast Find-Beacon: (PLB = Personal Location Beacon). Der Fast Finder ist ein wasserdichtes Ortungsgerät (406 MHz) fürs Reisen in wirklich abgelegenste Regionen ohne Kommunikationsmöglichkeiten. Dabei fungiert das Gerät als persönlicher Notsender, der bei medizinischen Notfällen ein Rettungsteam verständigt und dabei die eigenen GPS-Koordinaten überträgt.

Autonome Stromversorgung durch Solarpanele

15. Das Kleingedruckte

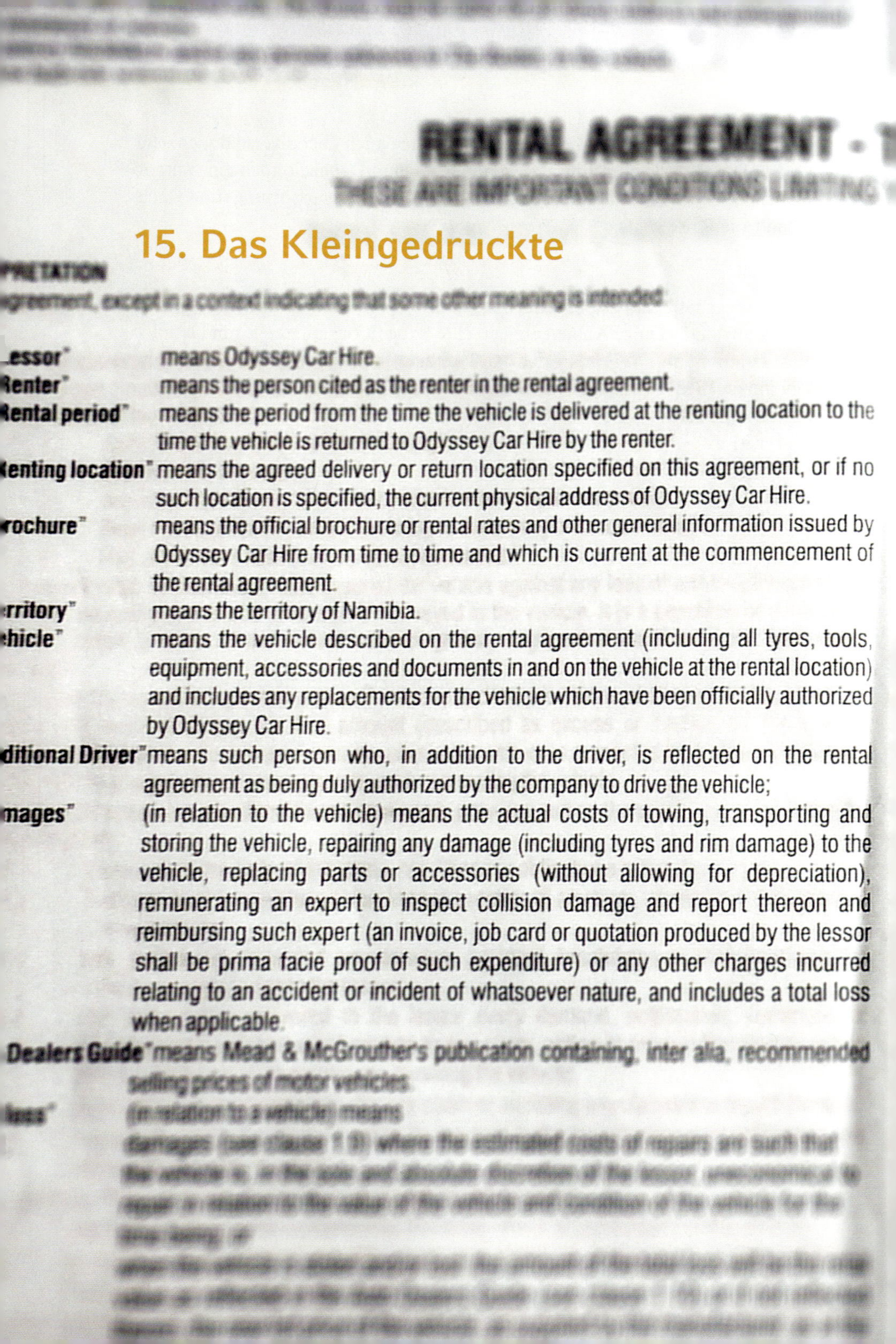

RENTAL AGREEMENT

…PRETATION

…greement, except in a context indicating that some other meaning is intended:

…essor"	means Odyssey Car Hire.
…enter"	means the person cited as the renter in the rental agreement.
…ental period"	means the period from the time the vehicle is delivered at the renting location to the time the vehicle is returned to Odyssey Car Hire by the renter.
…enting location"	means the agreed delivery or return location specified on this agreement, or if no such location is specified, the current physical address of Odyssey Car Hire.
…rochure"	means the official brochure or rental rates and other general information issued by Odyssey Car Hire from time to time and which is current at the commencement of the rental agreement.
…rritory"	means the territory of Namibia.
…hicle"	means the vehicle described on the rental agreement (including all tyres, tools, equipment, accessories and documents in and on the vehicle at the rental location) and includes any replacements for the vehicle which have been officially authorized by Odyssey Car Hire.
…ditional Driver"	means such person who, in addition to the driver, is reflected on the rental agreement as being duly authorized by the company to drive the vehicle;
…mages"	(in relation to the vehicle) means the actual costs of towing, transporting and storing the vehicle, repairing any damage (including tyres and rim damage) to the vehicle, replacing parts or accessories (without allowing for depreciation), remunerating an expert to inspect collision damage and report thereon and reimbursing such expert (an invoice, job card or quotation produced by the lessor shall be prima facie proof of such expenditure) or any other charges incurred relating to an accident or incident of whatsoever nature, and includes a total loss when applicable.
…Dealers Guide"	means Mead & McGrouther's publication containing, inter alia, recommended selling prices of motor vehicles.

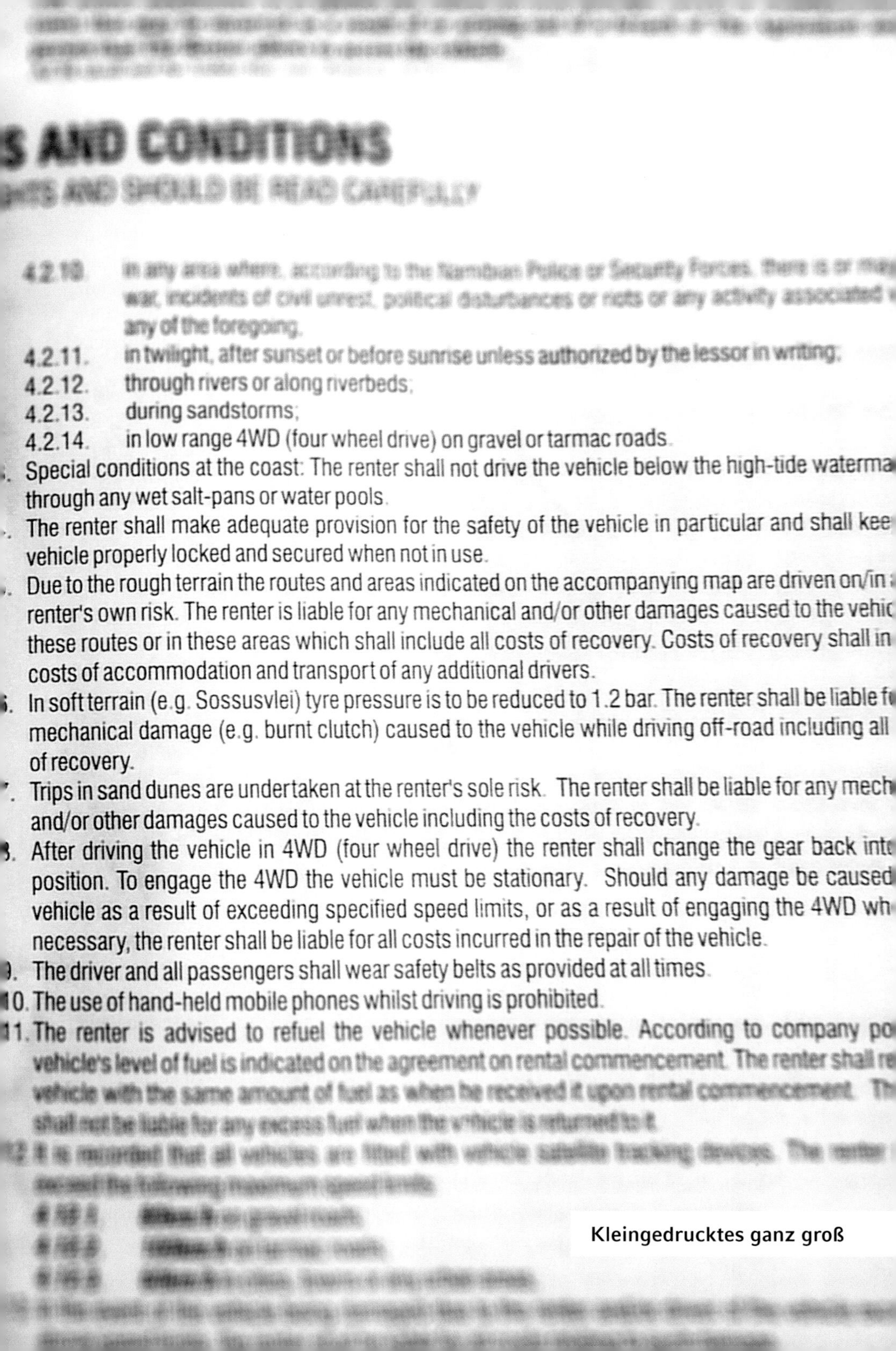

S AND CONDITIONS

4.2.10. in any area where, according to the Namibian Police or Security Forces, there is or may … war, incidents of civil unrest, political disturbances or riots or any activity associated … any of the foregoing.
4.2.11. in twilight, after sunset or before sunrise unless authorized by the lessor in writing;
4.2.12. through rivers or along riverbeds;
4.2.13. during sandstorms;
4.2.14. in low range 4WD (four wheel drive) on gravel or tarmac roads.

Special conditions at the coast: The renter shall not drive the vehicle below the high-tide waterma… through any wet salt-pans or water pools.

The renter shall make adequate provision for the safety of the vehicle in particular and shall kee… vehicle properly locked and secured when not in use.

Due to the rough terrain the routes and areas indicated on the accompanying map are driven on/in … renter's own risk. The renter is liable for any mechanical and/or other damages caused to the vehic… these routes or in these areas which shall include all costs of recovery. Costs of recovery shall in… costs of accommodation and transport of any additional drivers.

6. In soft terrain (e.g. Sossusvlei) tyre pressure is to be reduced to 1.2 bar. The renter shall be liable f… mechanical damage (e.g. burnt clutch) caused to the vehicle while driving off-road including all … of recovery.

7. Trips in sand dunes are undertaken at the renter's sole risk. The renter shall be liable for any mech… and/or other damages caused to the vehicle including the costs of recovery.

8. After driving the vehicle in 4WD (four wheel drive) the renter shall change the gear back int… position. To engage the 4WD the vehicle must be stationary. Should any damage be caused… vehicle as a result of exceeding specified speed limits, or as a result of engaging the 4WD wh… necessary, the renter shall be liable for all costs incurred in the repair of the vehicle.

9. The driver and all passengers shall wear safety belts as provided at all times.

10. The use of hand-held mobile phones whilst driving is prohibited.

11. The renter is advised to refuel the vehicle whenever possible. According to company po… vehicle's level of fuel is indicated on the agreement on rental commencement. The renter shall re… vehicle with the same amount of fuel as when he received it upon rental commencement. Th…

Kleingedrucktes ganz groß

15. Das Kleingedruckte

Bei der Suche nach einem geeigneten Fahrzeug wie z. B. dem Recherchieren in Katalogen und im Internet kann sich durchaus schon das erste Urlaubsgefühl einstellen. Sucht man doch nach einem Zuhause auf Zeit – Urlaubsgefährt und Unterkunft zugleich. Die anschließende Kommunikation mit Vermietern oder Vermittlern von Mietfahrzeugen ist wichtig und informativ, kann aber auch schon die Nerven belasten – vor allen Dingen, wenn der namibische Partner spät oder erst auf Nachdruck antwortet. Hat man sich aber letztlich für ein Fahrzeug und einen Anbieter entschieden, steht unweigerlich das bevor, womit sich ein Urlauber wohl am wenigsten auseinandersetzen möchte: die Vertragsbedingungen. Das gesamte Vertragswerk füllt oft mehrere Seiten; deren Verständnis wird durch kleine Schrift, juristische Ausdrucksweise und englische Sprache oftmals erschwert. Nichtsdestotrotz sollte sich der angehende Selbstfahrer durch den Papierkram kämpfen. Bei Verständnisproblemen oder Rückfragen sollte der Kontakt zum Anbieter gesucht werden. *Terms & Conditions* informieren über die Rechte und Pflichten des Mieters. Besondere Bedeutung bekommt dieser Abschnitt im Fall eines Unfalles bzw. wenn eine der Versicherungen ins Spiel kommt.

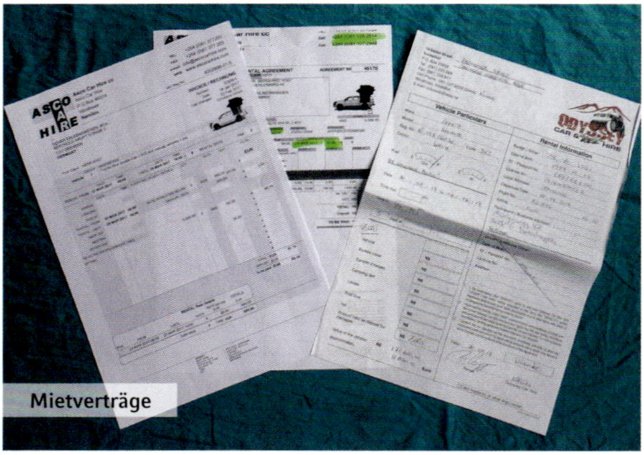

Mietverträge

15.1 Mietbedingungen

Bezahlung der Miete

Reservierungen von Camping-Fahrzeugen – gerade in der Hochsaison – sind oftmals nur mit einer direkt zu entrichtenden Anzahlung möglich. Die verbindliche Reservierungsbestätigung wird demnach erst nach Erhalt der Anzahlung ausgestellt und dem Mieter zugestellt. Der restliche Mietbetrag kann entweder schon im Voraus (spätestens 7 Tage vor Mietbeginn) bezahlt werden oder ist per Kreditkarte oder in bar bei der Fahrzeugübernahme zu begleichen. Als Zahlungsmittel setzen sich im internationalen Mietwagengeschäft Kreditkarten immer mehr durch. Daneben sind aber auch Zahlungen übers Internet, z.B. PayPal etc., oder Banküberweisungen möglich. Viele namibische Autovermieter besitzen eigens für ihre deutschen Kunden ein deutsches Bankkonto.

Alter des Fahrers

In allen Mietbedingungen der verschiedenen Anbieter findet sich ein Passus zum Mindestalter des Fahrers wieder. In den meisten Fällen liegt das erforderliche Mindestalter bei 21 Jahren. Für bestimmte höherwertige Fahrzeuge können noch ein paar mehr Lebensjahre verlangt werden. Nur die wenigsten Anbieter haben eine Höchstgrenze für das Alter festgesetzt. Dies liegt dann zumeist bei 80 bis 85 Jahren – ein für afrikanische Verhältnisse astronomischer Wert.

Führerschein

Alle eingetragenen Fahrer brauchen zur Anmietung und besonders für das Fahren auf namibischen Straßen einen gültigen Führerschein ihres Heimatlandes (nationaler oder EU-Führerschein) und eine beglaubigte englischsprachige Übersetzung des Führerscheins.

Die einfachste Form, den Führerschein amtlich ins Englische übersetzen zu lassen, ist die Beantragung eines Internationalen Führerscheins. Dazu reicht vor Abreise ein Gang ins nächste Bürger- oder Straßenverkehrsamt. Unter Vorlage des EU-Führerscheins, Personalausweises und eines biometrischen Passfotos erhält man für durchschnittlich 15 EUR innerhalb eines Tages den Internationalen Führerschein – ein unscheinbares, graues Papierheftchen, das nur für drei Jahre seine Gültigkeit behält.

Mietdauer

Während es bei der Länge der Miete nach oben hin keinerlei Grenzen gibt, bestehen viele Autoverleiher auf eine Mindestmietdauer. Normale Pkw können auch für einen Tagesausflug gemietet werden. Die Mindestmietdauer liegt dann bei einem Tag. Bei Allrad- und Camping-Fahrzeugen ist die Mietdauer aber üblicherweise auf mindestens drei bis sechs Tage festgelegt.

Einwegmieten

Entspricht der Abgabeort des Fahrzeuges nicht dem der Abholung, wird vom Vermieter eine Einwegmiete erhoben, die Teil der allgemeinen Vertragsbedingungen ist. Die Höhe dieser zusätzlichen Miete ist abhängig von der Entfernung zwischen den beiden Stationen und dem Stationsnetz des Anbieters. Über Art und Höhe der Einwegmieten informiert das Kapitel „Preisgestaltung der Miete – Zusätzliche Kostenfaktoren“, S. 130.

Grenzüberschreitung

Fahrten in die Nachbarländer Namibias sind generell möglich, müssen allerdings bei der Buchung angemeldet werden. Für die Aus- und Bereitstellung der notwendigen Formulare und Papiere berechnen die Vermieter eine Aufwandsentschädigung.

Stornokosten

Eine Stornierung der Fahrzeugreservierung ist im Allgemeinen möglich, allerdings oft mit immensen Kosten verbunden. Grundlegend wird die fällige Gebühr umso höher, je näher der Mietbeginn rückt.

15.2 Versicherung und Kaution

Auch im heimischen Umfeld stellt sich oft genug die Frage nach dem Nutzen und der Notwendigkeit einzelner Versicherungen. Über die leicht ausufernde Anzahl der Versicherungen und die Höhe oder Versicherungssummen wird gerne diskutiert. Doch so richtig interessant werden Versicherungen eigentlich erst, wenn etwas passiert ist und sie benötigt werden. Da man allerdings nie weiß, wann und wo dies geschehen wird, ist eine Beschäftigung mit diesem leidigen Thema im Vorfeld angebracht.

Die Autoversicherung im Südlichen Afrika ist in vielen Details anders geregelt als in Europa – besonders betrifft das die Verantwortung im Fall von Schäden. In den meisten Ländern des Südlichen Afrika existiert keine Versicherungspflicht. In der Praxis hat dies zur Folge, dass die Mehrheit der Autos überhaupt nicht versichert ist und dass Eigentümer bzw. Fahrzeugbesitzer persönlich für Entschädigungen im Fall eines Unfalls verantwortlich sind. Das kann insofern zum Problem werden, wenn der Unfallverursacher nicht über die notwendigen finanziellen Grundlagen verfügt und somit den Entschädigungsforderungen auch nicht nachkommen kann. In Windhoek sind z. B. häufig Taxifahrer aus dem Armenviertel Katutura an Unfällen beteiligt; Entschädigungsleistungen nach einem Unfall können von ihnen nicht geleistet werden und sollte man nicht erwarten.

Die meisten Mietwagen im Südlichen Afrika verfügen allerdings über einen grundlegenden Versicherungsschutz. Im Mietpreis ist demzufolge eine Fahrzeugversicherung für folgende Schäden inbegriffen:

- **Diebstahl**

  Der Diebstahl des Fahrzeuges ist nur dann versichert, wenn der Mieter sich verantwortlich gezeigt und darauf geachtet hat, dass das Fahrzeug verschlossen war und er aller Autoschlüssel habhaft ist. Bei jeglichem Diebstahl wird ein vollständiger Polizeibericht verlangt.
- **Insassenschäden (d. h. Unfallversicherung)**

  Die Insassenversicherung ersetzt nicht die Auslandskrankenversicherung!
- **Haftpflichtschäden (Schäden an Dritten)**

  Die meisten Anbieter greifen auf eine Kfz-Reise-Haftpflichtversicherung der HanseMerkur zurück: max. Deckung: 1 Mio. EUR

- **Kaskoschäden (Schäden am eigenen Fahrzeug)**
  Die Höhe der einzelnen Versicherungssummen variiert je nach Autovermieter und Versicherung.

Doch was wäre eine Versicherung ohne die berüchtigten Ausschlüsse? Bei Verstößen gegen die lokalen Mietbedingungen oder die nationalen Verkehrsbedingungen und einem daraus resultierenden Schaden erlischt der Versicherungsschutz komplett. Der Fahrzeugmieter wird auch für Schäden verantwortlich gemacht, wenn diese durch eine dritte Partei verursacht wurden. Die Schuldfrage spielt dabei keine Rolle. Ob schuldig oder nicht, auch so präsentiert sich die Liste der Dinge, die nicht automatisch mitversichert sind, als durchaus lang und lesenswert:
- Schäden an Reifen, Fenstern und Scheinwerfern
- Schäden am Unterboden
- Schäden durch Wasser (z. B. nach Flussdurchfahrten) oder Salzwasser
- Schäden an bzw. Verlust von Campingausrüstung
- Schäden an Motor, Kupplung, Getriebe und Differenzial aufgrund fehlerhafter Bedienung
- Fahrten auf nicht erlaubtem Gebiet bzw. in nicht angemeldeten/genehmigten Ländern
- Fahrten durch nicht-registrierte Fahrer oder Nachtfahrten
- Unfälle (bzw. Überschläge) ohne Fremdbeteiligung
- Abschleppkosten nach Unfällen
- Schäden aufgrund von Fahrlässigkeit, Mutwilligkeit sowie durch Alkohol- oder Drogeneinfluss

Kommt es zu einem Schaden, ohne dass einer der Ausschlussgründe greift, wird das Thema „Selbstbehalt" umso interessanter. Der Selbstbehalt wird von den verschiedenen Anbietern bzw. je nach Fahrzeugkategorie variabel gehandhabt. Grob lässt sich sagen, dass normale Pkw gerne auch einmal ohne Selbstbehalt vermietet werden. Bei Allrad-und Camping-Fahrzeugen jedoch beinhaltet die Fahrzeugversicherung einen Selbstbehalt, der zwischen 5 und 10 Prozent des Fahrzeugwertes ausmacht. Das entspricht je nach Fahrzeugmodell zwischen 15.000 NAD und 45.000 NAD bei Allrad- und Camping-Fahrzeugen und bis zu max. 53.000 NAD bei Wohnmobilen. Um diesen Selbstbehalt abzusichern, erhebt der Vermieter eine Kaution in Höhe des Selbstbehalts. Die Kaution wird bei der Abholung des Mietwagens auf der Kreditkarte geblockt oder abgebucht. Das Geld steht damit für die gesamte Mietdauer (d. h. Reisezeit) nicht mehr zur Verfügung. Es ist daher ratsam, den Verfügungsrahmen der Kreditkarte und das notwendige Reisebudget dahingehend aufzufüllen. Der Kautionsbetrag wird automatisch von der Bank freigegeben bzw. überwiesen, wenn das Fahrzeug ohne Schaden zurückgegeben wird. Um den Selbstbehalt – und damit die Kaution – zu reduzieren, kann der

Reisende zusätzliche, kostenpflichtige Versicherungen abschließen. Mit den gängigen Versicherungsmodellen lässt sich der Selbstbehalt erheblich verringern, bei einigen Anbietern auch gänzlich aufheben.

Die Verringerung des Selbstbehaltes durch weitere Versicherungen geht einher mit einer Erweiterung des Versicherungsrahmens. Die Ausweitung der Versicherung deckt dann auch Schäden und Ereignisse ab, die ansonsten nicht mitversichert wären bzw. zu einem Ausschluss geführt hätten wie z. B.:

- Schäden an Reifen, Fenstern und Scheinwerfern
- Schäden am Unterboden
- Sandsturmschäden
- Unfälle ohne Fremdbeteiligung

Selbstbehalt-Ausschluss-Versicherung

Wer den Selbstbehalt nicht nur reduzieren, sondern gänzlich aufheben möchte, kann zu einer Zusatzversicherung greifen, der sogenannten Selbstbehalt-Ausschluss-Versicherung. Sie ersetzt dem Versicherten den Selbstbehalt, den er nach einem Schaden an den Fahrzeugvermieter bezahlen muss. Ausgeschlossen sind lediglich Reifenschäden, Schäden durch Unachtsamkeit, Fahrlässigkeit und Verstöße gegen die Mietbedingungen. Normalerweise zahlt man für die Selbstbehalt-Ausschluss-Versicherung für Mietwagen außerhalb Deutschlands einen Tagessatz von 5 bis 6 EUR (für Mietdauern bis zu 90 Tagen). Diese Versicherungen sind auch noch kurz vor Reisebeginn übers Internet abzuschließen, z. B. bei der HanseMerkur.
www.hmrv.de/reiseversicherungen/spezialversicherungen/mietwagen-schutz#leistungen

Reifenschaden

Ein Plattfuß gehört zu einem wahrhaftigen Namibia-Urlaub einfach dazu. Reifenschäden sind allerdings im Normalfall, d. h. ohne Zusatzversicherung, nicht abgesichert. Damit die Reise im Fall einer Reifenpanne fortgesetzt werden kann, sollte der Reifen repariert oder ersetzt werden. An den meisten Tankstellen oder Farmen finden sich Fachmänner, die einen Reifen reparieren können. Da aber reparierte Reifen beim Vermieter nicht akzeptiert werden, muss der beschädigte Reifen bei der Fahrzeugrückgabe bezahlt werden. Der Restwert des Reifens wird über das noch vorhandene Profil des beschädigten Reifen ermittelt. Hierfür ist es notwendig, den kaputten Reifen zur Mietwagenstation zurückzubringen. Wurde ein Reifen vom Kunden komplett ersetzt, bekommt er den Differenzbetrag bei der Fahrzeugrückgabe erstattet.

15.3 Pflichten des Mieters

Die Anmietung eines Fahrzeugs geht für den Mieter auch mit einigen Pflichten einher, die der eigenen Sicherheit dienen und selbstverständlich sein sollten. Diese Pflichten beziehen sich auf den ordnungsgemäßen Umgang und die Pflege des Fahrzeuges und seiner Ausstattung. Angesichts der großen Entfernungen und extremen Wetterbedingungen gehören die regelmäßige Kontrolle von Öl und Kühler dazu. Ein ständiges Nachfüllen von Öl oder Wasser stellt aber sicherlich keine dauerhafte Lösung eines größeren Problems dar. Bei größerem Verlust von Kühlwasser und Öl, einer möglichen Überhitzung des Motors, beim Aufblinken von Warnlichtern oder sonstiger Probleme mit dem Fahrzeug sollte der Vermieter umgehend informiert werden. Wer dessen ungeachtet weiterfährt, riskiert nicht nur seine sichere Weiterfahrt und schwere Schäden am Fahrzeug, sondern auch die Zahlung von Strafgebühren aufgrund unterlassener Sorgfaltspflicht.

Da zur Grundausstattung der Camping-Fahrzeuge immer auch Besen und Kehrschaufel gehören, sollte das Fahrzeug bei der Rückgabe auch in einem besenreinen Zustand übergeben werden. Eine Fahrt durch die Waschanlage samt Politur ist zwar nicht erforderlich, aber jeglicher Müll sollte aus dem Fahrzeug entfernt und der Kühlschrank einmal gereinigt werden. Es dankt das Team des Autovermieters und u. U. auch der nächste Mieter!

16. Alternativen zur Miete eines Fahrzeugs

Es muss nicht immer ein Mietwagen sein.

16. Alternativen zur Miete eines Fahrzeugs

Wer mühsam seine freien Tage so organisieren muss, dass ein möglichst langer zusammenhängender Urlaub dabei herauskommt, wird mit großer Wahrscheinlichkeit zu einem Mietwagen (oder einer geführten Gruppenreise) greifen. Für Weltenbummler und all diejenigen, die deutlich mehr als drei Wochen im Gepäck haben, gibt es zwei überlegenswerte Alternativen zur zeitlich befristeten Miete eines Fahrzeugs: der Kauf eines Fahrzeugs in Afrika oder die Verschiffung des eigenen Wagens von Europa nach Afrika.

Wie kommt das Traumauto nach Namibia?

Beim Abwägen zwischen Miete und den beiden Alternativen spielt die beabsichtigte bzw. mögliche Reisedauer die entscheidende Rolle. Stehen für die Reise nur wenige Wochen zur Verfügung, überlegt wohl niemand ernsthaft, ein Auto zu kaufen oder zu verschiffen. Wer jedoch eine längere Reise im Südlichen Afrika plant oder gar die Durchquerung Afrikas, für den verteuern und verschlechtern sich die Optionen für die Miete eines Fahrzeugs recht schnell. Ab welcher Reisedauer sich Kauf oder Verschiffung gegenüber Miete lohnen, lässt sich pauschal schwer sagen. Es gilt, Preise für Miete, Verschiffung und Kauf zu vergleichen, Verfügbarkeiten (Mietfahrzeuge/Fahrzeuge zum Kauf) zu prüfen und den zeitlichen Aufwand für die Vorbereitungen und die Information einzuberechnen. Unternehmen, die sich auf die Verschiffung von Fahrzeugen nach Afrika spezialisiert haben, werben damit, dass sich eine Verschiffung schon ab sechs Wochen Aufenthalt rechnet. Bei der Option Autokauf ist es fast unmöglich, im Vorfeld abzuschätzen, wie viel diese Variante im Endeffekt kosten wird: Unwägbarkeiten wie die Angebots- und Nachfrage-situation auf den Automärkten zu den jeweiligen Zeitpunkten, das Verhandlungsgeschick, der technische Zustand des gekauften Wagens oder etwaige Reparaturen und Unfälle machen die Kalkulation schwieriger als die Wettervorhersage.

Neben den Grundkosten und der Reisedauer entscheiden oft ganz persönliche Beweggründe. So mag nicht jeder Langzeitreisende zwingend mit dem eigenen Fahrzeug unterwegs sein, sondern liebäugelt vielmehr mit der Bequemlichkeit der Miete ohne größere Verantwortlichkeiten. Andere träumen dagegen schon von jeher vom klassischen Bulli-Abenteuer und dem großen „Road Trip“.

	Miete	Kauf	Verschiffung
+ Vorteile	• Vermieter als ständiger Ansprechpartner • Absicherung durch Mietbedingungen (z. B. bei Pannen) • finanzielle Sicherheit (keine unvorhersehbaren Kosten) • Bequemlichkeit • geringer zeitlicher Aufwand bei der Organisation der Miete	• Individualität • Freiheit (räumlich und zeitlich) • keine Vorgaben (wo, wie, wann … zu fahren) • Verkaufserlös am Ende der Reise	• Individualität • Freiheit (räumlich und zeitlich) • keine Vorgaben (wo, wie, wann … zu fahren) • lange Vorbereitungszeit auf die Reise (Fahrzeug und Ausrüstung)
– Nachteile	• Mietkosten und Zusatzversicherungen • Reise z. T. durch Mietbedingungen vorgegeben (z. B. durch Niederlassungen) • Fahrzeug von der Stange (keine Extrawünsche) • weniger Flexibilität und Individualität	• Kosten für Kauf • Zusatzkosten für Versicherungen, Registrierungen und andere Lizenzen • hohe Selbstverantwortung • zusätzlicher Zeitaufwand durch Kauf und Verkauf • unvorhersehbare Kosten (z. B. Reparaturen, Ersatzteile etc.) • kaum Garantien bei Privatkauf • finanzielles Risiko beim Verkauf	• Kosten für Kauf • Kosten für Verschiffung • Zusatzkosten für Versicherungen, Registrierungen und andere Lizenzen • hohe Selbstverantwortung • zusätzlicher Zeitaufwand (Abgabe bzw. Abholung am Hafen etc.) • eigenes Aufkommen für Reparaturen, Ersatzteile etc.

16.1 Autokauf

Während das Alltagsgeschehen im Südlichen Afrika oft genug nach leicht verständlichen Regeln und Gepflogenheiten abläuft, präsentiert sich die offizielle Bürokratie in Afrika doch als sehr kompliziert, statisch und eingefahren. Der Kauf eines Fahrzeuges im Südlichen Afrika gestaltet sich deshalb nicht so einfach, wie man es sich wünscht bzw. wie es einige Weltreisende z. B. schon in

Ozeanien erfahren durften. Wer den Aufwand nicht scheut, sollte zumindest genügend Zeit und Finanzmittel einkalkulieren. Das gewählte Camping-Fahrzeug stellt als Transportmittel und mobiles Zuhause die größte Investition einer Namibiareise dar. Wer hier zu sparsam ist, wird sich nachher ärgern.

Am Anfang des Autokaufs steht die z. T. nervenaufreibende Suche nach dem perfekten Weggefährten. Diverse Angebote werden eingeholt und unter die Lupe genommen, verschiedene Anbieter werden angefahren, nach Fachsimpeleien wird unter Motorhauben geblickt und fachmännisch auf Karosserien geklopft; den Abschluss stellt meist eine Testfahrt dar. Wem das technische Verständnis fehlt, wird sich schwertun, ein gutes und tragfähiges Urteil zu einem Fahrzeug abzugeben.

Die sicherste und bequemste Art und Weise ist dann sicherlich der Gang zum Vertragshändler. Hier kann man sich fachkundig beraten lassen, ein Fahrzeug aussuchen und Probe fahren und den aufwendigen Papierkram vom Händler erledigen lassen. Die meisten der uns in Europa bekannten, internationalen Marken sind auch im Südlichen Afrika vertreten. Die deutschen Automobilmarken werden in Namibia zumeist von deutschstämmigen Unternehmerfamilien vertreten, deutschsprachige Mitarbeiter findet man hier im Verkauf und in der Werkstatt. Die bei uns noch relativ unbekannten chinesischen Marken locken mit günstigen Einstiegspreisen. Allerdings ist bei solchen Exoten Vorsicht geboten, da nicht immer die durchgehende Versorgung mit Ersatzteilen sichergestellt ist. Darum ist und bleibt Afrika *Toyota*-Land! *Toyota* bietet eine große Auswahl an langlebigen, qualitativ hochwertigen Fahrzeugen. Die Preise für etwaige Reparaturen sind relativ niedrig, weil es für *Toyota*-Fahrzeuge die meisten Ersatzteile im Südlichen Afrika gibt.

Während das Angebot an Gebrauchtwagen beim Vertragshändler relativ klein ist, bietet der Privatmarkt eine ungemein größere Chance auf einen guten, aber vor allem günstigen Gebrauchtwagen.

Gebrauchtwagen-Börsen in Namibia
www.namcars.net
www.cars.com.na

Neben der Suche nach dem passenden Fahrzeug muss allerdings auch einige Zeit für die Um- und Anmeldung eingeplant werden.

Folgende grundsätzlichen Dinge sind dabei zu beachten:

- Im Südlichen Afrika gibt es keinen Kfz-Brief, sondern eine Eigentümer-Urkunde (*Certificate of Registration*), welche den aktuellen Besitzer ausweist.
- Im Südlichen Afrika gibt es eine Art TÜV-Abnahme (*Roadworthy Certificate*), welche die Fahrtauglichkeit des Fahrzeugs sicherstellt. Diese Fahrzeugüberprüfung wird allerdings nur bei einem Besitzerwechsel eingefordert. Da der Pkw-Besitzer später keine weiteren TÜV-Abnahmen mehr benötigt, können Fahrzeuge in sehr schlechtem Zustand zum Verkauf angeboten werden. Darum kann man erst nach dieser Überprüfung sicher sein, nicht die Katze im Sack gekauft zu haben. Die technische Überprüfung wird von NaTIS (*Namibia Traffic Information System*) durchgeführt und ist vergleichbar mit dem deutschen TÜV (www.natisnamibia.com).
- Nach erfolgreicher technischer Abnahme wird auch die eigentliche Um- bzw. Anmeldung bei NaTIS vorgenommen. Dazu muss der neue Autobesitzer bei NaTIS geführt werden bzw. angemeldet sein (*Traffic Register Number Certificate*). Für diese Registrierung ist offiziell ein namibischer Ausweis oder ein internationaler Reisepass mit langfristiger Aufenthaltsgenehmigung, ein Nachweis einer namibischen Wohnanschrift und ein Passbild vorzulegen. In der Vergangenheit war eine Anmeldung als Tourist durchaus noch möglich, mittlerweile scheint die Überprüfung der Daten und Personen strenger geworden zu sein. Einen Ausweg bietet da nur noch die Anmeldung über eine namibische Vertrauensperson.
- Neben dem Autobesitzer muss auch das Fahrzeug selbst registriert werden. Diese kostenpflichtige Registrierung muss jährlich erneuert werden. Als Belege erhält man eine *Motor Vehicle License* und eine *License Disc*, die von innen an der Windschutzscheibe befestigt werden muss.
- Bei der Um- bzw. Anmeldung des Fahrzeuges ist auch der Kaufvertrag vorzulegen, der die Übergabe des Fahrzeuges rechtlich absichert. Nach dem Kauf stehen 21 Tage zur Verfügung, um das Fahrzeug umzumelden.
- Am Ende dieses längeren Prozederes hält man dann hoffentlich als Besitzurkunde das *Certificate of Registration* in seinen Händen.
- Fehlt nur noch die Versicherung! Generell gibt es im Südlichen Afrika keine Versicherungspflicht, eine Kfz-Haftpflichtversicherung ist im Gegensatz zu Deutschland freiwillig. Allerdings ist jedem Autofahrer im Südlichen Afrika eine Haftpflichtversicherung dringend angeraten.

  Es gibt drei Typen von Versicherungspolicen für Autofahrer in Namibia:

  - **third party property damage**
    Diese Kfz-Haftpflichtversicherung ist beschränkt auf Sachschäden, die man mit seinem eigenen Fahrzeug an einem anderen Fahrzeug oder am Eigentum eines anderen verursacht. Schäden am eigenen Fahrzeug werden nicht abgedeckt. Diese Form der Haftpflichtversicherung wird in Namibia

und Südafrika über den Benzinpreis in einen Fond eingezahlt, aus denen dann Personenschäden bezahlt werden.

- **third party, fire and theft insurance**
  Zur Kfz-Haftpflichtversicherung kommen hier noch Schäden durch Diebstahl des eigenen Fahrzeugs sowie durch Feuer.
- **comprehensive insurance**
  Diese Vollkasko-Versicherung deckt (fast) alles ab, von Unfallschäden und Diebstahl des eigenen Fahrzeugs über selbst verschuldete und unverschuldete Schäden am Fahrzeug des Unfallgegners bis zu Kosten für Fahrzeugbergung und Abschleppen.

Wem das Prozedere des Autokaufs in Namibia als zu umständlich und kompliziert erscheint, der sollte sich bewusstmachen, dass auch beim möglichen Wiederverkauf Zeit und Nerven investiert werden müssen. Die Kaufabwicklung beim großen Nachbarn Südafrika läuft in ähnlicher Weise ab. Für Südafrika spricht allerdings der viel größere Automobilmarkt.

16.2 Verschiffung

Kein Mietfahrzeug kann die Behaglichkeit des eigenen, auf die persönlichen Belange ausgerichteten Reise- und Wohnmobils ersetzen. Zudem ist es nicht leicht einzusehen, Geld für einen Mietwagen auszugeben, während der eigene Camper ungenutzt vor der Haustür steht. Allerdings ist natürlich auch der Transport nach und von Namibia mit z. T. erheblichen Kosten verbunden. Für den Transport des eigenen Fahrzeuges ins Südliche Afrika kommen der lange, abenteuerliche Landweg oder eine Verschiffung in Frage. Vieles spricht dann für eine Verschiffung, die auf folgende Art und Weise möglich ist.

Sogenannte RoRo-Schiffe (von englisch *roll on/roll off*) transportieren nur bewegliche Ladung (z. B. Pkw oder Lkw), die auf das Schiff gefahren bzw. gerollt werden kann. RoRo-Schiffe haben hierzu Bug-, Seiten- oder Heckluken, durch welche die Ladung über Rampen an Bord gefahren wird. Auch die einzelnen Decks sind befahrbar und zudem mit höhenverstellbaren Decken ausgestattet, um den Laderaum flexibler und effizienter nutzen zu können. RoRo-Schiffe sind teure Spezialanfertigungen, deren Kapazität im Überseedienst über 8000 Fahrzeuge betragen kann – bei über 200 Meter Außenlänge und 14 Ladedecks. Die Vorteile des RoRo-Verfahrens liegen in der kurzen Umschlagzeit, einem schonenden Ladungsumschlag, der einfachen Hafeninfrastruktur und der Flexibilität in der Ladungszusammensetzung. Die Frachtkosten für eine Verschiffung mit einem RoRo-Schiff setzen sich aus dem Volumen des Fahrzeuges und der jeweiligen Frachtrate zusammen. Hinzu kommen noch weitere Kosten für Speditions-

und Hafengebühren (im Heimathafen und am Zielort), Zoll (Zielort) und etwaige Treibstoffzuschläge der Reederei.

Die Erfahrungen anderer Reisenden und Reedereien berichten bei der Verschiffung mit RoRo-Schiffen immer wieder von Diebstählen am und im Fahrzeug, das ja offen zugänglich auf einem der Decks steht. Ein besonders hohes Risiko besteht dabei wohl bei der direkten Verschiffung nach Namibia, was vermutlich daran liegt, dass diese Schiffe auf dem Weg mehrfach in Westafrika halten. Die bessere, sichere Variante dazu ist demnach die Verschiffung nach Südafrika, da bei dieser Verbindung zuvor keine westafrikanischen Häfen angelaufen werden. Bei der Verschiffung nach Südafrika kann das Fahrzeug inkl. Campingausrüstung und persönlichen Sachen wie Kleidung verschifft werden, muss aber „blickleer“ sein. Das bedeutet, dass das Ladegut Stauräumen und Schränken verstaut sein muss.

Seefahrt in schweren Zeiten

Die Kriege und Krisen der letzten Jahre beeinflussen auch die internationale Seefahrt stark. Die Preise für Frachtraten und Nebenkosten (z.B. Treibstoff) sind explodiert und liegen z.T. deutlich über dem Niveau der Vorjahre.

Erschwerend hinzu kommt noch, dass die Reedereien Schiffe nach Asien abgezogen haben.

Bei Interesse an einer RoRo-Verschiffung empfiehlt sich der Kontakt zu Seabridge aus Düsseldorf: www.seabridge-tours.de

Die andere Variante, das eigene Fahrzeug nach Afrika zu verschiffen, ist ein Containertransport. Dabei erfolgt die Verschiffung in einem Container auf einem speziellen, meist riesigen Containerschiff. Innerhalb des verplombten Containers sind die Fahrzeuge besser geschützt und gesichert. Je nach Fahrzeuggröße und Größe des angemieteten Containers kann die Hälfte oder der gesamte Container nach freiem Belieben gepackt werden. Private Habseligkeiten und die gesamte Ausrüstung können im Container innerhalb oder außerhalb des Fahrzeugs mit auf die Reise gehen. Das Fahrzeug und der Container können so gepackt werden, dass die Reise am Bestimmungsort eigentlich sofort losgehen kann.

Die für Fahrzeugtransporte üblicherweise verwendeten Container sind entweder 20-Fuß- oder 40-Fuß-Container, deren Außenmaße wie folgt sind:
Der Transport von genormten Containern ist im internationalen Seehandel und generell in der internationalen Wirtschaft nicht mehr wegzudenken. Bereits im Jahr 2009 wurden weltweit ca. 90 Prozent der Nicht-Schüttgutfracht in Contai-

nern und auf Frachtschiffen transportiert. Große Schiffe von über 400 Metern Außenlänge transportieren heutzutage über 15.000 Container (TEU). Ein Hafen wie Hamburg schlägt in einem guten Jahr fast 10 Mio. Container um. Die unglaubliche Anzahl an Containern auf den Weltmeeren wird durch eine Vielzahl von Reedereien und Speditionen in Bewegung gehalten.

Container-Größe	Länge	Breite	Höhe	max. Tragfähigkeit
20-Fuß	20 Fuß 6,1 m	8 Fuß 2,44 m	Halbhöhen-Container: 4 Fuß/1,22 m High Cube Container: 9 Fuß 6 Zoll/2,92 m	22 t
40-Fuß	40 Fuß 12,2 m	8 Fuß 2,44 m	Halbhöhen-Container: 4 Fuß/1,22 m High Cube Container: 9 Fuß 6 Zoll/2,92 m	27 t

Die „Caravan Shippers GmbH“ aus Hamburg verschifft Fahrzeuge im 20- oder 40-Fuß-Container von Hamburg oder Bremerhaven nach Walvis Bay oder Südafrika. www.caravan-shippers.com

Neben der Art der Verschiffung und der Wahl eines Spediteurs bzw. Reeders müssen auch die jeweiligen Häfen gewählt werden. Für die Aufgabe des Fahrzeugs bieten sich neben den deutschen Häfen Hamburg und Bremerhaven auch die benachbarten Häfen in den Benelux-Staaten an. Wenn mehrere Häfen innerhalb einer Region zusammengefasst werden, spricht man in der Schifffahrt von „Range“. Die bedeutendste Hafenrange in Europa ist die Nordrange, auch Hamburg-Antwerpen-Range genannt, inklusive der Häfen Hamburg, Bremerhaven/ Bremen, Amsterdam, Rotterdam, Antwerpen. Bei den Containerhäfen ist die bedeutendste europäische Hafenrange die ZARA-Range, bestehend aus Zeebrugge, Antwerpen, Rotterdam, Amsterdam. Als Zielort in Namibia kommt nur der große internationale Hafen von Walvis Bay in Betracht. Allerdings finden sich in Südafrika weitere mögliche Orte der Anlieferung und Weiterfahrt, so z. B. Kapstadt, Port Elizabeth oder Durban. Diese Qual der Wahl geht einher mit der gewählten Reiseroute und der zur Verfügung stehenden Zeit in Afrika.

Greift man nicht auf ein Komplettangebot einer Spedition zurück, entstehen bei der Einfuhr des Fahrzeuges weitere Kosten wie z. B. Abladegebühr, Transportgebühr zum Parkplatz, Parkplatzgebühr usw. Oft wird man auch nicht darum herumkommen, eine örtliche Agentur mit der Einfuhr zu beauftragen, um den zeitlichen und bürokratischen Aufwand nicht ausufern zu lassen. Generell können

Touristen ihr Fahrzeug zollfrei und ohne Erfüllung technischer Vorschriften ins Südliche Afrika einführen. Grundlage dazu ist allerdings das sogenannte *Carnet de Passages* (*en Douanes*). Dieses Zoll- und Grenzdokument ist wie ein Reisepass für das Fahrzeug und erlaubt die vorübergehende zollfreie Einfuhr eines Fahrzeuges. Das *Carnet de Passages* ist ein Jahr lang gültig und kann während seiner Gültigkeitsdauer zur Einreise in mehreren Ländern eingesetzt werden. Außerdem garantiert dieses Dokument dem Gastland, dass das Fahrzeug wieder ordnungsgemäß ausgeführt wird.

Speditionen und Reedereien, die Fahrzeuge und Container nach Afrika verschiffen

Speditionen
Transhanseatic, Hamburg: www.transhanseatic.de
Walther Landgraf GmbH, Hamburg: www.walther-landgraf.de
Transworld Cargo, Windhoek: www.transworldcargo.net

Reedereien
Hellmann, Osnabrück: www.hellmann.net
MACS, Hamburg: www.macship.com
Höegh Autoliners, Norwegen: www.hoeghautoliners.com
Wallenius Wilhelmsen Logistics, Schweden/Norwegen: www.2wglobal.com
Maersk, Dänemark: www.maersk.com

Wer sein Fahrzeug mit viel Aufwand in sein Traumland gebracht hat, hegt meist den Wunsch, das Fahrzeug länger als ein Jahr vor Ort zu nutzen. Allerdings darf man offiziell sein Fahrzeug im Fernreiseland nicht einfach allein stehen lassen, während man auf „Heimaturlaub" ist. Im Südlichen Afrika (vor allem in Namibia und Südafrika) sind schätzungsweise etwa 2000 Fremdfahrzeuge untergebracht und warten auf ihre jährlichen Einsätze. Die übliche Praxis ist es allerdings noch, das Fahrzeug in einem der Länder des Südlichen Afrika zu parken, während man sich wieder für gewisse Zeit im Heimatland befindet. Man sollte aber wissen, dass man sich dabei grundsätzlich in einer rechtlichen Grauzone bewegt.

Wer zwischen den einzelnen Urlauben wieder nach Hause fliegt, für den ist die sichere Unterbringung des Fahrzeuges von zentralem Interesse. In Namibia lebt inzwischen ein ganzer Wirtschaftszweig von der Unterbringung ausländischer Fahrzeuge. Verschiedene Gästefarmen und Lodges sowie Speditionsfirmen haben sich auf die sichere Einlagerung von Fahrzeugen und Equipment spezialisiert.
Sollte die Situation eintreten, dass das Fahrzeug zu alt und einfach verbraucht ist oder nicht mehr den eigenen Bedürfnissen entspricht, wäre eine Option der

Carnet de Passages (en Douanes)

Das *Carnet de Passages* wird von nationalen Automobilclubs ausgestellt, die Mitglieder im internationalen *Carnet*-System AIT (*Alliance International de Tourisme*) und der FIA (*Federation Internationale de l'Automobile*) sind. In Deutschland wird das *Carnet* vom ADAC ausgestellt. Dabei muss eine Kaution hinterlegt werden für den Fall, dass das Fahrzeug nicht ordnungsgemäß ausgeführt oder verzollt wird. Dann nämlich ist der entsprechende Automobilclub verpflichtet, die z. T. horrenden Strafzölle zu bezahlen. Aus diesem Grund stellt der jeweilige Automobilclub das *Carne*t nur dann aus, wenn er vom Fahrzeughalter eine Sicherheitsleistung besitzt. Dies kann durch Hinterlegung eines Kautionsbetrages oder als Bankbürgschaft geschehen. Derzeit liegen die Kosten für ein *Carnet de Passages* beim ADAC bei 250 EUR für Mitglieder und 350 EUR ohne Mitgliedschaft (Stand: Mai 2023). Die jeweilige Kaution richtet sich nach dem Reiseland, dem Fahrzeugtyp und dem Zeitwert des Fahrzeugs.

Das *Carnet* wird auf eine Person und für ein Fahrzeug ausgestellt und ist somit nicht auf eine andere Person oder auf ein anderes Fahrzeug übertragbar. Im Südlichen Afrika ist das *Carnet de Passages* in folgenden Ländern absolut erforderlich: Botswana, Lesotho, Malawi, Namibia, Südafrika, Swasiland. Für weitere Länder wie Simbabwe und Sambia wird die Mitnahme des Dokuments empfohlen.

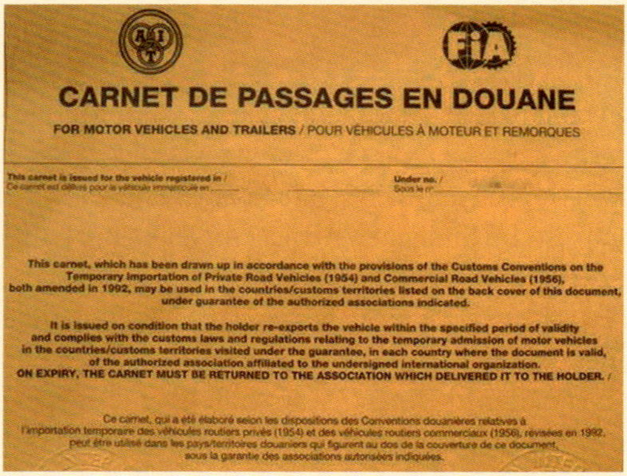

Beim ADAC, aber auch in Südafrika und Namibia, gibt es die Möglichkeit, das *Carnet* einmal um ein weiteres Jahr zu verlängern. Nach zwei Jahren muss das Fahrzeug allerdings für drei Monate aus dem Land bzw. der Zollunion des Südlichen Afrika herausgebracht und in ein Nachbarland (z. B. Simbabwe, Sambia oder Mosambik) gefahren werden. Eine Zollunion besteht im Südlichen Afrika zwischen den Staaten Südafrika, Botswana, Namibia, Swasiland und Lesotho. Das ganze Prozedere darf zweimal wiederholt werden, so dass die Fahrzeuge offiziell vier Jahre im Land verbleiben dürfen.

Verkauf des Fahrzeuges vor Ort. Was privat und unter der Hand (z. B. an andere europäische Fernreisende) u. U. gelingt, ist offiziell verboten. In der südafrikanischen Zollunion ist die Einfuhr von Linkslenkern definitiv ausgeschlossen. Vielfach spielt auch das Fahrzeugalter eine Rolle. Des Weiteren muss erst ein Käufer gefunden werden, der neben dem Fahrzeugpreis auch noch die hohen Zollgebühren zahlen möchte. Wenn das Fahrzeug mit *Carnet* behaftet ist, ist eine Rückerstattung der Kaution nur mehr möglich, wenn das Fahrzeug in Deutschland wieder vorgeführt wird. Ein Rücktransport des Fahrzeuges in sein Heimatland wäre dafür also notwendig.

Langzeit-Unterstellmöglichkeiten in Namibia

Airport Jagd- & Gästefarm: in der Nähe des Hosea Kutako Airport, www.airportfarm-namibia.com/d-fahrzeug-unterstand.html

Ondekaremba: in der Nähe des Hosea Kutako Airport, www.elitours.de/autostellplatz

Trans Kalahari Inn: zwischen Flughafen und Windhoek, www.transkalahari-inn.com/things-to-do

Teil 4
Reisen in Namibia

Je weiter man dem Horizont entgegen fährt,
umso größer wird der eigene Horizont!

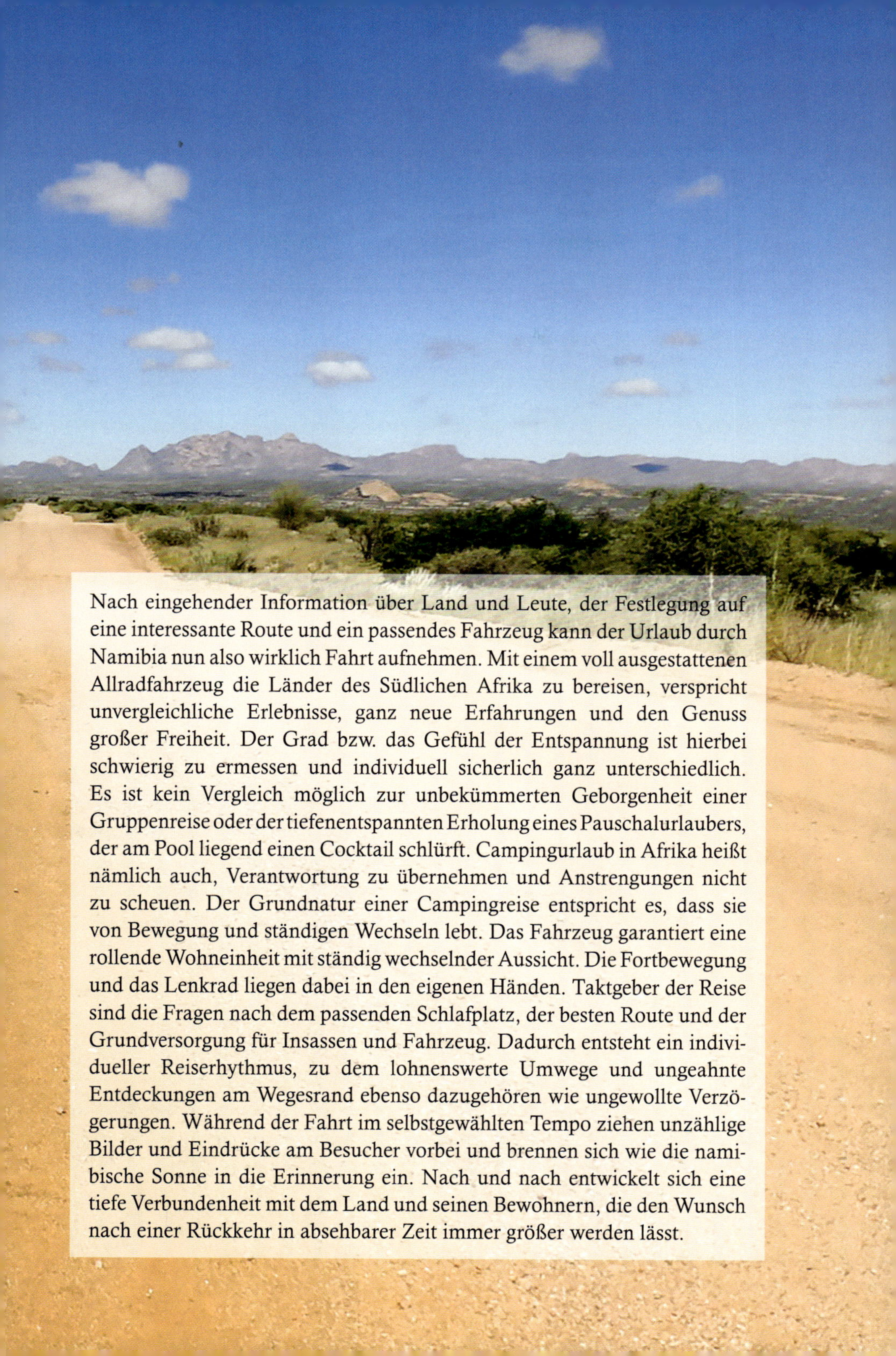

Nach eingehender Information über Land und Leute, der Festlegung auf eine interessante Route und ein passendes Fahrzeug kann der Urlaub durch Namibia nun also wirklich Fahrt aufnehmen. Mit einem voll ausgestattenen Allradfahrzeug die Länder des Südlichen Afrika zu bereisen, verspricht unvergleichliche Erlebnisse, ganz neue Erfahrungen und den Genuss großer Freiheit. Der Grad bzw. das Gefühl der Entspannung ist hierbei schwierig zu ermessen und individuell sicherlich ganz unterschiedlich. Es ist kein Vergleich möglich zur unbekümmerten Geborgenheit einer Gruppenreise oder der tiefenentspannten Erholung eines Pauschalurlaubers, der am Pool liegend einen Cocktail schlürft. Campingurlaub in Afrika heißt nämlich auch, Verantwortung zu übernehmen und Anstrengungen nicht zu scheuen. Der Grundnatur einer Campingreise entspricht es, dass sie von Bewegung und ständigen Wechseln lebt. Das Fahrzeug garantiert eine rollende Wohneinheit mit ständig wechselnder Aussicht. Die Fortbewegung und das Lenkrad liegen dabei in den eigenen Händen. Taktgeber der Reise sind die Fragen nach dem passenden Schlafplatz, der besten Route und der Grundversorgung für Insassen und Fahrzeug. Dadurch entsteht ein individueller Reiserhythmus, zu dem lohnenswerte Umwege und ungeahnte Entdeckungen am Wegesrand ebenso dazugehören wie ungewollte Verzögerungen. Während der Fahrt im selbstgewählten Tempo ziehen unzählige Bilder und Eindrücke am Besucher vorbei und brennen sich wie die namibische Sonne in die Erinnerung ein. Nach und nach entwickelt sich eine tiefe Verbundenheit mit dem Land und seinen Bewohnern, die den Wunsch nach einer Rückkehr in absehbarer Zeit immer größer werden lässt.

ALLIANCE MEDIA

17. Ankunft in Namibia

Hosea Kutako International Airport (HKIA)

17. Ankunft in Namibia

Willkommen in Namibia

Ihren ersten Fuß auf namibische Erde setzen die meisten, noch schläfrigen Touristen auf die Rollbahn des Hosea Kutako International Airport, ca. 40 Kilometer von Windhoek entfernt. Nach einem langen, anstrengenden Flug müssen sich die Augen zunächst einmal an die meist strahlend-grelle Sonne gewöhnen. Viel gibt es auch erst einmal nicht zu sehen: Das Umfeld des Flughafens wird geprägt durch eine flache Dornbusch-Savanne, in welcher der lange, graue Asphaltgürtel der Rollbahn liegt. Da es auf dem Hosea Kutako International Airport (noch) keine Fluggastbrücken (*finger*) oder Vorfeldbusse gibt, werden die Fluggäste vom Flugzeug über das Vorfeld bis hin zu den flachen Flughafengebäuden geleitet. Diese ersten Schritte empfinden Körper und Kreislauf nach der passiven Zeit im Flieger als sehr wohltuend, wenn auch die vorherrschende Wärme ungewohnt erscheint. Viel zu früh und noch auf dem Vorfeld kommt der Strom der Touristen allerdings schon wieder zum Stehen. Vor dem Eingang zur Einwanderungsbehörde (*Ministry of Home Affairs, Immigration, Safety and Security,* www.mhaiss.gov.na) bildet sich zumeist eine lange Schlange. Die Kontrolle der Reisedokumente geschieht an drei verschiedenen Schaltern, die sich um namibische Staatsbürger, Einwohner der Entwicklungsgemeinschaft des Südlichen Afrika (*SADC*) und weitere Ausländer kümmern. Erfahrungsgemäß stammen die meisten Fluggäste nicht aus dem Südlichen Afrika, außerdem erfordert die Kontrolle dieser Exoten eine höhere Aufmerksamkeit. Das Resultat ist eine lange Reihe aus ungeduldigen Touristen.

Seit dem Jahre 2025 benötigen viele Nationalitäten ein kostenpflichtiges Visum für den Aufenthalt in Namibia – so auch Deutsche, Österreicher und Schweizer.

Die Kosten für das Visum betragen ca. 1600 NAD. Man kann das Visum im Vorfeld online beantragen (eVisa) (namibia-evisa.com/registation) oder bei der Einreise am Flughafen klarmachen (Visa on Arrival). In beiden Fällen ist ein Aufenthalt bis zu 90 Tagen in Namibia möglich. Auch Multiple Entry Visa sind erhältlich und lohnen sich z. B. bei grenzüberschreitenden Rundtouren.

Nachdem man nun also auch offiziell das Land betreten hat, gelangt man mit den anderen Touristen in den Nachbarraum – der Gepäckausgabe. Wie auf allen Flughäfen darf auch hier meist noch etwas Zeit eingeplant werden. Ist das Reisegepäck komplett und die Gepäckkontrolle überstanden, gleitet man in den öffentlich zugänglichen Bereich des Flughafens bzw. die „Ankunftshalle" über. Wie der gesamte Flughafen, so ist auch dieser Bereich sehr überschaubar und wird dominiert von bunten Schaltern der Wechselstuben und der internationalen Autovermieter.

Shuttle: Hosea Kutako Airport – Windhoek

Preis pro Person: ab 300 NAD

Beispiel für Anbieter:
Tok Tokkie Shuttles, Tel.: +264-61-300743, Mob.: +264-811-275285, www.shuttlesnamibia.com

Wird man von seinem Reiseveranstalter bzw. -leiter, seiner Unterkunft oder seinem Autovermieter am Flughafen erwartet, sollte man auf die hochgehaltenen Schilder achten und nach seinem eigenen Namen Ausschau halten. Für die Weiterreise nach Windhoek bieten sich aber auch Taxis oder Busshuttles an, die vor Ort oder auch schon von Zuhause aus gebucht werden können.

Flüge von Deutschland nach Namibia

South African Airways (SAA)	www.flysaa.com/de_DE
Qatar Airways	www.qatarairways.com
Ethiopian Airlines	www.ethiopianairlines.com/AA/DE/
KLM	www.klm.com/de
Lufthansa	www.lufthansa.com
British Airways	www.britishairways.com
SWISS	www.swiss.com/de/de
Emirates	www.emirates.com
Discover	www.discover-airlines.com
Austrian Airlines	www.austrian.com
Condor	www.condor.de

18. Abholung des Fahrzeugs

Fahrzeugabholung am Hosea Kutako International Airport

18. Abholung des Fahrzeugs

Je nach Ankunftszeit des Fliegers und weiterem Reiseplan stellt sich die Frage, ob der Mietwagen noch am selben Tag oder lieber am nächsten Tag abgeholt werden soll. Durch die große Vorfreude auf die Reise und die begrenzte Urlaubszeit ist die Versuchung jedoch enorm hoch, unmittelbar nach der Landung in den Mietwagen zu steigen und mit der Erkundung des Landes zu beginnen. Wer der Versuchung nicht widerstehen kann, sollte seine Flugzeiten zuvor unbedingt mit den Öffnungszeiten des Vermieters abstimmen. Eine geplante Ankunftszeit von ca. 14 Uhr scheint zunächst ausreichend, um in aller Ruhe zum Depot des Vermieters zu gelangen. Allerdings vergessen viele Urlauber, vor allem jene, die das erste Mal nach Afrika reisen, die mitunter zeitintensiven Einreiseprozeduren am Flughafen. Nur wenige Mietwagenstationen befinden sich in oder am Hoesa Kutako Airport. Die Mehrheit der Unternehmen hat ihren Sitz im 40 Kilometer entfernten Windhoek, was Transitzeiten von 30 bis 45 Minuten zur Folge haben kann. Die Übergabe eines Campingfahrzeugs verläuft zudem nicht so schnell wie die eines normalen Miet-Pkw. Bis das Fahrzeug samt Ausrüstung erklärt und verstanden ist, kann es bis zu zwei Stunden dauern.

Auch wenn sich der Jetlag aufgrund der geringen Zeitverschiebung in Grenzen hält, spricht auch die körperliche und geistige Verfassung nach einem derart langen und anstrengenden Flug nicht gerade dafür, sofort in den afrikanischen Straßenverkehr zu springen. Mit schlappem Körper und müdem Geist sollte weder ein kautions- und versicherungsbehafteter Mietvertrag (bei der Autovermietung) abgeschlossen werden, noch die ersten Kilometer in einem fremden Straßenverkehr zurückgelegt werden. Außerdem erfordert das Fahren auf der „falschen" Seite eine erhöhte Aufmerksamkeit. Gerade für den Erstbesuch in Namibia ist es daher ratsam, erst einmal im Land anzukommen. Trotz aller kolonialen Geschichte ist Namibia ein afrikanisches Land, das mit einer Vielzahl an Sprachen und Kulturen, ungewöhnlichen Gebräuchen und anderen Gesetzen bzw. Normen versehen ist. Es ist sicherlich kein Fehler, fürs Erste ein Gefühl für die nun neuen Lebensumstände zu bekommen, ganz in Ruhe mit dem Kennenlernen des namibischen Umfeldes zu beginnen, um Land und Leuten die Möglichkeit zu geben, sich vorzustellen.

Fahrzeugabholung am Hosea Kutako Internationa Airport

Die Hauptstadt Windhoek mit ihren rund 350.000 Einwohnern bietet eine geradezu perfekte Bühne. Die Stadt bietet zunächst einmal alles, was Touristen in den ersten Stunden nach der Ankunft benötigen. Windhoek stellt für den privaten Sektor die zentrale Handels- und Wirtschaftszone dar. Eine Vielzahl an Hotels und Gästehäusern kann die Besucher aus aller Welt aufnehmen, verschiedene Restaurants sorgen für die körperliche Stärkung und traditionelle Märkte und moderne Einkaufszentren lassen kaum Shopping-Wünsche offen. Die wenigen kulturellen oder architektonischen Besonderheiten lassen sich gut am ersten Tag „abarbeiten“, und für das Sightseeing vor Ort braucht man noch kein eigenes Fahrzeug.

TIPP

Für den Erstbesucher Namibias (oder für eine Einwegmiete) lautet der Rat also wie folgt:
Erst einmal einen Tag bzw. eine Nacht in Windhoek bleiben, ankommen in Namibia und dann am nächsten Tag mit gestärkten Kräften das Mietfahrzeug vom Vermieter abholen.

Willkommen in der Mietstation

Die erste Übernachtung in Windhoek sollte unbedingt im Vorhinein, d. h. von zu Hause aus über das Internet reserviert und gebucht werden. Während der touristischen Hochsaison im europäischen Sommer werden die Betten selbst in Windhoek knapp. Mit dem Namen und der Adresse der Unterkunft in der Hand wird man von seinem Airport-Shuttle sicher und direkt zur entsprechenden Lokalität gebracht. Nachdem das Gepäck im Zimmer verstaut und eine erste Dusche genommen ist, ergibt sich alles Weitere (Mahlzeiten etc.) dann meist ganz einfach und schnell vor Ort.

Nach einer erholsamen Nacht in Windhoek kann am nächsten Vormittag das Fahrzeug beim Autovermieter abgeholt werden. Die meisten Unternehmen bieten einen Shuttleservice von der Unterkunft zur Mietstation an. Je nach gewähltem Anbieter bzw. Tarif ist dieser Service kostenfrei. Soll die Reise mit dem Mietwagen sofort nach der Fahrzeugübernahme losgehen, muss natürlich das gesamte Gepäck mit zum Vermieter genommen werden.

Sowohl für die Abholung an der Unterkunft als auch für die Abholung des Fahrzeugs an der Mietstation werden im Vorfeld feste Termine vereinbart, um eine reibungslose Abwicklung zu gewährleisten. Aber gerade in der Hochsaison im Juli und August kann es bei der Abholung und Abgabe des Fahrzeuges zu Verspätungen kommen. Schuld daran ist die Vielzahl an Fahrzeugen, die innerhalb von wenigen Tagen oder Stunden ihren Mieter wechseln.

Große Auswahl an Campingfahrzeugen

Das Ambiente der Mietwagenstationen hat nichts mit den oft kühlen und durchgestylten Stationen in Europa zu tun, vielmehr geht es rustikal bis gemütlich zu. Genauso locker und leger ist die Stimmung innerhalb der Stationen, was hilft, die eigene (An-)Spannung und Nervosität zu mindern. Schließlich geht es um das rollende Zuhause für die nächsten Wochen. Doch bevor das Zuhause samt seinen Insassen ins Rollen gerät, ist ein wenig Geduld erforderlich. Für die Abholung eines Campingfahrzeugs sollte man für die vertragliche Abwicklung und eine technische Einweisung rund zwei Stunden einplanen. Englisch gilt als Verkehrssprache in den Mietstationen. Fahrzeugpapiere und Vertragsunterlagen sind in Englisch verfasst. Einige Mietwagenunternehmen sind jedoch deutschstämmig geführt, viele Anbieter beschäftigen zudem deutschsprachige Mitarbeiter. Das macht

Werkstattbetrieb an einer Mietstation

die Vertragsabwicklung und die anschließenden technischen Erläuterungen natürlich leichter verständlich und fördert die Kundenbindung. Schließlich bilden deutschsprachige Kunden die Mehrheit unter den namibischen Automietern. Schon bei Reservierung und Buchung kann man beim E-Mail-Verkehr die jeweiligen Sprachfertigkeiten der Vermieter testen.

Die Abholung eines Mietfahrzeuges läuft in der Regel immer nach demselben Schema ab. Einen ersten optischen und akustischen Eindruck dazu kann man sich einholen unter: www.bwana.de/autovermittlung/fahrzeug-informationen-portal/fahrzeuguebernahme-in-namibia.html .

Unterzeichnung des Mietvertrages und Bezahlung

Der eigentliche Mietvertrag wird erst vor Ort mit dem Vermieter geschlossen, auch wenn das Fahrzeug bei einem Reiseveranstalter in der Heimat gebucht wurde. Ein Mitarbeiter geht mit dem Fahrer die Details der Miete durch und verweist auf die geltenden Mietbedingungen (*Terms & Conditions*). Diese werden in der Regel nicht noch einmal ausführlich erläutert. Der Mieter erhält ein Exemplar der Mietbedingungen zur eigenen Durchsicht. Sollten dabei Fragen oder Unklarheiten auftreten, sollten diese unbedingt angesprochen und geklärt werden. Etwaige (englisch-)sprachliche Ausdrucksprobleme dürfen dabei kein Hinderungsgrund sein. Denn mit seiner Unterschrift unter Vertrag und Mietbedingungen akzeptiert der Mieter diese und ist danach für etwaige Verstöße und Schäden verantwortlich und haftbar. Also lieber einmal mehr nachfragen, als unwissend zu unterschreiben.

Neben der Unterschrift fordern die Vermieter ebenfalls die Vorlage von Reisepass und Führerschein ein. Mitunter verleihen die Vermieter ihre Fahrzeuge auch bei Vorlage des nationalen bzw. EU-Führerscheins. Offizielle Stellen wie z. B. die Polizei sowie Versicherungen akzeptieren hingegen nur den Internationalen Führerschein. Nur der Internationale Führerschein (in Verbindung mit dem nationalen oder EU-Führerschein) gilt im Südlichen Afrika als offizieller Beleg für die Fahrtauglichkeit. Neben dem Mieter müssen alle weiteren eingetragenen Fahrer den Mietvertrag unterschreiben und ihre Ausweisdokumente vorlegen.

Nach der Unterzeichnung der Mietunterlagen kommt das leidige Thema der Bezahlung auf den Tisch. Als Zahlungsmittel haben sich im internationalen Mietwagengeschäft Kreditkarten immer mehr durchgesetzt. Daneben sind aber auch Zahlungen übers Internet (z. B. *PayPal* etc.) oder Banküberweisungen möglich. Den größten Posten auf den Rechnungen macht die Miete des Fahrzeuges aus, die sich aus der Mietdauer und dem Tagespreis ergibt. Eventuell hat der Mieter bereits bei der Buchung schon eine Anzahlung geleistet. Der Restbetrag muss vor Ort zusammen mit dem noch nachträglich reservierten Zusatzequipment und etwaigen Zusatzformularen (z. B. zur Grenzüberschreitung) extra

Namibische Mietstation

beglichen werden. Letztlich müssen auch noch die gewählte Versicherungsstufe und damit einhergehend die Höhe der Kaution abgedeckt werden. Die Kaution wird auf der Kreditkarte geblockt oder direkt abgebucht.

Die bisher gesammelten Unterlagen wie Mietvertrag, Grenzüberschreitungs-Permits und die Zahlungsbelege sollten gut und sicher aufgehoben werden. Die meisten Autovermieter übergeben diese in speziellen Mappen, in denen sich des Öfteren auch noch kostenloses Karten-material befindet (für Windhoek und das gesamte Namibia).

Kontrolle des Fahrzeugs

Liegt der meist nervige, aber notwendige Papierkram erst einmal hinter einem, kommt es zum handfesteren und anschaulicheren Teil, nämlich der eigentlichen Fahrzeugübergabe. Der erste Schritt am Mietwagen selbst ist die Kontrolle des Fahrzeugs auf Schäden hin. Das betrifft sowohl das Äußere des Fahrzeugs (Karosserie etc.) als auch den Innenraum des Wagens (Sitze, Bezüge etc.). Die bisherigen Schäden am Wagen wie z. B. große, grobe Kratzer und Beulen werden auf einem speziellen Fahrzeugbogen (*car check*) aufgenommen. Dabei bitte nicht wundern: kleinere, flache Kratzer im Lack werden erst gar nicht aufgenommen, da sie gerade bei Campingfahrzeugen zum natürlichen Verschleiß einfach dazugehören. Neu entstandene kleine Kratzer werden somit nach der Rückgabe auch nicht beanstandet. Der Fahrzeugbogen muss vom Mieter nach einer Rundumansicht des Wagens unterzeichnet werden und gilt fortan als Übergabebeleg. Nach der Rückgabe des Wagens wird das Fahrzeug auf der Grundlage dieses Fahrzeugbogens auf mögliche neue Schäden untersucht. Beim Durchchecken des Fahrzeuges sollte auf folgende Dinge besonders geachtet werden:

Außenhaut des Fahrzeuges:

- Sind Fahrzeugteile und Karosserie unbeschädigt?
- Sind die Reifen in Ordnung (Profil, Schäden, Luftdruck etc.)?
- Wo sitzen die Ersatzräder? Wie ist deren Zustand?
- Passt das Ersatzrad zum restlichen Reifensatz?
- Evtl. nach zweitem Ersatzreifen fragen!

Sollte man mit dem Zustand der Reifen nicht zufrieden sein, sollte man so lange diskutieren, bis die Reifen gewechselt werden. Reifen sind insofern ein leidiges Thema, als dass bei einer Reifenpanne in der Regel der Mieter haftet. Weniger seriöse Vermieter lassen sich auf Kosten gutgläubiger Kunden gerne abgefahrene Reifen sanieren. Neuwertige Reifen oder spezielle Reifentypen z. B. für Expeditionen können jedoch auch beim Vermieter vorbestellt werden.

Innenraum:

- Ist die Inneneinrichtung unbeschädigt?
- Geht der Zigarettenanzünder?
  (Er dient als Stromversorgung z. B. für das Navigationsgerät.)
- Funktionieren die Scheibenwischer und die Scheibenwaschanlage?
- Funktionieren Scheinwerfer, Blinker und Bremsleuchten?
- Wo sitzen die Sicherungen?
- Und wo befinden sich mögliche Ersatzsicherungen?
- Wo befinden sich Wagenheber, Warndreieck, Werkzeug, Erste-Hilfe-Kasten usw.?
- Wo befindet sich die Betriebsanleitung bzw. das Handbuch des Fahrzeugs?
- Funktioniert das Radio, der CD-Player etc.?
- Lassen sich alle Fenster öffnen und schließen?

Einweisung in das Fahrzeug

Manche Vermieter haben für die Fahrzeugübergabe spezielle Videos vorbereitet, die Details des Fahrzeuges und (Sicherheits-)Hinweise zum Fahren in Namibia zeigen. Dies ersetzt allerdings nicht die persönliche Einweisung in das Fahrzeug. Ein fachkundiger Mitarbeiter des Unternehmens erklärt ausführlich und hoffentlich verständlich alle technischen Details und alle Dinge, die direkt mit dem Fahrzeug zu tun haben.

Fahrzeug:

- Wo befinden sich die Ersatzräder?
- Wie bekommt man die Ersatzräder vom Fahrzeug?
- Wie bekommt man die Ersatzräder ans Auto?
- Wie funktionieren die Wagenheber etc.?
- Wie öffnet sich die Tankklappe?
- Wie öffnet sich die Motorhaube?
- Welche Dinge liegen wo im Motorraum?
- Wo befinden sich die zwei Batterien?
- Wo befindet sich der Zugang für Motoröl, Kühlmittel und Scheibenwischer-Flüssigkeit?
- Wie funktioniert der Allrad-Antrieb?

Daran anschließend erfolgt eine ebenfalls ausführliche Demonstration der Campingausstattung. Da es bei dieser Einführung auf Minuten nicht ankommt, sollten alle Fragen und Unklarheiten vor Ort geklärt werden. Das liegt im Interesse sowohl des Mieters als auch des Vermieters.

Camping-Equipment:

- Wie funktioniert der Kühlschrank?
- Wo befindet sich das Kabel für eine externe Stromversorgung?
- Ist die Ausstattung an Geschirr und Besteck vollzählig und unbeschädigt?
- Wie benutzt man die Gasflasche ordnungsgemäß?
- Sind die geliehenen Campingmöbel intakt und funktionsfähig?
- Wo befindet sich Auslauf und Einfüllstutzen des Brauchwassertanks?
- Ist die Bettwäsche-Ausstattung vollständig?
- Wie funktioniert der Auf- und Abbau des Dachzeltes?
- Wo befinden sich die Utensilien dazu?
- Lassen sich alle Fenster und Türen öffnen und schließen (samt Moskitonetz)?
- Wie packe ich die Ausrüstung am besten in den Rückraum des Fahrzeuges?
- Ist die bestellte und bezahlte Zusatzausrüstung (z. B. Kindersitze) im Fahrzeug?

Die endlose Weite Namibias wartet.

Natürlich kann man mit dem vom Vermieter bereitgestellten Fahrzeug auch eine kleine Probefahrt auf dem Hof der Mietstation machen, um vor allen die Technik des Fahrzeugs bei laufendem Motor zu überprüfen.

Fahrtest:

- Springt der Motor ohne Probleme an?
- Funktioniert der Gangwechsel ohne Probleme?
- Funktioniert der Wechsel zwischen Zweiradantrieb und Allradantrieb ohne Probleme?
- Funktionieren die Bremsen?
- Zieht der Motor beim Losfahren?
- Fährt das Fahrzeug geradeaus, wenn man das Lenkrad kurz loslässt?
- Quietscht oder klappert das Wohnmobil beim Fahren oder beim Bremsen?
- Kommt blauer Qualm aus dem Auspuff?

19. In und um Windhoek

Windhoek: Downtown

N 23451

19. In und um Windhoek

Nachdem beim Autovermieter alle Details geklärt wurden und das vollgetankte Fahrzeug entgegen- und abgenommen wurde, rollt man zufrieden, aber auch etwas nervös mit dem künftigen Wegbegleiter vom Hofe. Der Urlaub kann nun also wirklich Fahrt aufnehmen. Die ersten Kilometer sollte man es aber lieber etwas ruhiger angehen lassen, vor allem konzentriert. Es gilt, sich an den ungewohnten Linksverkehr zu gewöhnen und mit dem lokalen Verkehr anzufreunden. Windhoek als größte und wichtigste Stadt des Landes wartet natürlich auch mit dem höchsten Verkehrsaufkommen auf. Verglichen mit einer europäischen Stadt derselben personellen Größe (über 350.000 Einwohner) wirkt der hiesige Verkehr gemütlich bis beschaulich, wenn auch bisweilen etwas unorganisiert.

Es gibt zwei Gründe, warum man dieses bunte Treiben in Namibias Hauptstadt in den ersten Stunden nicht verlassen sollte: Zum einen gibt es sicherlich noch die ein oder anderen Besorgungen und Einkäufe zu tätigen – und dafür wird man keine größere Auswahl finden als in Windhoek –, zum anderen könnte die räumliche Nähe zum Autovermieter von Vorteil sein. Denn nicht selten werden bei der Fahrzeugübergabe wichtige Details oder Fragen vergessen oder es fehlen Teile der gewünschten und georderten Campingausrüstung. Auch hörbare oder spürbare Mängel bzw. Fehlfunktionen beim Fahren können schon auf den ersten Kilometern auftreten. Auch wenn im ersten Moment sicherlich nicht alle Mängel auffallen,

Zum Glück nur einmal im Jahr: Karneval in Windhoek

ist die Bereitschaft und die Möglichkeit einer Rückkehr zum Vermieter in der Anfangszeit am größten. Zwar erleidet die Vorfreude dadurch gewiss einen kleinen Dämpfer, doch – auf die Länge der Reise gesehen – lohnt sich eine schnelle und reibungslose Klärung der Probleme. Der Ärger und die Unsicherheit werden mit zunehmender Entfernung von der Mietwagenstation eher nur größer. Außerdem ist der Mieter verpflichtet, dem Vermieter etwaige Mängel und Schäden am Fahrzeug unverzüglich zu melden. Wer erst nach einer Woche oder am Tag der Rückgabe darauf hinweist, wird es schwer haben, auf Wiedergutmachung zu pochen.

19.1 Sightseeing in Windhoek

Die namibische Hauptstadt Windhoek liegt im sogenannten Windhoeker Becken, dem annähernd geografischen Mittelpunkt des Landes, eingefasst zwischen den Eros-Bergen im Osten, den Auas-Bergen im Süden und dem Khomas-Hochland im Westen und Norden. Die Ausläufer der anliegenden Bergregionen formen in der Stadt ein facettenreiches Bild aus kleinen Hügeln und sanften Tälern, wodurch sich die Stadt – gemessen an ihrer überschaubaren Einwohnerzahl – auf einer relativ großen Fläche ausbreitet. Die lange, hügelige Anfahrt vom 40 Kilometer entfernten Hosea Kutako Airport gibt darauf schon einen Vorgeschmack.

Die namibische Hauptstadt wird von den meisten Touristen nur als notwendige Station zu Beginn und am Ende ihrer Rundfahrt durch das Land eingeplant. Obwohl Windhoek das wirtschaftliche, politische und kulturelle Zentrum des Landes bildet, ist der touristische Reiz im Vergleich zu den anderen namibischen Höhepunkten doch recht überschaubar. Andererseits besteht der Reiz Namibias nicht nur in der Natur, sondern auch in seiner ethnisch und kulturell heterogenen Bevölkerung. Um sich selbst ein Bild von der Stadt und ihren Einwohnern zu machen, reichen ein bis zwei Tage vollkommen aus; zumeist verbringt man diesen Zeitraum ohnehin schon durch An- und Abreise bzw. Abholung und Rückgabe des Mietwagens in Windhoek.

Das Stadtbild Windhoeks ist gerade im Umbruch, da es in den letzten Jahren einen regelrechten Bauboom gab, der bis heute anhält. Die übersichtliche Innenstadt besitzt nur noch wenig historische Bausubstanz, kann dafür aber nun mit modernen Einkaufszentren, Hotels und Regierungsgebäuden aufwarten. Im Grunde genommen lassen sich die touristisch interessanten Ecken der Innenstadt problemlos per pedes erlaufen, seit Sommer 2017 gibt es aber auch einen roten Minibus, der nach dem weltweit bekannten Hop-on-Hop-off-Prinzip funktioniert und auch Punkte außerhalb der Innenstadt anfährt.

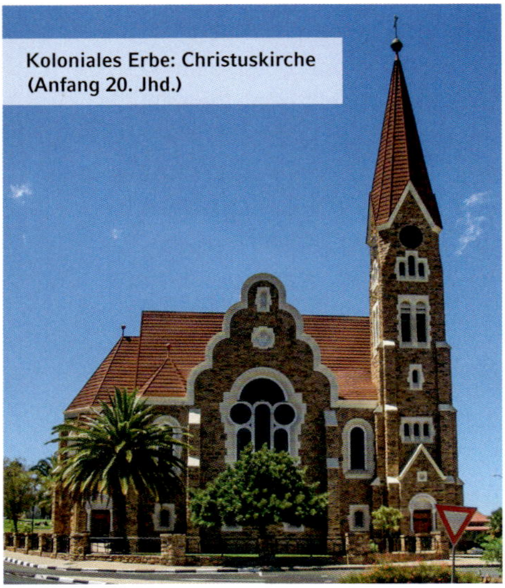

Koloniales Erbe: Christuskirche (Anfang 20. Jhd.)

Die Independence Avenue ist ein gutes Beispiel für den architektonischen Wandel innerhalb der Stadt. Wie so viele Straßen und Orte hatte auch die Haupt- und Einkaufsstraße Windhoeks vormals einen anderen, deutschen Namen – bis 1990 hieß sie noch Kaiserstraße. Nutzt man die Independence Avenue und einige ihrer umliegenden Straßen zum Flanieren und Verweilen, erhält man ein gutes Bild vom modernen namibischen Leben. Geschäftiges Treiben herrscht in Banken und Ministerien, entspannter geht es da in Restaurants und Cafés zu. Speziell auf die Bedürfnisse von Touristen abgestimmt sind Souvenir- bzw. Safarishops und ein großer Kunsthandwerkmarkt (*Namibia Craft Centre, www.namibiacraftcentre.com*) in der Talstraße, der ersten Parallelstraße zur Independence Avenue, der typisch namibische und afrikanische Kunst aus Holz, Leder, Knochen, Baumwolle und anderen Werkstoffen anbietet. Zwar sind die

Namibia Craft Centre

meisten Angebote mit einem Preis versehen, allerdings lässt sich über diesen noch reden, gerade wenn man mehrere Stücke auf einmal abnimmt. Das angeschlossene Café lädt zum Verweilen ein und dient als verdienter Lohn nach gelungener Shoppingtour.

Allabendliche Frage: Windhoek oder Tafel?

Dass man im Südlichen Afrika gerne isst und trinkt, spiegelt sich in der Anzahl und Vielfalt von Restaurants, Cafés und Bars wider. Der beste Platz, um die letzten Sonnenstrahlen über den Dächern Windhoeks zu genießen, ist vermutlich die *Roof Top Bar* des 2014 eröffneten *Hilton Hotels*. Zu den festen Institutionen in Windhoek gehört sicherlich *Joe's Beerhouse* (*www.joesbeerhouse.com*). Die erste Nacht in Windhoek und der erste Abend in Namibia bieten die erste Gelegenheit, sich den lokalen Speisen und Getränken zu widmen. Dank der deutschen Geschichte verfügt Namibia über ausgezeichnete Biere, die nach dem deutschen Reinheitsgebot gebraut werden. Aus Südafrika kommen exzellente Rot- und Weißweine und deren Brände (d. h. Brandy). Auf den Menükarten wird man sehr viel Fleisch in allen Variationen sehen: Neben Rind, Lamm, Fisch und Meeresfrüchten wird natürlich auch viel Wild (*game*) serviert: Kudu, Springbock, Elan- und Oryxantilope, auch Zebra, Krokodil, Warzenschwein oder Strauß kommen hier auf den Tisch und den Teller. Derart verwöhnt sollte man gestärkt sein für die anstehenden Aufgaben und Abenteuer und den Eintritt in die zivilisationsfernen Gebiete des Landes.

TIPP: Taxis in Windhoek

Nach Sonnenuntergang wird es auf den Straßen in Windhoek sehr ruhig und einsam. Da sich aber die ein oder andere zwielichtige Gestalt dann immer noch herumtreibt, wird von nächtlichen Spaziergängen abgeraten. Für den Weg zum oder vom Restaurant sollte deshalb der Service eines professionellen Ruf-Taxis in Anspruch genommen werden, auch wenn die Preise in der Nacht oft dem Doppelten des Tagespreises entsprechen. Aktuelle Empfehlungen über vertrauenswürdige Taxiunternehmen gibt es an der Rezeption der Unterkunft oder im Restaurant.

Bei Tag, mit wenig Gepäck bzw. Wertsachen und für kürzere Strecken kann auch gerne einmal ein lokales Taxi ausprobiert werden. Diese Taxis können direkt vom Straßenrand aus geordert werden – ein positives, aufforderndes Handzeichen genügt.

TIPP: Augen auf, Taschen zu!

Obwohl Namibia als eines der sichersten Länder Afrikas gilt und die Kriminalitätsrate relativ gering ist, kommt es in letzter Zeit und vor allem in der Hauptstadt Windhoek immer häufiger zu Diebstählen und Überfällen. Auch Touristen werden zum Opfer, da sie speziell in den ersten Stunden bzw. Tagen die Situation und Realität vor Ort nicht richtig einschätzen können.

Bei Rundgängen durch die Innenstadt sollte man auf seine Wertgegenstände samt Kamera achten bzw. möglichst an einem sicheren Ort lassen wie z. B. der Unterkunft. Das Fahrzeug gehört nicht zu den auf- und einbruchssicheren Orten. Darum sollten auch keine Wertgegenstände offen sichtbar im Fahrzeug liegen gelassen werden. Bei kürzerem oder längerem Abstellen des Autos auf öffentlichen Parkplätzen sollte man das Fahrzeug einem der Parkplatzwächter anvertrauen. Sie bieten zwar auch keinen hundertprozentigen Schutz, aber verringern zumindest das Einbruchsrisiko. Bei Stadtdurchfahrten sollten während der Fahrt die Türen und Fenster geschlossen sein.

Warnung in Windhoek!

Sollte doch etwas gestohlen werden, meldet man sich beim nächsten Polizeirevier. Dort bekommt man einen Polizeibericht mit einer Vorgangsnummer, die benötigt wird, um bei der Versicherung den Schaden einzureichen.

Katutura

Das Wort *katutura* entstammt der Sprache der Herero und bedeutet so viel wie „der Ort, an dem wir nicht leben möchten“. Katutura ist der Name einer Vorstadt Windhoeks, die in den 1950er-Jahren im Rahmen der südafrikanischen Apartheidspolitik zur Rassentrennung entstanden ist (*township*). Heutzutage leben über 50.000 Schwarze unter z. T. einfachsten Bedingungen hier. Viele Hilfsorganisationen versuchen mit einer Vielzahl an Projekten das Leben vor Ort angenehmer zu gestalten. Um sich eine Meinung darüber zu erlauben und einige der Projekte und Shops vor Ort zu unterstützen, eignet sich ein geführter Besuch in Katutura.

TIPP: Von Trophäen und Fellen

Die Jagd und der Jagdtourismus spielen in Namibias Wirtschaft und Geschichte eine große Rolle. Jährlich werden gut 500 Millionen NAD durch die Jagd auf Wildfarmen generiert, ca. 15.000 Jobs in Namibia sind von der Jagd direkt oder indirekt abhängig. Ein Blick hinter die Kulissen dieser Branche ist in Windhoek möglich und durchaus gewünscht. Zwischen Innenstadt und Flughafen liegt ein sog. *Taxidermy & Curio Shop (www.trophaendienste.com)*. Neben dem Erwerb von allerhand Jagdtrophäen und anderen Souvenirs gibt es hier die Möglichkeit, sich über die Behandlung und Verarbeitung von Jagdtrophäen zu informieren.

Fast schon ein Wahrzeichen von Windhoek: die „Stadtmusikanten" der Trophäendienste

Bei Namibias größter Pelz- und Ledermanufaktur *Nakara* kann ebenfalls ein Blick sowohl auf den Produktionsablauf als auch auf die fertigen Produkte gelegt werden (*www.nakara-namibia.com*).

19.2 Erledigungen und Einkäufe

Bevor man die große Metropole Windhoek verlässt, ist es sinnvoll, noch einmal die Vorzüge der Zivilisation in vollen Zügen auszukosten. Dazu gehört sicherlich der unproblematische und schnelle Zugang zu Bargeld, Lebensmitteln und Outdoor-Ausrüstung.

„Fliegende" Zeitungsverkäufer in Windhoek

Eine Reise durch Namibia sollte man mit einer gut gefüllten Geldbörse beginnen. An nur wenigen Stellen im Land kann man durchgehend per Karte bezahlen; an den meisten Tankstellen im Land wird man nur gegen Bargeld Kraftstoff erhalten. Deshalb sollte man sich schon in Windhoek eine kleine Reisekasse aus Namibischen Dollar (NAD) zurechtlegen. Den Dollar

Nur Bares ist Wahres!

erhält man im Tausch gegen Euros (1 EUR = ca. 20 NAD, Stand 5/2023) oder Reiseschecks in Wechselstuben oder Banken, leichter und schneller allerdings mit Karte an diversen Geldautomaten (ATM). Diese finden sich in Banken, Einkaufszentren und an den großen Tankstellen. Die Geldautomaten spucken nur Banknoten aus, die es im Wert von 10, 20, 50, 100 und 200 NAD gibt. Daneben sind Dollar- und Cent-Münzen gebräuchlich. Hundert Cent ergeben einen Namibischen Dollar. Münzen gibt es in den Werten 5, 10, 50 Cent, 1 und 5 NAD. Der Südafrikanische Rand (ZAR) wird als gleichwertig gegenüber dem Namibischen Dollar behandelt (Wechselkurs: 1:1) und wird als zweite Währung akzeptiert. Es kann also durchaus vorkommen, dass einmal aus einem Geldautomaten Dollar und Rand herauskommen.

Südafrikanische Rand sind bei Einheimischen und Geschäftsreisenden beliebter, weil sie in beiden Ländern (Namibia und Südafrika) eingesetzt werden können. Der Namibische Dollar wird hingegen nicht in Südafrika akzeptiert und ist somit nur in Namibia gültig. Wer sich schon vor der Reise mit ausländischen Devisen eindecken möchte, sollte auf den Südafrikanischen Rand (ZAR) zurückgreifen, da der Namibische Dollar (NAD) nur bei wenigen Banken in Deutschland erhältlich ist. Zwar dürfen Devisen unbegrenzt eingeführt werden, allerdings müssen sie ab einem Gegenwert von 100.000 NAD deklariert werden.

TIPP: Rückerstattung der Mehrwertsteuer: *tax refund*
Auf namibische Waren wird eine Mehrwertsteuer von 15 Prozent erhoben (VAT = *value-added tax*). Bei Einkäufen über 250 NAD kann diese Mehrwertsteuer am Ende der Reise am Hosea Kutako Airport zurückerstattet werden.

Der Großraum Windhoek wartet mit einer ganzen Palette an Supermärkten und Einkaufszentren (*malls*) auf, so dass dem Shopping-Vergnügen ausgiebig gefrönt werden kann – zumal hier die Bezahlung mit Karte kein Problem darstellt. Gerade die großen Einkaufszentren der Stadt bieten sich für den ersten Großeinkauf an, weil hier an einem Standort direkt mehrere Dinge nacheinander erledigt bzw. besorgt werden können. Derzeit besitzt Windhoek drei große Einkaufszentren:

- Wernhil Park (in der Innenstadt): www.wernhil.com
- Maerua Mall (im Süden): www.maeruamall.com
- The Grove Mall (im Süden): www.thegrovemallofnamibia.com

Camper-Herz, was willst bzw. brauchst Du mehr!?

Das älteste Einkaufszentrum der Stadt ist der in der Innenstadt gelegene *Wernhil Park*. Er eignet sich für einen ersten, schnellen Besuch und um sich einen Überblick zu verschaffen. Aufgrund der Verkehrssituation rund um den *Wernhil Park* und der allgemeinen Sicherheitslage (Fahrzeugaufbrüche und Taschendiebe) sollte der Großeinkauf für die Reise in einer anderen *mall* stattfinden. Die *Maerua Mall* mit dem angeschlossenen *SPAR*-Supermarkt galt über viele Jahre für viele Einheimische und Gäste als die Einkaufsgelegenheit schlechthin. Die neue, 2015 eingeweihte *Grove Mall* hat der *Maerua Mall* mittlerweile den Rang abgelaufen. Dieser Einkaufstempel gilt als größtes Einkaufszentrum Afrikas außerhalb Südafrikas und ist das sechstgrößte Bauprojekt in Namibia seit der Unabhängigkeit 1990.

In den verschiedenen Einkaufszentren finden sich auch gut ausgestattete Sport- und Outdoorläden, in denen man die eigene Ausrüstung noch weiter ausbauen oder verfeinern kann. Ein Besuch dieser Läden lohnt auch ohne konkreten Bedarf auf alle Fälle, einfach um das eigene Spektrum zu erweitern und von den südafrikanischen Meistern der Outdoor-Ausrüstung ein wenig zu lernen. So ein Überblick im klimatisierten Laden erspart manch staunenden, ungläubigen Blick auf dem Campingplatz.

Ausrüstungsläden in Windhoek bzw. Namibia

CYMOT	www.cymot.com
agra Safari Den	www.safariden.com.na/
Outdoor Warehouse	www.outdoorwarehouse.co.za/ store-locator/
Bushwhackers	www.nambush.com

Verleih von Camping-Ausrüstung

Adventure Camping Hire	www.camping-hire-namibia.com
Camping Hire Namibia	www.campinghirenamibia.net

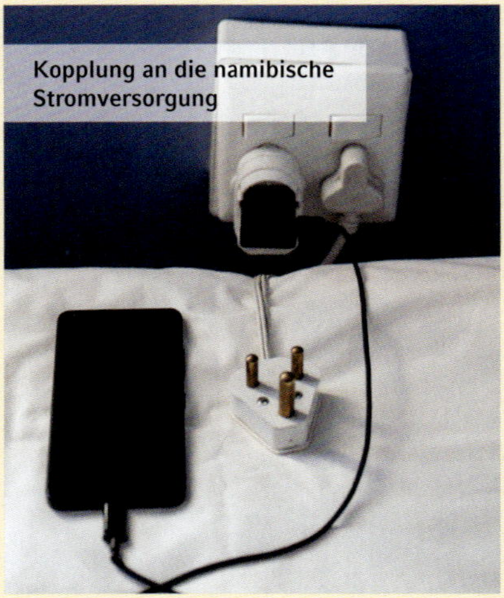

Kopplung an die namibische Stromversorgung

Stromversorgung

Namibias Netzspannung (220 Volt, 50 Hertz) entspricht zwar der in Mitteleuropa, verbreitet sind aber dreipolige Stecker und Steckdosen, die mit europäischen Systemen nur durch einen Adapter verbunden werden können. Entweder man bringt von Zuhause einen entsprechenden Reiseadapter mit oder besorgt sich diesen kostengünstig direkt in Namibia. In den meisten namibischen Supermärkten und Elektrogeschäften kann ein solcher Adapter erworben werden.

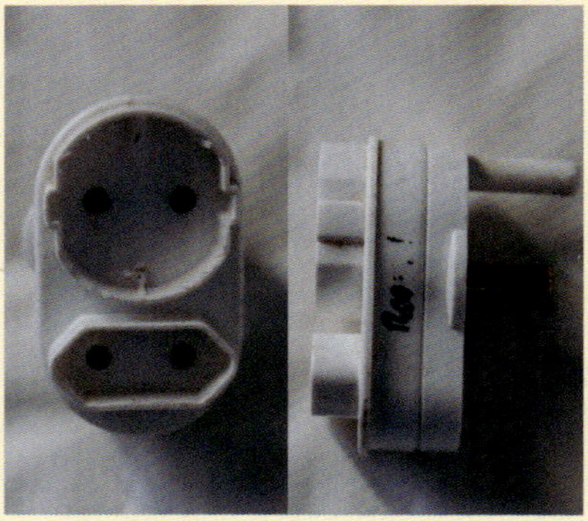

Batterieentsorgung

Viele technische Geräte kann man nicht mittels Strom und Akku mit Energie versorgen, sondern muss auf handelsübliche Batterien zurückgreifen. Deren sachgerechte Entsorgung war seit Jahren ein großes Problem in Namibia, so dass dem umweltfreundlichen Touristen nichts anderes übrigblieb, als die leeren Batterien in Europa zu entsorgen. Seit Mitte 2017 stehen immer mehr Batterie-Container in ausgewählten Supermärkten (Pick n Pay) in Windhoek und Swakopmund.

Das eigentliche Augenmerk sollte bei der ersten großen Shopping-Tour allerdings auf den Besuch eines Supermarktes und die notwendigen Einkäufe für den Beginn des Camping-Urlaubs gelegt werden. Namibia bietet eine Fülle an Supermärkten, die im Preis und im Warenangebot (z. T. deutsche Waren) variieren.

Die Innenausstattung und das Angebot der Supermärkte unterscheiden sich indes kaum von dem deutscher Supermärkte. Schnell wird man auch in den Supermärkten die starke Abhängigkeit vom großen Nachbarn Südafrika bemerken. Da viele Pflanzen in Namibia nicht kultiviert und dementsprechend bestimmte Waren im Land nicht produziert werden können, werden sie aus Südafrika importiert; das gilt vor allem für Obst und Gemüse. Selbstversorger ist Namibia beim Fleisch, das in großer Vielfalt und Fülle angeboten wird. Es ist sicherlich keine Übertreibung, wenn man Namibia als karnivores Land bezeichnet.

Welches Fleisch(stück) hätten Sie denn gerne?

Aufgrund des oft sehr günstigen Wechselkurses liegen die Preise generell unter dem europäischen Niveau. An den Kassen kann sowohl bar als auch mit Karte bezahlt werden. Hoffentlich muss man bald auch landesweit für die bisher verschwenderisch ausgegebenen Plastiktüten bezahlen. Erste Initiativen wurden z. B. in Swakopmund gestartet. Die unökologischen Plastiktüten können nach dem Einkauf anderweitig wiederverwendet werden, z. B. als Mülltüten für den beim Camping aufkommenden Müll. Eine andere, wenn auch aufwendigere Möglichkeit besteht darin, sich statt der Plastiktüten große Pappkartons geben zu lassen. Diese eignen sich besser, um im Fahrzeug die Ordnung zu behalten, und können bei einem der abendlichen Lagerfeuer restlos verbrannt werden. Für welche Variante man sich auch entscheidet, der helfende und packende Mitarbeiter sollte mit einem Dankeschön in Form eines kleinen Trinkgelds (ca. 0,50 NAD) bedacht werden.

An der Kasse

Supermarkt-Ketten in Namibia

SPAR	www.spar.co.za/Store-Finder?province=11
SHOPRITE und Checkers	www.shoprite.com.na/store-locator.html
Pick n Pay	www.pnp.co.za/pnpstorefront/pnp/en/store-locator

Deutsche Supermärkte wie *ALDI* oder *LIDL* haben den Schritt ins Südliche Afrika bisher noch nicht gewagt. Allerdings bieten die *SPAR*-Supermärkte in Namibia eine breite Palette an deutschen Produkten. Darüber hinaus besitzen die großen *SPAR*-Supermärkte ein angeschlossenes Restaurant und eine Bäckerei mit deutschen Teigwaren. Man muss also selbst im Urlaub nicht auf seine angestammten Essgewohnheiten verzichten. Aber ist es nicht umso reizvoller, lokale Gebräuche und Spezialitäten auszuprobieren, wie z. B. Biltong!?

Biltong: Ein namibischer Snack

Biltong (von niederländisch bil = Keule und tong = Zunge) ist eine Spezialität der südafrikanischen und namibischen Küche. Das luftgetrocknete Rind- oder Wildfleisch ist bis zu zwei Jahre lang haltbar und war ursprünglich als „eiserne Ration" für lange Wagentrecks gedacht. Das für Biltong verwendete Fleisch wird mit einer Würzmischung aus braunem Zucker, Koriander und Pfeffer eingerieben und mit Essig beträufelt, anschließend zugedeckt und sechs bis acht Stunden kaltgestellt. Hängend wird das Fleisch dann ein bis zwei Wochen luftgetrocknet, bis es fast die Hälfte seines ursprünglichen Gewichts verloren hat. Danach wird es in Wachspapier eingewickelt und kühl aufbewahrt.

Biltong – luftgetrocknetes Fleisch

Rusks, der namibische Dauerkeks

TIPP: Einkaufsliste für den ersten Einkauf

- kleine Menge Biltong zum Probieren (größere Mengen sind dann bei speziellen Biltong-Läden verfügbar!)
- Wasser (mindestens 2-3 Liter pro Person täglich; mindestens 10 Liter pro Person als Notration)
- Getränke: Milch, Saft, Softdrinks etc.
- südafrikanischer Wein / namibisches Bier
- Salz und Pfeffer (kleine Streuer)
- Zucker (möglichst in kleinen Tüten)
- Öl
- Instant-Kaffee, (Rooibos-)Tee, Kakao
- (Toast-)Brot
- Müsli oder Cornflakes
- süßer Aufstrich (Marmelade, Honig, Nutella etc.)
- Käse, Margarine, Butter, Butro
- Reis, Nudeln
- langlebiges, frisches Obst und Gemüse (z. B. Äpfel, Kartoffeln, Zwiebeln, Kürbis: Butternut, Squash etc.)
- Obst und Gemüse in Dosen
- Ketchup, Senf, Chutney
- fertiges Tütenessen (Tütensuppen, Instant Noodles etc.)
- süße Snacks (Müsliriegel, Kekse, Rusks usw.)
- salzige Snacks (Chips, Cracker, Nüsse etc.)
- ein Paket Feuerholz (möglichst Kameldornbaum)
- Streichhölzer
- Toilettenpapier
- feuchtes Toilettenpapier bzw. Hygienetücher
- Klarsichtfolie, Alufolie
- Spültücher, Wischlappen, Schwamm, Spülmittel

20. „Auf Pad!"

Zur Rast in Solitaire

Discoverer
HB 35 HY GP

20. „Auf Pad!“

Am Ende des Weges wartet die Spitzkoppe

Mit gefülltem Tank und Kühlschrank sowie den Einkäufen für die nächsten Tage im Gepäck kann das Abenteuer Namibia beginnen. Je kleiner die städtischen Umrisse Windhoeks im Rückspiegel werden, umso mehr tritt das Gefühl von Freiheit und Weite ein. Die tägliche Flexibilität in der Ausgestaltung der Reise und die Möglichkeit des Eintauchens in lokale Gepflogenheiten charakterisieren eine Selbstfahrerreise durch das Südliche Afrika. Es dauert ein wenig, bis man den heimischen Alltag und das enge, wenn auch behagliche Korsett der Zivilisation abstreifen und sich dem Rhythmus der afrikanischen Landschaften hingeben kann. Dabei ist das Reisen im Südlichen Afrika nicht mit dem Transitverkehr auf europäischen Autobahnen zu vergleichen; Art und Zustand der vorhandenen Straßen drosseln den Vorwärtsdrang z. T. erheblich. Auf den allgegenwärtigen Schotterstraßen tut man gut daran, sich an gesetzte Geschwindigkeitsbegrenzungen und andere Verkehrsregeln zu halten; von nächtlichen Fahrten sollte gänzlich abgesehen werden. Realistisch betrachtet, ergeben sich dadurch tägliche Fahrtstrecken von maximal 300 bis 400 Kilometern. Die Strecken- und Tagesplanung sollte aber dennoch immer so flexibel sein, um für kleine und große Entdeckungen am Wegesrand, notwendige und nützliche Umwege, längere Pausen oder eine Panne Freiräume zu lassen.

20.1 Der Weg ist das Ziel

Erheblichen Einfluss auf den Tagesverlauf haben die am Wegesrand lauernden touristischen Höhepunkte und die potenziell interessanten Fotomotive. Anders als in Europa dreht es sich im Südlichen Afrika dabei weniger um historische

Gebäude oder anderweitige Kulturschätze wie z. B. Schlösser oder Museen. Die große Bühne gehört hier vielmehr der unberührten Natur, die sich dem interessierten Besucher in beeindruckenden Landschaftsformationen und einer großen Vielfalt an Wildtieren offenbart. Big Five statt Big Apple! Die wahren Sehenswürdigkeiten des Landes befinden sich demnach nicht in Städten oder großen Ballungsräumen, sondern in den dünn besiedelten, nicht kultivierten Landesteilen, in Nationalparks oder Hegegebieten (conservancies). Offizielle Straßen und Wege durchziehen diese Regionen und sind somit eben auch für den passionierten Selbstfahrer zu entdecken und zu erreichen. Derart können Orte angesteuert werden, die sonst nur mit einer geführten Tour oder gar nicht erreichbar wären. Diese ganz speziellen Örtlichkeiten finden selten den Weg in die gängigen Reiseführer oder einschlägigen Internetforen; vielmehr erwarten sie den Selbstfahrer entlang der Strecken oder werden von Einheimischen oder anderen Reisenden vor Ort empfohlen.

Vieles lässt sich auf einer Selbstfahrertour durch das Südliche Afrika auch einfach nicht planen, sondern ist abhängig vom Glück, zur rechten Zeit am richtigen Platze zu sein. Gerade bei Safaris und Tierbeobachtungen lassen sich Art und Häufigkeit von Sichtungen weder garantieren noch voraussagen. Die

Eines der wenigen historischen, nationalen Monumente: Rheinische Missionskirche in Otjimbingwe (1867 errichtet)

Hauptaktivitätszeit der Tiere lässt sich zwar auf die kühlen Stunden zwischen Abenddämmerung und Morgengrauen eingrenzen; die dunklen Nachtstunden fallen aber für Nachtfahrten aufgrund der erhöhten Unfallgefahr von vornherein weg. Neben diesen Zeiten präferieren die verschiedenen Tierarten auch bestimmte Aufenthaltsorte: Flusspferde lassen sich natürlich nur an oder im Wasser beobachten; sie verbringen den Tag im Wasser liegend und gehen nachts an Land auf Nahrungssuche. Leoparden gehen zumeist in der Dunkelheit der Nacht auf die Jagd und ruhen am Tage im Schatten von Bäumen oder Felsen.

Flamingos in der Bucht von Walvis Bay

Auch wenn man die Lebensweise der Tiere und auch die direkten Hinweise von Einheimischen oder anderen Touristen berücksichtigt, lassen sich Sichtungen von Wildtieren niemals mit Sicherheit planen. Ort, Zeit und Anzahl von Tierbewegungen unterliegen natürlichen Abläufen – frei von menschlicher Beeinflussung. Das Auftauchen von Wildtieren gleicht oftmals einem Roulettespiel, das neben Freude auch Frust verursachen kann, wenn beispielsweise spektakuläre Tiersichtungen um wenige Minuten verpasst wurden. Gerade in den großen Schutzgebieten des Südlichen Afrika dürfen Wildtiere noch weitestgehend frei und wild leben und den ihnen gebotenen Freiraum ausnutzen. Nationalparks und Wildtiere existieren nicht aus einem touristischen Selbstzweck heraus. Gerade in Namibia besitzt man beste Gelegenheiten, Wildtiere auch außerhalb der großen Schutzgebiete erblicken zu können. Es heißt also einfach, die Geduld zu bewahren und die Augen offen zu halten.

Da verhält es sich mit Landschaftselementen wie z. B. Gesteinsformationen oder Sanddünen bedeutend einfacher. Ihr Gesamteindruck bleibt durch Unbeweglichkeit und vermeintliche Unveränderlichkeit länger erhalten und kann ausgiebig betrachtet und inspiziert werden. Da lohnt der ein oder andere Extra-Stopp, um das Objekt der Begierde aus allen Blickwinkeln oder bei unterschiedlichen Licht- und Schattenverhältnissen ablichten zu können. Routen durch ansprechende Landschaften gelten weltweit als touristische Höhepunkte, da die schönere Kulisse das Fahr- und Reisevergnügen um ein Vielfaches erhöht.

Oft werden Tiersichtungen und landschaftliche Höhepunkte schon weit im Voraus durch eine Traube an Fahrzeugen angezeigt. Derart kann man sich auf den Stopp und das vermeintliche Erinnerungsfoto vorbereiten und vor allem den anderen Verkehrsteilnehmern seine Absichten signalisieren. Bei plötzlich auftauchenden Tieren sollte man tunlichst nicht in Panik und Fotodruck geraten, sondern auch dabei den umgebenden Straßenverkehr im Auge behalten.

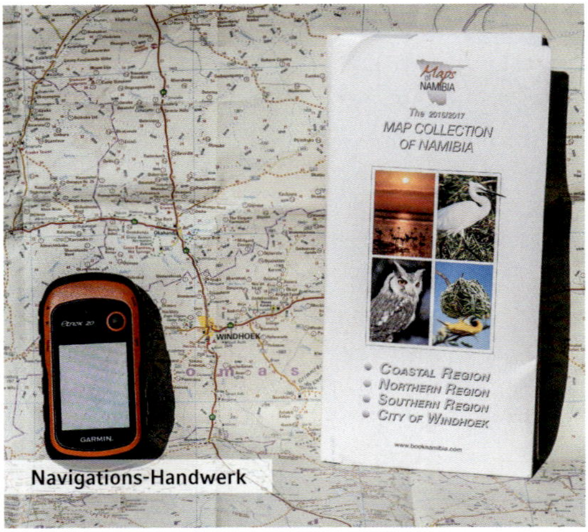

Navigations-Handwerk

20.2 Navigation

Anders als viele Tiere besitzt der Mensch nicht die angeborene Fähigkeit, sich in der freien Natur zu orientieren und Wege über längere Strecken hinweg fehlerfrei zu bestimmen. Für die Bestimmung der Himmelsrichtung und die Navigation von Punkt A zu Punkt B sind wir auf Hilfsmittel angewiesen.

Der Standard unter den Orientierungshilfen im Südlichen Afrika sind nach wie vor Land- bzw. Straßenkarten. Das Angebot an Karten ist vielfältig und reicht von länderübergreifenden Karten bis zur regionalen Detailkarte (z. B. eines Nationalparks). Es gibt z. T. große Unterschiede in Größe, Material, Maßstab, Faltung oder Bindung der Karten. Brauchbare Karten bekommt man zumeist von den Autovermietern gestellt. Weitergehendes und genaueres Kartenmaterial findet man im namibischen oder deutschen Buchhandel oder im Internet.

Namibischer Schilderwald

In Namibia fängt die Navigation eigentlich mit der exzellenten Beschilderung der Straßen im Lande an. In den Ortschaften trägt jede Straße ein Schild mit dem Namen der Straße – in vielen Fällen erinnern diese Namen noch an die deutsche Kolonialgeschichte. Brücken tragen ein Schild mit dem Namen des überquerten (Trocken-) Flusses. Und natürlich besitzt auch jede Überlandstraße in Namibia eine erklärende Beschilderung. Findet sich nicht die Richtung bzw. der Zielort der Piste auf dem Schild, so ist zumindest der Straßencode ausgewiesen, der aus einem Großbuchstaben und einer Ziffer besteht. Mit dem Buchstaben wird der jeweilige Straßentyp, nach Straßenbelag, angegeben (A- und B-Straßen sind z. B. asphaltierte Fernstraßen!, s. S. 16); die Ziffern folgen einer durchgehenden Nummerierung.

In Namibia sind also Straßenkarten in Verbindung mit der guten Beschilderung die Grundlage für eine problemlose Orientierung im Lande. Für die meisten Reisen und Routen reicht diese Kombination vollkommen aus, um sicher und schnell ans gewünschte Ziel zu kommen. Allzu häufig gelingt die Navigation den gesamten Tag auch problemlos, dann aber lässt sich gen Abend die Einfahrt zur anvisierten Unterkunft nicht finden. Das kann an veralteten Karten oder ungenauen Angaben der Unterkunft liegen. Um die eigene Sicherheit zu erhöhen, sollte darauf geachtet werden, dass die zur Verfügung stehenden Informationen möglichst aktuell und genau sind. Das gilt für das Erscheinungsdatum des Kartenwerks genauso wie für die Anfahrtsbeschreibung zur nächsten Unterkunft. Dies ist umso wichtiger, da viele Gästefarmen und Lodges nicht direkt an den staubigen und geräuschvollen Straßen, sondern einige Kilometer zurückgesetzt von der Straße in der Landschaft verteilt liegen.

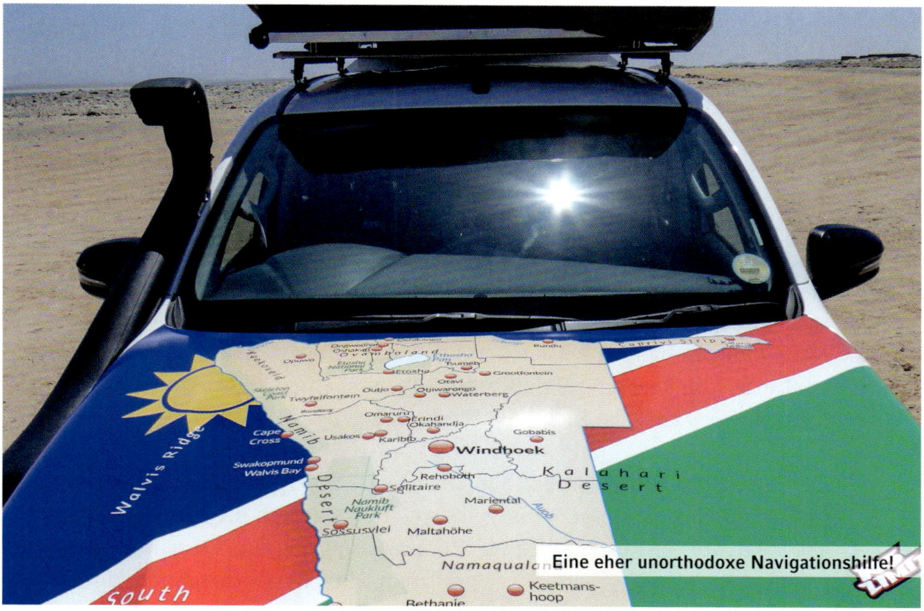

Eine eher unorthodoxe Navigationshilfe!

Es hilft natürlich auch weiter, wenn der eigene Kopf trotz lähmender Hitze und eintretender Müdigkeit nicht vollkommen ausgeschaltet wird. Der gelegentliche Blick auf den Kilometerzähler gibt ein Gefühl für die zurückgelegten Kilometer seit dem morgendlichen Start oder dem letzten Abbiegen. Der menschliche Verstand ist aber durchaus auch in der Lage, sich markante Landmarken abzuspeichern („Sind wir vor oder hinter dem Berg abgebogen?“) und näherungsweise auch Himmelsrichtungen zu bestimmen. Landkarten sind in der Regel genordet; die Sonne geht auch auf der Südhalbkugel im Osten auf, zieht dann allerdings über Nord, bis sie sich zum spektakulär-farbigen Ende im Westen einfindet.

Wo geht´s lang?

Wem das alles zu nostalgisch scheint oder wer keine Erfahrung im Lesen von Straßenkarten hat, kann auf die Dienste eines Navigations- bzw. GPS-Gerätes vertrauen. Für waschechte Expeditionen in die unwegsamen Regionen des Landes ist ein GPS-Gerät natürlich auch unabdingbar. Die Vorteile einer automatisierten Navigation liegen auf bzw. in der Hand und spiegeln sich in genaueren und vielfältigeren Informationen wider. Die exakte Annäherung an einen gegebenen Punkt X liegt beim GPS bei ca. fünf Metern, bei Landkarten im Normalfall bei ca. 50 Meter. Viele touristisch interessante Punkte (Unterkünfte, Restaurants etc.) sind zudem in einem GPS-Gerät bereits abgespeichert. Darüber hinaus bieten Navigationsgeräte eine Vielzahl weiterer Einstellungen und Möglichkeiten – von der Berechnung von Distanzen, z. B. Tageskilometer, über die Durchschnittsgeschwindigkeit bis hin zur Aufzeichnung der gefahrenen Route (*track*) und der Möglichkeit den Weg zurück zu finden (*track-back*). Bei der Benutzung eines Navigationsgerätes sollte darauf geachtet werden, dass die Sprachausgabe angeschaltet ist und der rechte Weg nicht nur angezeigt, sondern auch angesagt wird. Nach kilometerlanger, einschläfernder Fahrt durch die namibische Einsamkeit wird man froh über ein wenig Kommunikation, einen Weckruf und den frühzeitigen Hinweis auf eine Richtungsänderung sein.

Die wenigsten Fahrzeuge im Südlichen Afrika werden allerdings serienmäßig mit einem Navigationsgerät ausgeliefert. Jedoch bieten die Autoverleiher Navigationsgeräte als kostenpflichtige Zusatzausstattung an. Oder man greift auf sein aktuelles Smartphone zurück und lässt sich bequem per Navigations-App durchs Land leiten. Es muss also niemand auf liebgewonnene und alltägliche Gewohnheiten verzichten. Dabei ist nur darauf zu achten, dass die App über eine Onboard-Navigation verfügt, d. h. auch offline arbeitsfähig bleibt. Im namibischen Hinterland und damit in den entscheidenden Situationen fehlt zu oft der Empfang von Mobilfunkdaten.

Recht merkwürdiger Name für einen Trockenfluss!

20.3 Pausen

Wenn der kleine Hunger kommt, muss gegessen werden – egal wie, egal wo!

Auch bei der besten Reise- und Routenplanung wird es sich bei einer Reise durch Namibia nicht vermeiden lassen, öfters längere Tagesetappen zurücklegen zu müssen. Um in Namibia von einem Ziel zum nächsten zu kommen, muss der Urlauber eine deutlich höhere Fahrzeit in Kauf nehmen als z. B. in der europäischen Heimat. Das liegt vor allen Dingen am Fahrbahnbelag und an der Streckenführung. Die vielen Stunden im Auto können recht schnell sehr lang bis langweilig werden. So vielfältig, facettenreich und bunt sich die Natur auch im Detail präsentiert – das große Landschaftsbild wird geprägt von bräunlichen Tönen der Trockenheit und bietet kaum Abwechslung fürs Auge. Plötzlich auftauchende Fahrzeuge oder Wildtiere erhöhen den Adrenalinspiegel nur vorübergehend. Abwechslungsreiche Musik und eine kommunikative Reisebegleitung schaffen es ebenfalls nur kurz, die Ohren und den Kopf wach zu halten. Die geistige Frische leidet erheblich bei längeren Überlandfahrten. Dies führt zu einer erhöhten Unfallgefahr, da gerade die ungewohnten Straßenbedingungen nach einer erhöhten Konzentration verlangen.

Regelmäßige Pausen helfen dabei, die mentalen und auch körperlichen Reserven wieder aufzufüllen. Zu oft wird nur dann eine Pause eingelegt, wenn die Blase drückt oder der Magen ein Loch vorweist. Idealerweise sollte jedoch möglichst alle zwei Stunden eine Pause von mindestens 15 Minuten eingeplant werden. Dann sollte man sich die Zeit und Muße nehmen, seinen Wasserhaushalt aufzufrischen und dem Körper, besonders den Beinen, etwas Bewegung zu geben.

Oftmals lässt sich ein Stopp perfekt mit anderen „Tagesaufgaben“ verbinden. Bei der Supermarktkette *SPAR* sind Restaurant und Café im Geschäft integriert. So lässt sich der lästige Einkauf mit einer verdienten Belohnung abschließen. In Okahandja beispielsweise liegt der bekannte Holzschnitzer-Markt nur einen Steinwurf entfernt von einer Tankstelle, einem Café und einem Biltong-Laden – verkehrsgünstig gelegen in der Nähe der Nationalstraße. Während allerdings Kraftstoff, Kaffee und Biltong zu Festpreisen angeboten werden, gilt es auf dem Holzmarkt zu Handeln und zu Feilschen.

Café mit Aussicht auf die Spitzkoppe

Einige der Nationalpark-Camps (z. B. im Etosha National Park) bieten öffentlich zugängliche Schwimmbecken an, die man tunlichst zwischen der Morgen- und Abend-Safari nutzen sollte. Man verpasst beim Sprung ins kühle Nass nichts, da auch die Tiere die heiße Tageszeit reglos im Schatten verbringen. Die Abkühlung und Erholung durch das Bad im Wasser sind indes enorm.

Eine Rast lässt sich also an vielen Plätzen und bei einigen Gelegenheiten einlegen. Auf vielen der großen und vielbefahrenen Überlandstraßen in Namibia sind dafür eigens Rastplätze angelegt. Diese darf man nicht mit europäischen Autobahn-Rasthöfen vergleichen, denn es gibt weder Toiletten noch irgendwelche Einkaufsmöglichkeiten. Allerdings findet sich dort oft ein schattiges Plätzchen unter einem Baum, Bänke und Tische (nicht unbedingt im Schatten) und meist gut gefüllte Mülleimer. Bevor sich der Müll in der Weite der namibischen Landschaft verteilt oder Wildtiere durch Essensreste angelockt werden, ist es vielleicht ratsamer, den eigenen Müll bis zur abendlichen Unterkunft im Fahrzeug mitzunehmen.

Namibischer Rasthof

Als namibische Eigenheit können die sogenannten „Farmställe“ gelten – eine Mischung zwischen Café und Shop.

Für ein kaltes Getränk ist immer Zeit!

Neben wenigen, überlebenswichtigen Lebensmitteln, warmen und kalten Getränken werden auch hausgemachte Köstlichkeiten wie Kuchen und Biltong angeboten.

Auch Tankstellen eignen sich für längere Pausen. Der notwendige Tankstopp sollte tunlichst nicht in Formel-1-Manier (ran – rein – raus) erledigt werden, denn es gibt immer kalte Getränke und meistens auch kalte oder sogar warme Snacks vor Ort. Außerdem eignen sich Tankstellen auch als Treffpunkt der Kulturen und Nationalitäten: Einheimische treffen auf ausländische Urlauber, während die Touristen aus aller Welt sich untereinander begegnen.

TIPP: Solitaire

Welcome to Solitaire!

Einer dieser typischen, namibischen Treffpunkte stellt der kleine Zivilisationspunkt Solitaire mit seinen 92 Einwohnern (Stand: Mai 2013) dar. Die allermeisten der vielen Touristen, welche Namibia jährlich besuchen, machen hier einen Stopp. Solitaire liegt an der Kreuzung der Hauptstraßen C14 (Walvis Bay–Bethanien) und C24 (Rehoboth–Sossusvlei), die durch den Namib-Naukluft National Park führen, und fungiert als wichtiger Rast- und Versorgungspunkt zwischen der Küste und der Hauptstadt Windhoek sowie den roten Dünen des Sossusvlei. Das Nest im namibischen Nichts bietet dem Besucher eine Kombination aus Café (*Café van der Lee*), Bäckerei (*McGregor's Bakery*), Shop (*Tsondab General Dealer*) und Tankstelle (*Solitaire Petrol & Tyre Repair*). www.solitairenamibia.com

Natürlich kann auch jeder beliebige, kurze Stopp zu einer längeren Pause ausgeweitet werden. Ob Pinkelpause oder Fotostopp – Möglichkeiten, sich und dem Motor mal eine Pause zu gönnen, gibt es zu Genüge. Wichtig beim Halt ist die richtige Wahl des Rastplatzes. Für Körper und Kreislauf ist ein möglichst schattiger, gut durchlüfteter, kühler Ort am besten.

Auch das Fahrzeug und dessen Motor braucht hin und wieder eine Pause zur Abkühlung. Dabei sollte allerdings darauf geachtet werden, wo das Fahrzeug abgestellt wird.

- Nicht vor oder hinter einer Bergkuppe parken!
  Das Fahrzeug besser so am Straßenrand parken, dass es aus beiden Richtungen gut sichtbar ist.
- Nicht in hohem, trockenem Gras parken!
  Die seitlichen Auslaufflächen der Fahrbahn, die sogenannten Reserven, locken oftmals mit offenen Flächen, auf denen einzelne große Bäume stehen. Hohes, trockenes Gras kann sich allerdings am extrem heißen Auspuff des Fahrzeugs entflammen und sowohl den Wagen als auch die Landschaft in Brand setzen.
- Nicht unter Dornbüschen oder -bäumen wie z. B. Akazien parken!
  Am Boden liegende Dornen können die Reifen beschädigen.

20.4 Tanken

Die zur Verfügung stehende Reisekasse eines Selbstfahrers wird am stärksten vom Fahrzeug geplündert. Die ersten großen Zahlungen sind für die Übernahme und Versicherung des Fahrzeuges fällig – egal ob bei Miete, Verschiffung oder Kauf vor Ort. Steht der Wagen dann endlich bereit – mit vollem Tank und steckendem Schlüssel – kann die Reise eigentlich losgehen. Nach ein paar hundert Kilometern kommt es allerdings zu einer ersten, kostspieligen Unterbrechung der Reise: Der erste Tankstellen-Besuch steht an. Und da sich dieses Ereignis in den nächsten Tagen und Wochen mit großer Sicherheit wiederholen wird, muss das vorhandene Budget auch die Kraftstoffkosten abdecken können.

Der Durst des rollenden Reisegefährts wird durch die Routenwahl (Asphalt vs. Schotter vs. Sand), die Fahrweise, die Antriebsart (Zweiradantrieb vs. 4x4) und das Gesamtgewicht bestimmt. Geländewagen bzw. Pick-ups sind von Natur aus schon keine Leichtgewichte; hinzu kommen noch der Campingaufbau, der ein oder andere Fahrgast und sein Gepäck. Alles in allem muss man dann schon mit 10 bis 15 Liter Treibstoff pro 100 Kilometer rechnen.

Tanken in Namibia

Egal ob das Fahrzeug einen Doppeltank besitzt oder nicht, an jeder Tankstelle sollte der Wagen vollgetankt werden.

Die Tankstellen liegen oft mehrere Hundert Kilometer voneinander entfernt und niemand weiß, was den Reisenden auf dem Weg dorthin erwartet. Gerade in der touristischen Hochsaison kann es an den abgelegenen Orten und Tankstellen zu Engpässen in der Kraftstoffversorgung kommen. Ein vollgetanktes Auto erhöht das Sicherheitsgefühl und die mögliche Reichweite.

Man kann davon ausgehen, dass die meisten Campingfahrzeuge im Südlichen Afrika Dieselkraftstoffe benötigen. In Namibia werden derzeit zwei verschiedene Dieselkraftstoffe angeboten, die sich im jeweiligen Schwefelgehalt unterscheiden:

- *Diesel 10 ppm (Premium-Plus)*: Dieselkraftstoff mit einem Schwefelgehalt von 10ppm, d. h. 0,01 ‰ bzw. 0,001 %. Dieser Kraftstoff wurde erst im Januar 2019 in Namibia eingeführt, weshalb noch keine aktuellen Preise vorliegen.
- *Diesel 50 ppm* (*Premium*): Dieselkraftstoff mit einem Schwefelgehalt von 50 ppm, d. h. 0,05 ‰ bzw. 0,005 %, Dieselkraftstoff nach Euro 4.
- *Diesel 500 ppm* (*Standard*): Dieselkraftstoff mit einem Schwefelgehalt von 500 ppm, d. h. 0,5 ‰ bzw. 0,05 %. Seit Januar 2019 ist dieser Kraftstoff verboten bzw. aus dem Handel genommen. Gelagerte Treibstoffmengen dürfen aber auch nach diesem Datum noch verkauft werden.

(ppm = parts per million).

Die in den Fahrzeugen verbauten Dieselaggregate vertragen generell beide Dieselgemische. Wenn man allerdings seinem Fahrzeug bzw. dem Motor etwas Gutes tun möchte, greift man auf den neueren und reineren Premium-Plus-Diesel zurück.

Neben den Dieselkraftstoffen wird bleifreies Benzin mit einer Oktanzahl von 95 (Super) angeboten. LPG (*liquefied petroleum gas),* in Namibia eher bekannt als Autogas, wird dagegen von keiner der Tankstellen in Namibia angeboten.

Die Preise für Kraftstoff sind in Namibia staatlich reguliert bzw. kontrolliert; das *Ministry of Mines and Energy* bestimmt die Preise auf einer monatlichen Basis. Die von der Regierung vorgegebenen Preise gelten in Walvis Bay und Umgebung, weil hier das raffinierte Öl von den großen Tankerschiffen in die Öltanks des Hafens gepumpt wird. Von hier aus wird der Treibstoff im ganzen Land verteilt; der Preis erhöht sich dabei durch die Transportkosten um 5 bis 50 Cent pro Liter.

Die staatliche Regulierung des Treibstoffpreises verhindert einen freien Wettbewerb unter den Tankstellen. Für den Endverbraucher entfällt das nervige Vergleichen und suchende Umherfahren, weil eben zum Zeitpunkt X alle Tankstellen denselben Literpreis verlangen. Daher lässt sich die Lieblingstankstelle viel eher nach anderen Gesichtspunkten (Service, Freundlichkeit, Erreichbarkeit etc.) aussuchen.

Der Service und die Qualität der Mitarbeiter spielt eine umso größere Rolle, weil das Tanken in Namibia nicht in Eigenregie abläuft. Die Mitarbeiter der Tankstellen warten zumeist schon auf Kunden und durstige Gefährte. Der Beruf des Tankwarts ist hier also noch existent und überaus wichtig. Einen Tankwart erkennt man zumeist schon an seiner Uniform, die in den Farben des Unternehmens leuchtet. Spätestens wird man ihn allerdings beim Einweisen an die Zapfsäule erkennen. Steht dann das Fahrzeug am richtigen Hahn, kann man sich eigentlich gemütlich zurücklehnen und entspannen – der Tankwart übernimmt den Rest der Arbeit. Lediglich das Öffnen der Tankklappe muss noch übernommen werden. Dazu gibt es entweder einen Knopf am Armaturenbrett, einen Hebel im Fußbereich des Fahrers oder einen Schlüssel, den man dem Tankwart getrost aushändigen kann. Dann muss nur noch die Art und Menge des Treibstoffes angegeben werden, was in der Regel mit den Worten „Diesel! Full Tank!“ geregelt ist. Da das Betanken eines Fahrzeuges mit Doppeltank (in Summe mehr als 100 Liter) schon mal eine Weile dauern kann, widmet sich der aufgeweckte Tankwart während dieser Zeit anderen Aufgaben. Dazu können z. B. das Reinigen der Fensterscheiben oder die Prüfung von Ölstand, Kühlwasser und Reifendruck gehören. Motoröl, Kühlwasser und Reifen sollten regelmäßig kontrolliert werden – das Öl am besten am Morgen vor dem Losfahren, wenn der Motor noch kalt ist. Für den möglichen Extra-Service des Tankwarts bedankt man sich natürlich auch gern mit einem kleinen Trinkgeld. Die Rechnung für den Treibstoff muss in der Regel in bar beglichen werden. Dazu händigt man dem Tankwart die nötigen Geldscheine aus, dieser geht damit zur Kasse und kommt mit dem Wechselgeld und einem Beleg zurück. Das ist ein idealer Zeitpunkt, um sich für den allgemeinen Service mit einem Trinkgeld zu bedanken.

Rushhour an der Zapfsäule

Das Mitführen von ausreichenden Mengen an Bargeld ist für eine Namibiareise unabdingbar; dies gilt auch für das Thema „Tanken und Treibstoffe". Kreditkarten werden nur an wenigen Tankstellen in Namibia akzeptiert. An Tankstellen, die mit einem Kreditkartenzeichen werben, ist eine Zahlung mit Kreditkarte im angeschlossenen Tankstellenshop möglich, allerdings nur für Ladeneinkäufe und nicht für Kraftstoff. An wenigen Tankstellen lässt sich das Personal darauf ein, den Treibstoff via Shop abzurechnen – eine sicherlich immer tages- und personenabhängige Lösung. Allerdings gibt es an fast jeder Tankstelle einen Geldautomaten (ATM), so dass man Geld für den Kraftstoff abheben kann.

Quelle: www.bwana.de

TIPP: Tanken in Namibia

- Immer Volltanken!
- Keine Selbstbedienung beim Tanken – Hilfe durch den Tankwart
- Nur Bares ist Wahres! - d.h. zumindest immer genügend Bargeld fürs Tanken und Einkaufen zur Hand haben.
- Trinkgeld für den freundlichen Tankwart nicht vergessen!
- Tankstopp nutzen, um eigene Reserven aufzufüllen und eine Pause zu machen

Neben den Kraftstoffen bieten die an die Tankstellen angeschlossenen Shops die Möglichkeit, größere und kleinere Einkäufe zu tätigen. Das Angebot ist mit europäischen Tankstellen vergleichbar, auch wenn es je nach Größe der Tankstelle bzw. Ortschaft variiert. Derart kann der Tankstopp auch als kleine Pause und zum notwendigen Auffüllen der Flüssigkeitsreserven genutzt werden. Kühle Getränke finden sich an allen Tankstellen. Diesen ist es sogar erlaubt, alkoholische Getränke zu verkaufen. Aber natürlich gelten auch hier die gesetzlichen Verkaufszeiten für Alkohol: Werktags bis 17:00 Uhr, samstags bis 13:00 Uhr, sonntags kein Verkauf. Daneben umfasst das Angebot der Tankstellenshops kalte und warme, süße und herzhafte Snacks sowie Grillzubehör wie Holz und Holzkohle.

Mineralölfirmen, die in Namibia Tankstellen betreiben

[Tankstelle = „petrol station", „service station", „garage" oder „diensstasie"]

Engen Namibia: www.engen.co.za/engen-distributor-locator
Puma Energy: www.pumaenergy.com/en
Shell www.shell.com.na
Total Namibia: www.totalenergies.co.za/petrol-stations/service-station-finder

Britz

21. Alltag im Camper

Feierabend

21. Alltag im Camper

Nach dem Verlassen von Windhoek und den ersten Kilometern auf namibischen Straßen kehrt so langsam Ruhe ein am Lenkrad, im Fahrzeug und ganz allmählich auch in den Köpfen der Mitreisenden. Das Mitschwimmen im Linksverkehr gelingt immer besser, die grobe Richtung stimmt und auch die einzelnen Hebel und Funktionen des Fahrzeugs erklären sich wie von selbst bzw. durch Versuch und Irrtum. Zeit, sich den kleinen, alltäglichen Dingen des Camper-Lebens zu widmen.

Gerade in den ersten Stunden und Tagen ist man noch etwas unsicher und unerfahren im afrikanischen Camperleben. Gepäck, Lebensmittel und Ausrüstung haben noch nicht ihren festen Platz im Fahrzeug gefunden und auch beim Auf- und Abbau des Dachzeltes kommen immer wieder Fragen auf. Das anfängliche Probieren und persönliche Optimieren ist ganz normal und ein wichtiger Teil der Reise. Schon bald stellen sich im Campingfahrzeug Routine und Alltag ein, die nach festen Mustern ablaufen.

Bestimmt wird dieser Alltag durch den typischen Tagesrhythmus eines Campers. Mit der aufgehenden Sonne erwacht auch das Leben im Campingfahrzeug. Der *game drive*, die zunehmende Hitze im Zelt, ein frühes Vogelkonzert oder der profane Harndrang treiben den Camping-Urlauber schon in den frühen Morgenstunden aus dem Dachzelt. Nach der Morgentoilette und dem anschließenden Frühstück folgt das Zusammenpacken und Verladen der Ausrüstung. Ein letzter Check des

Morgendliche Verpackungs-Orgie

Fahrzeugs und ein Erinnerungsfoto des Stellplatzes – schon geht es wieder auf *pad*. Es gibt viel zu sehen und zu erleben in Namibia und die Tage sind eigentlich viel zu kurz dafür. Die früh einsetzende Dunkelheit macht es erforderlich, sich frühzeitig eine Bleibe für die Nacht zu suchen. Vor Ort angekommen, wird das Dachzelt aufgespannt und das Nachtlager eingerichtet. Um es etwas gemütlicher und häuslicher zu gestalten, werden Tisch und Stühle herausgeholt, die Küche aufgebaut und das Essen zubereitet. Beim *sundowner* oder dem anschließenden Abendmahl lässt sich in gelockerter Atmosphäre leicht über den kommenden Tag reden. Nach einer Dusche, einem Plausch mit den Nachbarn und dem Anblick unzähliger Sterne verabschiedet man sich bereits früh in das Reich der Träume.

Auspacken am Abend

21.1 Gepäck und Ordnung

Ordnung ist nicht nur das halbe Leben, sondern auch ein entscheidender Bestandteil einer Camperreise durch das Südliche Afrika. Das Verpacken und Verladen der Ausrüstung wiederholt sich im Laufe des Urlaubs regelmäßig und beginnt im Grunde genommen ja schon mit dem Packen der Koffer im heimischen Umfeld. Als Gepäckstücke eignen sich allerdings eher Reisetaschen und Rucksäcke als feste Hartschalenkoffer. Schon für die Flugreise trifft man eine Entscheidung darüber, wie oft bestimmte persönliche Dinge gebraucht und genutzt werden. Gegenstände, die mehrmals am Tag benötigt werden, wandern ins Handgepäck, alles andere wird im Hauptgepäck verstaut. Diese generelle Aufteilung lässt sich in leicht abgewandelter Form auch für die Camperreise anwenden. Erreicht man Namibia also noch mit recht übersichtlichem Gepäck, kann es nach Abholung des Wagens und dem ersten Einkauf schon recht unübersichtlich im Fahrzeug zugehen. Dabei bietet das Fahrzeug eigentlich genügend Stauraum für all die verschiedenen Dinge. Neben dem Koffer- bzw. Laderaum gibt es im Fahrgastraum auch immer wieder Fächer und Ablagen, die sich zum Verstauen kleinerer Dinge eignen. Ist man nur zu zweit unterwegs, steht mit der Rückbank weiterer, üppig nutzbarer Stauraum zur Verfügung. Paare, die mit einem Buschcamper unterwegs sind, genießen den Komfort bereits eingebauter Schränke und Fächer. Der größte Stauraum steht bei den in Namibia gebräuchlichen Campingfahrzeugen (Basis: Pick-up) auf der umgebauten, d. h. geschlossenen Ladefläche zur Verfügung. Hier sollte außer dem festmontierten Dachzelt die gesamte Campingausrüstung verstaut werden. Auch ohne große Tetris-Fertigkeiten sollte sich mühelos Platz für Lebensmittel und Gepäck finden. Der Laderaum der Pick-ups ist zumeist auf drei Seiten zugänglich: durch eine am Heck angebrachte große Tür und durch zwei seitliche Luken bzw. Fenster. Dies erleichtert das Be- und Entladen und die allgemeine Ordnung erheblich.

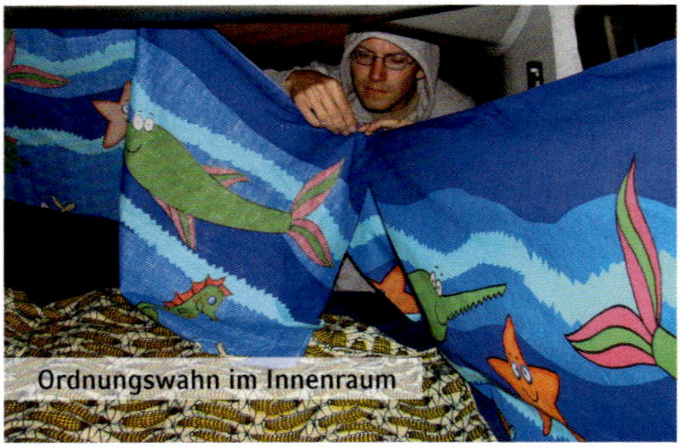

Ordnungswahn im Innenraum

Sowohl Lebensmittel als auch persönliches Gepäck sollten einer weiteren Aufteilung unterzogen werden. Für Getränke und Speisen eignet sich eine Dreiteilung. Wärmeempfindliche Nahrungsmittel wie Obst, Gemüse und Milchprodukte werden im Kühlschrank vor der Hitze Namibias geschützt. Dort finden sicherlich auch noch ein paar Getränke Unterschlupf, schließlich schmeckt das Bier auch in Namibia am besten kühl. Konserven und andere langlebige Artikel sowie die großen Wasservorräte gehören in den Koffer- bzw. Laderaum, wo sie bis zu den Essenszeiten verbleiben. Snacks, Obst und vor allem Getränke sollten im Fahrgastraum für alle Reisenden griffbereit sein, um so die längeren Fahrtstrecken angenehmer zu gestalten.

Grundversorgung für die nächsten Wochen

Für das persönliche Gepäck macht eine Unterteilung wie beim Flug am meisten Sinn. Nicht ständig genutzte Gegenstände wie Wechselwäsche kommt in den Kofferraum, während Dinge des alltäglichen Gebrauchs unbedingt in die Fahrerkabine gehören. Neben den offiziellen

Dokumenten (Reisepass und Führerschein) und der Geldbörse dürfen auch Orientierungshilfen (Karten bzw. Navi), Sonnenschutz (Brille, Hut, Creme etc.) und technische Hilfsmittel bei der täglichen Ausfahrt nicht fehlen. Die notwendige Technik – bestehend aus Telefonen (für den Notfall), Kameras und etwaigen Ladekabeln – sollte dabei unbedingt vor Sandkörnern und feinem Staub geschützt werden. Zum Schutz vor eindringenden Fremdkörpern und ins Auto eindringenden Räubern sollten Wertgegenstände wie Kameras niemals offen im Fahrzeug aufbewahrt werden. Was im Detail und für den Einzelnen zur Grundausstattung in die Fahrerkabine gehört, erweist sich in der alltäglichen Praxis bzw. nach dem x-ten nervigen Anhalten zum Durchsuchen des Gepäcks im Kofferraum.

Alter Wasserkanister als temporärer Mülleimer

Die allgemeine Ordnung im Fahrzeug wird dadurch erleichtert, wenn Dinge des alltäglichen Bedarfs wie z. B. die Taschenlampe während der Reise an einem festen Platz verstaut sind. Das System funktioniert allerdings nur, wenn alle Mitreisenden dabei mitmachen. Im Idealfall erspart man sich aber lästiges und langwieriges Suchen in allen Ecken und Winkeln des Fahrzeugs.

Eine gewisse Unordnung im Camper lässt sich allerdings nicht vermeiden, so dass hin und wieder die Sauberkeit des Innenraums im Fokus steht. Es schadet nichts und niemandem, den beiliegenden Besen zu nutzen und das Fahrzeug einmal auszufegen. Durch offene Fenster und Türen und das Hereintragen über Schuhe und Kleidung sammelt sich über die Tage ein ordentlicher Sandberg im Auto an. Damit sich keine Müllberge im Wagen anhäufen, sollte der täglich entstehende Abfall auch zeitnah entsorgt werden. Müll, der ohne umweltschädliche Rückstände verbrennt, darf beim allabendlichen Lagerfeuer entsorgt werden. Alles andere sollte man beim nächsten Versorgungspunkt (Unterkunft, Tankstelle etc.) loswerden können.

Auch das Äußere verdient hin und wieder eine gewisse Aufmerksamkeit. Eine Wasser verschwendende Wäsche des gesamten Fahrzeugs ist jedoch weder angebracht noch sinnvoll. Schließlich gehören Staub und Schlammspritzer ja zur ruhmvollen Dekoration jeder Afrikareise. Dies beinhaltet aber nicht die Scheiben und Scheinwerfer des Fahrzeugs, die zur eigenen Sicherheit von Staub und Schlamm befreit werden sollten. Ein klarer Durchblick bewährt sich nicht nur im Straßenverkehr, sondern auch auf Safari. Flecken auf den Scheiben beeinträchtigen nicht nur den detailverliebten Blick auf das Lieblingstier, sondern hinterlassen auch unschöne Punkte auf möglichen Fotos.

21.2 Verpflegung

Hat man bereits in Windhoek den Gang zum Supermarkt und einen ersten großen Einkauf getätigt, sollte der Start der Reise unbeschadet zu überstehen sein. Doch auch ohne Hunger oder Durst zu leiden, lohnt sich gerade am Anfang der Reise ein aufmerksamer Besuch in den auf dem Weg liegenden Shops, Tankstellen und Farmställen. Zum einen sind diese seltenen Gelegenheiten immer für einen Ergänzungseinkauf gut, sei es, um die eigenen Reserven zu schonen oder sich mit einem kalten Getränk oder Snack zu belohnen. Zum anderen gilt es, sich über das allgemeine Angebot zu informieren, welches mit zunehmender Distanz zu den großen Städten immer kleiner und übersichtlicher wird. Während in den großen, bunten Einkaufspalästen der großen Städte nahezu paradiesische Verhältnisse herrschen, die nur wenige Wünsche offenlassen, decken die Shops in Kleinstädten und Dörfern meist nur die Grundversorgung. Mit Getränken, Brot, Nudeln, Reis und Konserven kann man hier rechnen, über alles andere sollte man sich freuen bzw. sollte man es schon vorher an anderer Stelle erworben haben. Um eine gute, gesunde und glücklich machende Versorgung aller Reiseteilnehmer auf der gesamten Strecke zu gewährleisten, sollte die Route so geplant werden, dass in regelmäßigen Abständen immer wieder größere Versorgungspunkte angefahren werden können.

Ein Braai kann immer und überall abgehalten werden!

Besonders Liebhaber einer fleischreichen Ernährung kommen in Namibia voll auf ihre Kosten. Die Liebe zum Fleisch eint alle Namibier und versammelt Familien und Freunde fast jedes Wochenende zum *braai*. *Braai* (Afrikaans für braten) ist Teil des namibischen Lebensgefühls. Zu einem guten *braai* gehören mit Koriander gewürzte *boerewors* (eine Bratwurstrolle) und ausgewählte Fleischstücke. Von Hühnerschlegeln über Lammrippen bis hin zu Rinder- oder Schweinesteaks – alles wandert nach und nach auf den mit Kameldornbaum angefachten Grill. Auch verschiedene Wildarten dürfen bei einem typisch namibischen *braai* nicht fehlen. Die angebotene Fleischqualität ist im Allgemeinen recht hoch, was an der extensiven Haltung der Tiere liegt. Bis zu ihrem Tod führen die Tiere ein nahezu natürliches Leben auf z. T. riesigen Weiden. Als Beilage zum *braai* werden verschiedene Salate gereicht oder gefüllte Kürbisse (Butternut oder Squash) auf den Grill geworfen. Ein anderes typisch namibisches Grillgericht ist der *potjiekos*. Diese sogenannte „Potkost" entspricht am ehesten einem Eintopf, der traditionell in einem runden, dreibeinigen Topf (*potjie*) zubereitet wird.

Welche kulinarischen Höhepunkte während eines Campingurlaubs zubereitet werden, ist abhängig vom Einsatz und Können der mitreisenden „Köche“, an der Ausstattung der Campingfahrzeuge liegt es aber zumeist nicht. Zum Erwärmen und Braten gibt es einen Gaskocher und einen Grillrost für das Lagerfeuer; weitere Hilfsmittel wie Pfannen und Töpfe sind ebenfalls in zahlreicher Ausführung vorhanden. Gerade die Kombination aus Gas und Feuer bzw. Glut bietet beste Möglichkeiten, ein sterneverdächtiges Gänge-Menü zu zaubern. Fleischliches

Namibias Spezialitäten

An den verschiedenen namibischen Grillvariationen kann man sich allabendlich selbst ausprobieren. Bei anderen kulinarischen Spezialitäten des Landes fällt dies jedoch schwer; temporäre Verfügbarkeiten und geringe Haltbarkeit der Zutaten behindern die eigenständige Zubereitung. Der Gang in ein Restaurant ist hier die sicherste Variante. Zu probieren gibt es:

Trüffel aus der Kalahari

Die seltenen knolligen Speisepilze gedeihen wenige Zentimeter unter der Oberfläche sandiger, schwach saurer Böden, allerdings nur nach einer ergiebigen Regenzeit. Da Kalahari-Trüffel relativ groß werden und an ihren Fundstellen in recht großer Zahl vorkommen, handelt es sich bei ihnen um eine vergleichsweise preisgünstige Sorte der sonst so teuren Knolle. Die namibischen Kalahari-Trüffel werden aufgrund ihres milden Geschmacks nicht als Gewürz, sondern wie ein Gemüse verwendet.

Omajovas

Omajovas sind mit Termiten vergesellschaftete Speisepilze, die während der Hauptregenzeit im zentralen und nördlichen Namibia an hohen Termitenhügeln wachsen. Bei den Volksstämmen der Ovambo und Herero heißt der faustgroße, weiße Pilz „Omajova", Deutschnamibier nennen ihn hingegen schlicht „Termitenpilz". Während der Pilzsaison werden die im Aroma an Pfifferlinge erinnernden Pilze auch in Supermärkten verkauft.

Fisch und Meeresfrüchte

Wer fangfrischen Fisch und Meeresfrüchte mag, ist in den Küstenstädten Namibias ganzjährig gut aufgehoben. Die Nährstoffe des kalten Benguelastroms bescheren der Küste Namibias einen ungewöhnlich großen Fischreichtum. Auf vielen Speisekarten finden sich frischer Kabeljau, Kingklip, Seehecht, Seezunge und Seeteufel. International bekannt ist Namibia mittlerweile auch für seine hervorragenden Austern, die vor Swakopmund, Walvis Bay und Lüderitz wachsen. Nur zwischen November und April dürfen Hummer (Crayfish bzw. Rock Lobster) befischt werden. Den Abschluss der Angelsaison bildet Ende April das alljährliche *Lüderitz Crayfish Festival*.

Grillgut wie Steaks schmecken vom Grill ohnehin besser als aus einer Pfanne. Und während sich der große Grillmeister um das Grillgut auf dem Rost kümmert, können die kleinen Grillmeister ihren Beitrag zum gemeinsamen Abendessen zubereiten. Stockbrot über dem Feuer zu „backen“, ist nicht nur für Kinder ein großer Spaß. Doch auch ohne weitere Hilfsmittel lässt sich die Glut direkt nutzen. Gut eingepackt in Alufolie lassen sich z. B. Kürbisse, Kartoffeln und anderes Gemüse in der Glut zum Garen bringen. Auch geöffnete Konserven kann man in der Glut ohne Probleme erhitzen.

Sundowner

Namibier beim sundowner

Genauso wichtig wie ein reichhaltiges Abendmahl ist der Dämmerschoppen zum Sonnenuntergang, der sogenannte *sundowner*. Das gemeinsame Bestaunen des Sonnenunterganges ist im Südlichen Afrika Pflicht und fast schon ein gesellschaftlicher Akt. Die untergehende Sonne lässt den Tag in spektakulären, warmen Farben ausklingen und versetzt die Landschaft in eine Art Kunstwerk. Da liegt es nahe, die Gläser bzw. Flaschen zu erheben. Bei den meist alkoholischen Getränken ist erlaubt, was gefällt – nur gekühlt sollte der Schlummertrunk sein!

Das Abendessen wird auf einer Reise durch das Südliche Afrika sicherlich die Hauptmahlzeit des Tages darstellen. Das Frühstück kann nach eigenen Vorlieben eher kräftig oder leichter, herzhaft oder süß gestaltet werden; das Mittagessen fällt dagegen meist kalt, klein und leicht aus. Den meisten Besuchern vergeht bei 40°C Außentemperatur jeglicher Geschmack auf warme Hausmannskost.

Zum Vogtschen Frühstück gehören je nach Tagesform und Mitreisenden Milch und Müsli, Brot und Aufstrich und ab und zu auch mal Rührei. Dazu gibt es Saft, Kaffee und Rooibos-Tee. Die Auswahl an Teesorten in den Supermärkten wird zwar dominiert von Rooibos, aber man findet durchaus auch deutsche Klassiker wie z. B. Pfefferminztee.

Zum Lunch und für den Hunger zwischendurch eignen sich selbstgemachte Sandwiches, Biltong und Obst, aber natürlich auch süße Riegel und salzige Snacks wie Nüsse und Chips. Alternativ zur eigenen Zubereitung bieten die Cafés und Tankstellen entlang der Strecke leckere *pies* (gefüllte Teigtaschen aus Mürbe- oder Blätterteig) an.

TIPP: Küchen-Ordnung

Nach dem allabendlichen Mahl im Camp ist es wichtig, alle Küchenutensilien (Lebensmittel und Geschirr) wieder im Fahrzeug unterzubringen. Lebensmittelreste locken ungebetene Gäste wie Hyänen an und auch einzelne Messer und Gabeln verschwinden gerne einmal in der Dunkelheit. Vor der Weiterfahrt am nächsten Morgen sollte das benutze Geschirr gereinigt und wieder ordentlich verstaut werden. Wer möchte schon auf seiner Fahrt durch die Weite Namibias vom ständigen Klappern des Geschirrs gestört werden?

Wer abends nicht unbedingt kochen möchte, lässt sich bekochen – sofern es die Möglichkeit dazu überhaupt gibt. Auf den privaten Campingplätzen gibt es oftmals die Gelegenheit dazu – entweder gibt es eine nahe gelegene Lodge mit angeschlossenem Restaurant oder die Gästefarm bietet ein gemeinsames Abendessen an. In den Städten lockt zudem eine große Auswahl an verschiedensten Restaurants.

Die „rote Linie" – Veterinärzäune (veterinary fences)

Veterinärzäune im südlichen Afrika dienen dazu, Nutztiere frei von Krankheiten von solchen zu trennen, die möglicherweise mit Krankheiten in Kontakt gekommen sind. Sie sollen eine unkontrollierte Bewegung von Fleisch, Vieh und tierischen Produkten unterbinden. Im Allgemeinen ist der Transport von Fleisch und anderen tierischen Produkten über diese Zäune hinweg in die krankheitsfreien Gebiete verboten.

Der Veterinärzaun in Namibia verläuft im Norden des Landes von der Küste im Westen nach Osten bis an die Grenze zu Botswana und entlang dieser. Der erste Zaun wurde 1897 nach einem Ausbruch der Rinderpest angedacht. 1961 – nach einem starken Ausbruch der Maul- und Klauenseuche im Norden Namibias – wurde der Zaun verstärkt. Seit 2018 wird intensiv über die Verschiebung des Zauns an die nördliche Landesgrenze nach Angola diskutiert. Der Veterinärzaun trennt auch zwei unterschiedliche Agrarnutzungssysteme: südlich des Zauns liegen vor allem private kommerzielle Farmen, die im Grundbuch Namibias als Privateigentum registriert sind. Nördlich des Veterinärzaunes befinden sich die traditionellen Kommunalgebiete, die im öffentlichen Eigentum stehen. Alle Tiere, die nördlich des Zauns gehalten wurden und in den Süden verbracht werden, müssen für 21 Tage in Quarantäne, bevor sie zur Schlachtung zugelassen werden. Alle Produkte südlich des Zauns sind für den Export in die Europäische Union und andere Regionen zugelassen.

Auf den Hauptrouten (d.h. Asphaltstraßen) werden die Übergänge am Veterinärzaun bis heute überwacht, so dass der von Norden kommende Reisende u.U. seine frischen Fleisch-Einkäufe am Veterinärzaun einbüßt. Der Übergang von Süden nach Norden ist problemlos.

22. Unfälle, Schäden und Pannen

Viel Spaß beim Buddeln!

22. Unfälle, Schäden und Pannen

Wichtig: regelmäßige Kontrolle der Fahrzeugtechnik!

Die menschliche Natur neigt dazu, sich unangenehme Dinge so lange wie möglich vom Hals zu halten, sie zu verdrängen und sich erst dann damit zu beschäftigen, wenn sie unausweichlich sind. Zu diesen unwillkommenen Dingen des Lebens gehören sicherlich auch Autopannen, technische Defekte oder gar Unfälle. Das gilt in besonderem Maße für die Urlaubszeit, in der ein unplanmäßiger Halt zu Verzögerungen und Veränderungen im Reiseverlauf führen kann. Jedoch können diese Unterbrechungen immer und überall lauern und unvermittelt auftreten. Niemand ist davor gefeit, jedoch helfen einige Verhaltens- und Fahrregeln dabei, Schäden und Unfällen vorzubeugen. Viel zu oft wird die Schuld nur woanders gesucht (z. B. beim Fahrzeug oder bei anderen Verkehrsteilnehmern). Viel wichtiger als die Frage nach der Schuld ist allerdings die Suche nach der Lösung. Wer den Lösungsweg mit Ruhe und einer gewissen Leichtigkeit angeht, findet die Lösung zumeist schneller und kann die verbleibende Urlaubszeit entspannter und gelassener verbringen.

TIPP: Sicheres Fahren

- Technik des Fahrzeugs regelmäßig kontrollieren (Öl und Kühlwasser, Reifen)
- Straßen- und Wetterbedingungen beachten
- Geschwindigkeitsbeschränkungen einhalten
- Warnschilder am Straßenrand ernst nehmen
- regelmäßig Pausen machen bzw. Fahrer wechseln
- genügend Proviant, v. a. Wasser, mitführen
- auf Tiere am Straßenrand/auf der Straße achten: Wildwechsel
- keine Nachtfahrten
- kein Alkohol am Steuer
- auf allgemeines Verkehrsgeschehen und andere Verkehrsteilnehmer achten
- Gute Pad!

22.1 Gefahren auf der Straße

Trotz seiner geringen Einwohnerzahl und Verkehrsdichte hat Namibia jährlich mehr als 700 Tote durch Verkehrsunfälle zu beklagen. Hauptverantwortlich dafür sind überhöhte Geschwindigkeit, Wildunfälle und Alkohol am Steuer.

Überhöhte Geschwindigkeit

Die aus überhöhter, unangepasster Geschwindigkeit resultierenden Unfälle ereignen sich meist ohne Beteiligung weiterer Fahrzeuge und enden zumeist mit einem Überschlag des Fahrzeugs. Beim Fahren mit überhöhter Geschwindigkeit werden die Fähigkeiten von Fahrer und Fahrzeug zu oft über- und die möglichen Gefahren deutlich unterschätzt. Den Warnungen der Tourismusindustrie, der Autoverleiher und der Polizei zum Trotz sind auch immer mehr europäische Touristen davon betroffen bzw. dafür verantwortlich. Die oberste Devise beim Fahren auf namibischen Straßen ist und bleibt das Respektieren und Einhalten der geltenden Geschwindigkeitsbeschränkungen. Wenn nicht anders angezeigt gelten im städtischen Bereich maximal 60 km/h, auf Schotterstraßen maximal 80 km/h und auf den Nationalstraßen maximal 120 km/h. Vor Gefahrenquellen wie z. B. Kurven muss die Geschwindigkeit aber unbedingt angepasst, d. h. verringert werden.

Geschwindigkeitsüberschreitungen werden mittlerweile auch in Namibia scharf verfolgt und mit z. T. hohen Bußgeldern geahndet (bis max. 4000 NAD). Die meisten Mietfahrzeuge tragen einen sogenannten GPS-Tracker mit sich, der Aufenthaltsort und Fahrdaten des Fahrzeuges aufzeichnet. Im Fall eines Unfalles werden die Daten des GPS-Trackers herangezogen und können über Haftungsfragen entscheiden. Überhöhte Geschwindigkeit wird als Fahrlässigkeit gewertet und kann zum Ausschluss der Versicherung führen.

Am Zebrastreifen

Achtung, Wildtiere!

Tiere

Tiere sind eine allgegenwärtige Gefahr auf afrikanischen Straßen, vor allem außerhalb der Städte. Wer auf afrikanischen Landstraßen unterwegs ist, sollte also besser auf einen plötzlichen Wildwechsel gefasst sein. Die an Menschen und Fahrzeuge gewöhnten Nutztiere grasen häufig direkt neben den Pisten und überqueren die Fahrbahn selbstbewusst und unerwartet in Begleitung der gesamten Herde. Auch große und kleine Wildtiere können jederzeit den Fahrweg kreuzen. Die Hauptaktivitätszeit von Wildtieren liegt allerdings zwischen Dämmerung und Morgengrauen. Deshalb sollte von Nachtfahrten unbedingt abgesehen werden. Zu den häufigsten Unfallopfern gehören Kudus und Warzenschweine. Erspäht man ein Tier am Straßenrand bzw. in der Reserve, sollte man die Geschwindigkeit unbedingt verringern und in Bremsbereitschaft verbleiben. Befindet sich das Tier bereits auf der Straße, gilt es, den Wagen sanft, aber bestimmt abzubremsen und das Tier ggf. durch Hupen zu verscheuchen. Auf keinen Fall sollte der Fahrer dem Tier ausweichen, da bei diesem Fahrmanöver die Gefahr eines Überschlags besteht. Sollten große Tiere wie z. B. Elefanten den Weg nicht freiwillig räumen wollen, heißt es Abstand halten, abwarten und sich evtl. nach einer Alternativroute umzusehen.

Zusatzversicherung Wildunfall

Bei Abschluss einer Zusatzversicherung sind Wildunfälle oftmals mit abgesichert. Dies gilt allerdings nur bei Fahrten während des Tages. Wer zur Dämmerung oder bei Nacht außerhalb von Städten unterwegs ist, erhöht das Risiko eines Wildunfalls und handelt damit im Sinne des Vermieters fahrlässig. Kommt es dann zu einem Unfall, ist der Schaden nicht durch die Versicherung gedeckt und der Mieter haftet in voller Höhe. Fahrten in der Dunkelheit sollten also generell vermieden werden.

Andere Verkehrsteilnehmer

Alkohol am Steuer ist in Namibia leider zu einem großen Problem geworden. Gerade an den Wochenenden wird der Weg nach Hause oder zum nächsten Shop auch im angetrunkenen Zustand angetreten. Diese Problematik betrifft mehr die lokale Bevölkerung als die Besucher des Landes. Doch ein angetrunkener Fahrer stellt mit seinem Fahrzeug nicht nur eine Gefahr für sich selbst, sondern auch für andere Verkehrsteilnehmer und Fußgänger dar. Mehr noch als in Europa sollte man in Afrika auf den Verkehr und alle beteiligten Verkehrsteilnehmer achten. Gerne spricht man dabei vom vorausschauenden Fahren. In der Praxis bedeutet dies, dass man auf alle möglichen (und unmöglichen) Aktionen der Verkehrsteilnehmer adäquat reagieren kann. So muss man z. B. immer und überall mit Überholvorgängen von hinten bzw. vom Gegenverkehr rechnen. Im Fall eines Überholvorgangs eines anderen Fahrzeuges sollte man selbst möglichst weit links fahren, genügend Platz und Abstand zu den übrigen Verkehrsteilnehmern lassen und die eigene Geschwindigkeit verringern.

Schwer(last)verkehr hat immer Vorfahrt!

Verkehrsteilnehmer Namibias

Naturgewalten

Da selbst in Afrika nicht immer die Sonne scheint, kann es in Folge von extremen Wetterlagen zu Unterbrechungen der Reise bis hin zu lebensgefährlichen Situationen kommen.

Fließendes Wasser

Besonders in der Regenzeit kann es durch Starkregenereignisse zu Überschwemmungen und Unterspülungen ganzer Streckenabschnitte kommen. Die vormals trockenen Betten der Riviere füllen sich dann schlagartig mit Wasser, fangen an zu „laufen" und werden zu gewaltigen Strömen aus Wasser, Sand und Schlamm. Eine Durchfahrt ist dann in den meisten Fällen nicht möglich oder zumindest fraglich. Als Grundregel gilt, dass kniehohes Wasser mit geringer Strömung mit einem Geländewagen durchfahren werden kann. Bei höherem Wasser besteht die Gefahr, dass Wasser in die Zündanlage und den Luftfilter eindringt und diese beschädigt. Starke Strömung kann das Fahrzeug erfassen und es zum Umkippen bringen, selbst vollbeladene Fahrzeuge wurden schon von den Wassermassen mitgerissen. Von einer Durchfahrt ist dann natürlich unbedingt abzusehen, es gilt abzuwarten oder alternative Wege zu suchen.

Auch vom Campen in Trockenflussbetten (Rivieren) sollte abgesehen werden – zumindest in Monaten mit möglichen Regenfällen (alle Monate mit r). Selbst weit entfernte Niederschläge können die Riviere zum „Laufen“ bringen und das beschauliche Stillleben unter alten Akazien in einen reißenden, braunen Strom verwandeln. Schon oft wurden Camper des Nachts durch das heranbrausende Wasser unsanft aus dem Schlaf gerissen, während sich Camp und Fahrzeuge in den dunklen Wellen des laufenden Riviers verabschiedeten.

Matsch und Sand

Matsch und Sand haben beide die Eigenschaft, dass sich auch gestandene Allradler darin festfahren und eingraben können. Während im Nordosten Namibias immer mit Matsch zu rechnen ist, folgt der Matsch im restlichen Teil des Landes dem Regen bzw. der Regenzeit. Sand gehört in Namibia sicherlich zu einer unendlichen und fast allgegenwärtigen Ressource. Auch wenn sich Sand und Matsch in vielen Details unterscheiden, gelten für das Eingraben und Wiederherausfahren ähnliche physikalische Grundsätze.

Vor der Einfahrt in ein Gebiet mit tiefem Schlamm oder Sand sollte zunächst der Allradantrieb eingelegt werden (H4 oder L4). Bei der Einfahrt in die Problemzone sollte dann darauf geachtet werden, in den bereits ausgefahrenen Spuren, falls vorhanden, zu bleiben. Jeder Schaltvorgang in Schlamm oder Sand ist zu vermeiden, da so der Schwung der Fahrzeugmasse abgebremst wird. Mit gleichmäßigem Tempo und im zweiten Gang lassen sich Sand- oder Schlammpassagen meistens problemlos meistern. Fährt sich der Wagen dennoch fest, sollte nicht versucht werden, den Wagen nach vorn und auf gar keinen Fall zur Seite hin heraus zu wühlen. Der beste Weg weiter ist auch in diesem Fall der Weg zurück: Eine langsame und vorsichtige Fahrt zurück in der eigens gegrabenen Spur bringt den Wagen zumeist wieder frei. Nun kann die Problemstelle mit mehr Schwung und einer höheren Geschwindigkeit angegangen werden.

Sollte all dies nichts nützen, kann schon einmal mit dem Ausgraben des Fahrzeugs begonnen werden. Hilfe kommt dann meist rasch hinzu, z. B. in Form eines zweiten Fahrzeuges, das den festsitzenden Wagen aus der Patsche zieht.

Fliegender Sand

An der Atlantikküste und der Namib-Wüste kann es zu regelrechten Sandstürmen kommen, die Millionen feiner Sandkörner oft kilometerhoch in die Luft heben. Der dadurch entstehende Sandstrahl kann das Fahrzeug stark beschädigen, v. a. Windschutzscheibe und Lack. Sofern dies noch möglich ist, sollte dem Sturm ausgewichen, die Rückfahrt angetreten oder ein Unterstand gesucht werden. Ist dies ausgeschlossen, sollte das Fahrzeug mit dem hinteren Teil zum Sandsturm geparkt werden. So werden zumindest größere Schäden an Windschutzscheibe,

Beleuchtung und Kühler vermieden. Für Schäden durch Sandstürme haftet in der Regel der Mieter!

Achtung, Sand!

Gras

Nach einer guten Regenzeit bedeckt Gras in langen Reihen und mit goldenen Ähren die Landschaft Namibias. Dieses Gras kann in vielerlei Form zur Gefahr für das Fahrzeug und die Umwelt werden. Längere Fahrten durch hohes Gras sind durchaus üblich auf einigen Strecken im Damaraland und im Kaokoveld. Dabei können sich Grashalmsplitter, aber vor allem die Ähren oder Rispen des Grases in die feinen Lamellen des Kühlers setzen und diesen vollkommen zusetzen. Der Wasser- bzw. Kühlmittelkühler sitzt im Motorraum an der Front des Fahrzeuges, wo der Luftstrom des eintreffenden Fahrtwindes das durchfließende Kühlmittel zusätzlich abkühlen kann. Diese zusätzliche Abkühlung kommt zum Erliegen, wenn die Lamellen des Kühlers mit feinen Grasteilen verstopft sind. Dann kann es bei heißen Außentemperaturen und einer hohen Beanspruchung des Motors zum Überhitzen des Motors kommen, was wiederum zu erheblichen Motorschäden führen kann. Abhilfe schaffen spezielle Abfanggitter, die vor den Kühler montiert werden und einen Großteil des Grases vom Kühler fernhalten, und das zusätzliche Ausblasen der Kühlerlamellen mit Druckluft aus dem Kompressor.

Grasteile setzen sich auch am Unterboden des Fahrzeuges fest. Gefährlich kann dieser Anhang rund um den Auspuff werden. Dort entstehen besonders bei Benzinmotoren oder Turbodieseln extrem hohe Temperaturen. Es besteht die Gefahr, dass erst das Gras am Auspuff und danach das gesamte Fahrzeug oder das umliegende Grasland Feuer fangen. Auf grasreichen Wegen sollte deshalb alle 20 bis 30 Kilometer der Unterboden bzw. der Auspuff kontrolliert und von anhängendem Gras befreit werden. Dabei ist auf die hohe Temperatur des Auspuffs zu achten, dementsprechend sind Lederhandschuhe zu tragen. Dieselbe Feuergefahr besteht auch beim Abstellen des Fahrzeuges im hohen Gras. Deshalb sollte auch bei Fahrten auf Schotter oder Asphalt das Fahrzeug nie im hohen Gras (der Reserve) geparkt werden, sondern immer am Straßenrand oder auf speziellen Rastplätzen.

TIPP: Große Hindernisse auf dem Weg: Berge und Hügel

Neben großen und kleinen Steinen versperren oftmals auch ganze Hügel bzw. Bergketten den weiteren Weg. Mögliche Steilhänge können sowohl beim Herauf- als auch beim Herunterfahren zum Problem werden.

Auf keinen Fall versucht man, an steilen Hängen (d. h. steiler als 25°) zu drehen oder gar seitlich an ihm entlang zu fahren. Dies kann in einem Überschlag resultieren. Doch die wichtigste und einfachste Regel am Hang lautet: Niemals die Kupplung treten!

Herunterfahren eines steilen Hanges:

- In den kleinsten möglichen Gang schalten.
- Allradantrieb und Differentialsperre einlegen.
- Bremse lösen und Kupplung kommen lassen.
- Statt der Bremse die Bremskraft des Motors nutzen. So werden alle vier Räder simultan abgebremst und es wird verhindert, dass eines der Räder blockiert. Der Motor übernimmt die komplette Bremswirkung.
- Sollte der Wagen ins Rutschen geraten, eher etwas Gas geben, aber nicht die Bremse betätigen, da die Rutschwirkung so verschlimmert werden würde.
- Auf keinen Fall die Kupplung treten, da die Bremskraft des Motors so außer Wirkung gesetzt würde und man so leicht die Kontrolle des Wagens verlieren könnte.
- Eher den Motor abwürgen, als die Kupplung treten.

Abstieg über Fels

Herauffahren eines Steilhanges:
Beim Herauffahren eines Steilhangs benötigt man Kraft, Geschwindigkeit und Kontrolle über das Fahrzeug. Ist der Untergrund rutschig oder sind lange Sanddünen zu bezwingen, braucht man Kraft und Geschwindigkeit. Ist die Auffahrt steinig und von Querrinnen durchzogen, braucht man die volle Kontrolle übers Fahrzeug. Höhere Geschwindigkeit wäre dann genau das Falsche, denn die Räder könnten bei den Rinnen den Bodenkontakt verlieren und durchdrehen.

- Allradantrieb und Differentialsperre einlegen.
- Je nach Steigung des Hanges in den 2. oder 3. Gang schalten.
- Steigung mit mittlerer Motordrehzahl anfahren.
- Gas geben, wenn die Vorderräder die Steigung erreicht haben.
- Sollte eines der Räder durchdrehen, kurz vom Gas gehen, bis das Rad wieder Haftung hat.
- Sollte der Motor beim Hochfahren absterben, sofort die Handbremse ziehen und den Wagen neu starten.
- Im Rückwärtsgang langsam zurückrollen lassen, um den Anstieg erneut in einem kleineren Gang oder mit höherer Geschwindigkeit zu versuchen.

22.2 Schäden am Fahrzeug

Neben den Gefahren, welche die Natur und das eigene oder das Fahrverhalten anderer mit sich bringt, kann es auf einer Rundreise in Namibia auch zu technischen Problemen am Fahrzeug kommen. Obwohl die Fahrzeuge regelmäßig gewartet werden, kann man niemals ausschließen, dass durch die extreme Beanspruchung oder andere Umstände ein Schaden entsteht. Fahrzeuge, und allen voran Mietfahrzeuge, sind in aller erster Linie Alltagsgegenstände. Auch der verantwortungsvollste Autovermieter wird bemüht sein, die Fahrzeuge so oft und so lange wie möglich in Betrieb zu haben. Jeden Tag, an dem das Auto unterwegs ist, wird damit Geld verdient; jeder Ruhetag kostet das Unternehmen Geld. Gerade in der Hochsaison sind freie Fahrzeuge Mangelware und die vorhandenen Wagen kommen nur kurz zur Wartung und Reinigung in die heimische Garage zurück, bevor es für sie wieder auf Tour geht. Die genaue „Haltbarkeit“ der Fahrzeuge bzw. bestimmter Autoteile lässt sich nur schwer vorhersagen, jedoch sind die Vermieter bemüht, qualitativ hochwertige und langlebige Elemente zu verbauen. Es würden nicht so viele Autovermietungen (und Farmer) auf die Dienste eines *Toyota Hilux* zurückgreifen, wenn nicht Marke und Modell weltweit für hohe Qualität und lange Lebensdauer bekannt wären. Ein plötzlich auftretender Schaden ist jedoch nicht ganz auszuschließen.

AUTSCH!

Die häufigsten Schäden an Mietwagen in Namibia beruhen gar nicht auf technischen Problemen des Fahrzeugs selbst, sondern entstehen durch äußere Faktoren und werden durch die wechselnden, schwierigen Straßenverhältnisse hervorgerufen. Aufgewirbelte und herumfliegende Steine können Schäden an Scheiben, Lack und Unterboden bewirken (Steinschlag). Der unbefestigte Untergrund und vor allem scharfkantige Steine beanspruchen die Reifen des Fahrzeuges so extrem, dass sie Luft verlieren oder gar platzen können.

Sie prägen das Bild vielbefahrener afrikanischer Überlandstraßen und sind mehr als eine bloße Randerscheinung: aufgerissene und zerfetzte Lkw-Reifen, welche die Straßenränder zuhauf säumen. Dieses Bild ist umso einprägsamer, als dass ein Reifenwechsel genauso zu einem „wahren" Namibia-Urlaub dazugehört, wie die „illegale" Ausfuhr von reichlich Sand im Reisegepäck. Da also eine Reifenpanne in Namibia zu den alltäglichen Situationen gehört, tut man sich selbst einen Gefallen, wenn man sich damit auch schon einmal im Vorfeld auseinandersetzt. Wer in der europäischen Heimat noch nie in die Verlegenheit gekommen ist, einen Reifen wechseln zu müssen, sollte diese Situation ruhig einmal in der heimischen Garage simulieren. Die dort auftauchenden Fragen sind dieselben, die auch bei der Fahrzeugübernahme mit dem Vermieter zu klären sind. Wo befinden sich Wagenheber, Radschlüssel bzw. Radkreuz und Ersatzrad? In der Mietwagenstation sollte man sich neben dem Aufenthaltsort der Werkzeuge vor allem die Ersatzräder zeigen lassen. Je nach Vermieter und gewähltem Fahrzeug sind ein oder zwei Ersatzräder mit an Bord. Mehr Sicherheit und Möglichkeiten besitzt man ohne Zweifel mit dem zweiten Ersatzrad, vor allen Dingen, wenn man sich abseits der großen

Touristenströme bewegen möchte. Ein Ersatzrad ist zumeist am Heck des Wagens montiert, das zweite Rad befindet sich oft unter dem Fahrzeug und muss mit einer speziellen Kurbel auf den Untergrund heruntergelassen werden. Bei den Ersatzreifen sollte man genauso wie bei den vier bereits schon montierten Reifen auf das Profil bzw. die Profiltiefe, etwaige Schäden, die Radmuttern (Anzahl und Ankerpunkte) und den Reifendruck achten. Es gibt nichts Ärgerliches als bei einer Reifenpanne festzustellen, dass der Ersatzreifen nichts taugt – z. B., weil er selbst platt ist oder die Anzahl und Konfiguration der Radmuttern nicht mit dem Originalrad übereinstimmen.

Zusätzlich zu den auch bei uns bekannten Werkzeugen besitzen die großen Geländewagen und Campingfahrzeuge im Südlichen Afrika ein weiteres Hilfsmittel speziell für den Reifenwechsel: einen Holzblock. Dieses meist quadratische Holzstück dient als Unterlage bzw. Unterlegscheibe für den Wagenheber, um diesen auf unebenem oder losem Untergrund wie Schotter, Sand oder Matsch zu stabilisieren. Ein weiterer positiver Nebeneffekt dieses Holzblockes ist es, dass der Wagenheber damit ein wenig höher liegt und dadurch evtl. auch nicht gänzlich ausgefahren werden muss. Für jedes Fahrzeugmodell gibt es für die Vorder- und Hinterräder spezielle Ansatzstellen für den Wagenheber, die bei einem Blick unter das Fahrzeug oder ins Handbuch gefunden werden können. Setzt man den Wagenheber bei Allradfahrzeugen an der falschen Stelle z. B. an der Karosserie an, kann man den Wagenheber bis zum Maximalpunkt verlängern, ohne das Rad vom Untergrund heben zu können. Schuld daran ist das spezielle Fahrwerk bzw. die Federn der Geländewagen. Allradfahrzeuge besitzen aufgrund ihrer Eignung für unebenes Gelände einen relativ großen Federweg. Setzt man den Wagenheber direkt an der Achse des Fahrzeugs an, kann man sowohl Fahrwerk bzw. Federn als auch das entsprechende Rad in die Höhe heben. Bei einer unsachgemäßen Verwendung des Wagenhebers kann das Fahrzeug plötzlich vom Wagenheber fallen, was schwere oder gar tödliche Folgen haben kann.

Reifenwechsel

Die Gefahr des Platzens eines Reifens während der Fahrt ist übrigens relativ gering; viel häufiger tritt der Fall eines

„schleichenden Plattfußes“ ein, bei dem sich die Luft in kleinen Mengen über Stunden hinweg aus dem Reifen verabschiedet. Typischstes Beispiel ist das Abstellen eines tadellosen Wagens am Abend, und am nächsten Morgen verzögert sich die Abfahrt aufgrund eines platten Reifens.

TIPP: Outdoor-Reifenwechsel

vorher:
- Fahrzeug auf geraden Untergrund fahren bzw. rollen
- Unfallstelle nach vorn und hinten mit Warndreieck absichern
- Handbremse ziehen
- Ersatzrad vom Fahrzeug lösen (vom Heck oder vom Unterboden)

Reifenwechsel:
- Radbolzen mit Radkreuz lösen, aber noch nicht entfernen
- Wagenheber korrekt ansetzen und den Wagen hochheben
- Radbolzen komplett entfernen
- defekten Reifen abnehmen
- Aufsetzen des neuen Reifens
- Radbolzen einsetzen und leicht anziehen
- Wagen absenken
- Radbolzen über Kreuz festziehen

nachher:
- defekten Reifen am oder im Fahrzeug verstauen
- Warndreiecke wieder einsammeln
- Handbremse lösen und weiterfahren
- nach ca. 50 Kilometern Radbolzen noch einmal kräftig nachziehen

Der Untergrund setzt nicht nur den Reifen zu, sondern auch allen Oberflächen, die mit ihm direkt oder indirekt in Kontakt kommen. Der Unterboden des Fahrzeugs wird dabei am meisten beansprucht, in besonderem Maße auf unbefestigten Strecken wie in Namibia. Es liegt in der Natur der Dinge, dass tiefliegende Pkw dabei einer größeren Gefahr ausgesetzt sind als hochbeinige Geländewagen. Allein dadurch lässt sich schon eine Empfehlung für SUV und Allrad-Fahrzeuge ableiten. Aber auch bei großen Geländewagen kann es durchaus zu Beschädigungen des Unterbodens kommen. Diese resultieren zumeist aus dem Überfahren großer Hindernisse wie z. B. Steinen, Baumstümpfen etc. Liegt ein großer Stein im Weg, sollte dieser möglichst umfahren werden. Ist dies nicht möglich, sollte das Hindernis mit den Rädern überfahren werden. Zwischen den Rädern liegt wichtige und teure Technik wie z. B. Differenziale, Getriebe, Spurstangen usw., welche die Bodenfreiheit des Wagens einschränkt. Darum das Hindernis niemals zwischen die Räder nehmen. Kreuzen Baumstämme, große Spurrillen oder Gräben den Weg, sollten diese diagonal an- und überfahren werden.

Weitaus kleinere Steine sind für den typischen Steinschlag verantwortlich. Dabei werden kleine Steine durch die sich drehenden Räder vom Boden gelöst und in die Luft gewirbelt. Das Auftreffen dieser Steine kann bei einem Fahrzeug Schäden an Lack und Scheiben verursachen. In den seltensten Fällen wird das Fahrzeug von den Steinen getroffen, die es selbst aufgewirbelt hat. Die Radkästen fangen einen Großteil dieser Steine ab, der Rest wird nach hinten oder zur Seite geschleudert. Die Gefahr geht also von vorausfahrenden oder entgegenkommenden Fahrzeugen aus. Da hilft dann nur umsichtiges und passives Fahren – möglichst viel Abstand halten, möglichst links fahren und ggf. die Geschwindigkeit verringern. Beim Überholen sollte so früh wie möglich nach rechts gewechselt werden und erst wieder spät weit vor dem anderen Fahrzeug zurück auf die linke Spur geschwenkt werden.

22.3 Unfall, Schaden oder Panne: Was nun?

Auch wenn die Szenarien für einen Unfall oder einen Schaden am Fahrzeug unterschiedlich verlaufen können, gleichen sich doch die Abläufe und Handlungsmuster nach dem jeweiligen Ereignis am bzw. mit dem Fahrzeug. Auch wenn es schnell (weiter)gehen soll bzw. muss, das Wichtigste ist sicherlich, die Ruhe zu bewahren und nicht in Panik zu geraten. Mit klarem, unaufgeregtem Kopf lassen sich die erforderlichen Maßnahmen besser, sicherer und schneller erledigen. Dabei sollte die eigene Sicherheit und Gesundheit und die anderer immer im Vordergrund stehen.

Ungeplanter Aufenthalt: Abschleppdienst zur nächsten Tankstelle

Panne

Sollte das Fahrzeugproblem nicht selbst behoben werden können (z. B. durch einen Reifenwechsel) oder sind die Warnleuchten im Fahrzeug auch nach Durchsicht des Fahrzeug-Handbuches nicht wirklich erklärbar, muss der Vermieter kontaktiert werden. Die meisten Autovermieter bieten dafür einen 24-Stunden-Notruf an. Die Vermieter kennen ihre Autos in- und auswendig und können oft schon am Telefon mit einer Ferndiagnose weiterhelfen. Auch sonst helfen die Vermieter gern mit Rat und Tat weiter und organisieren je nach Dringlichkeit einen Mechaniker, einen Abschleppdienst (*tow-in*) oder ein Ersatzfahrzeug. Bei Pannen aufgrund mechanischer Fehler trägt die Autovermietung

Festfahren am Beach-Parkplatz kostet 500 NAD!

die Abschleppkosten. Im Fall eines Unfalls oder Fahrlässigkeit trägt der Kunde die Kosten des Abschleppdienstes.

Im Fall einer Panne sollte das weitere Vorgehen unbedingt mit dem Vermieter abgesprochen werden. Lässt der Mieter eventuelle Schäden auf eigene Faust bei einer beliebigen Werkstatt beheben, ohne zuvor den Vermieter darüber in Kenntnis zu setzen, bleibt er unter Umständen auf den Reparaturkosten sitzen, selbst wenn der Schaden versichert war.

Werkstätten, Tankstellen und viele Gästefarmen bzw. Lodges haben die Möglichkeit, einen defekten Reifen wieder zu reparieren. Der Erfolg der Reparatur ist abhängig vom vorangegangenen Schaden und der anschließenden Beanspruchung, aber in der Regel kann die Reise ohne Einschränkungen bis zum Ende weitergeführt werden. Es ist also nach einer Reifenpanne nicht zwingend nötig, sich mit dem Kauf eines neuen Reifens zu beschäftigen.

Leitfaden bei einer Panne:

- Fahrzeug von der Fahrbahn wegbewegen auf den Seitenstreifen, sofern noch möglich
- Absicherung des „Tatorts“ nach vorn und nach hinten durch zwei Warndreiecke
- Reparatur des Schadens (z. B. Reifenwechsel) – sofern möglich
- Anruf bei der Mietwagenfirma – sofern Reparatur vor Ort nicht möglich (mit genauer Ortsangabe, d. h. Straßennummer, zwischen welchen Orten oder Kreuzungen etc.)
- Warten auf Mechaniker, Abschleppdienst oder Ersatzfahrzeug
- Reparatur vor Ort oder Reparatur in einer Werkstatt
- Reifenreparatur bei Werkstätten, Tankstellen, Farmen, Lodges etc.

Werkstätten in Afrika

Ein Traum von einer Werkstatt: Weimann's Garage in Outjo

Die Optik und die Ausstattung vieler Werkstätten in Afrika entsprechen nicht der Ordnung und Sauberkeit europäischer Vertragswerkstätten – also bitte nicht wundern. Doch die Mechaniker vor Ort wissen gemeinhin sehr viel über die Technik und die Probleme der gängigen Fahrzeugmodelle und können diese oft auch mit unkonventionellen, z. T. provisorischen Lösungen reparieren bzw. zumindest wieder zum Laufen bringen. Die Bezahlung vor Ort findet in bar statt, allerdings haben Vermieter oftmals spezielle Absprachen und Regelungen mit einzelnen Werkstätten.

Unfall

Im Fall eines Unfalles ist neben dem Autovermieter unbedingt auch noch die Polizei zu verständigen, ggf. auch noch ein Notarzt. Die Polizei braucht dabei eine Fülle von Informationen, ähnlich den schon im Kindergarten verinnerlichten W-Fragen (Wer?, Was?, Wann?, Wo?, Wie (viele)? etc.). Besonders der Ort des Unfalls ist für eine schnelle und effektive Hilfe von großer Bedeutung. Deshalb sollte man möglichst genaue Angaben zum Aufenthaltsort machen. Ein Blick auf die Karte oder das Navigationsgerät helfen da zumeist weiter. Jede Überlandstraße in Namibia ist mit einem Buchstaben (je nach Straßenkategorie) und einer Nummer versehen. Als weitere Angaben bzw. zur Eingrenzung dienen Orte, Kreuzungen, Himmelsrichtungen und geografische Besonderheiten. Eine korrekte Ortsangabe könnte also wie folgt lauten: „Wir stehen auf der B2 zwischen Okahandja und Swakopmund, d. h. zwischen den Kreuzungen mit der C36 und der D1967 – im Farmstall von Wilhelmstal unter einer großen Akazie …".

Handelt es sich um einen Wildunfall, ist ebenfalls die Polizei zuständig, die alles Weitere veranlasst wie z. B. die Entsorgung des Kadavers oder die Erlösung des Tieres. Ist der Wildunfall innerhalb eines Nationalparks passiert, kann man neben der Polizei und dem Autovermieter auch noch die Parkverwaltung benachrichtigen. Überlebt das Tier den Unfall und liegt nun verletzt danieder, sollte man sich dem Tier nur dann nähern, wenn keine Gefahr für Leib und Leben besteht. Verletzte Tiere (oder Artgenossen aus derselben Herde) können durchaus aggressiv auf Annäherungen reagieren. Außerdem löst die Begegnung mit einem Menschen zusätzlichen Stress aus. Nur in wenigen Fällen hilft man dem Tier wirklich, indem man Schatten oder Wasser spendet. In Nationalparks mit Löwen (z. B. Etosha National Park) sollte man tunlichst auf das Aussteigen verzichten und auf die nahende Hilfe warten.

Zum Glück nur Blechschaden!

Trifft die Polizei dann endlich ein, heißt es weiterhin, Ruhe zu bewahren und abzuwarten. Es wird einige Zeit in Anspruch nehmen, bis die Polizei einen vollständigen Bericht aufgenommen hat. Auch wenn der Abschleppwagen schon da ist oder die Fahrt eigentlich weitergehen könnte, sollte man das Schriftstück der Polizei abwarten. Ein vollständiger Polizeibericht wird sowohl vom Vermieter als auch von der Versicherung verlangt und ist somit Pflicht.

Leitfaden bei einem Unfall:

- Absicherung des Unfallortes nach vorn und nach hinten durch zwei Warndreiecke
- Anruf bei der Mietwagenfirma
- Anruf bei der Polizei (Tel.: 10111)
- beide Anrufe mit möglichst genauer Ortsangabe, d. h. Straßennummer, zwischen welchen Orten oder Kreuzungen etc.
- Aufnahme von Kontaktdaten der beteiligten Personen und eventueller Zeugen
- Fotografieren der Schäden und Nummernschilder der Fahrzeuge
- Warten auf Polizei
- Mitnahme des vollständigen Polizeiberichts (*accident report*)
- Warten auf Abschleppdienst oder Ersatzfahrzeug

Einbruch bzw. Diebstahl

Wenn es im Fahrzeug einen Einbruch oder Diebstahl gibt, ist natürlich auch die Polizei zu verständigen. Bei der Meldung auf der Polizeiwache bekommt der Fall eine Vorgangsnummer (*claim number* bzw. *case register*) und wird schriftlich aufgenommen (in Englisch). Nach Unterzeichnung dieses Schadensprotokolls wird es in den meisten Fällen noch einmal komplett abgeschrieben und gestempelt, da zumeist keine Möglichkeit des Fotokopierens besteht. Für diesen ganzen Vorgang muss man mindestens zwei Stunden einrechnen. Hilfreich ist es, das Protokoll mit der Kamera zu dokumentieren. Das Protokoll dient einer möglichen Reisegepäckversicherung als Bearbeitungsgrundlage. Wichtig ist ebenfalls die Hinterlegung einer lokalen, namibischen Telefonnummer, z. B. die des Autoverleihers oder der Botschaft im Land. Falls persönliche Dinge wieder auftauchen, können diese innerhalb Namibias zugestellt werden.

TIPP:
Warten und Wasser

Nachdem die Panne oder der Unfall beim Vermieter und der Polizei gemeldet wurde, kann es lange, z. T. sehr lange dauern, bis Hilfe in Form von Mechanikern, Abschleppwagen bzw. Polizisten vor Ort sind. Der „Tatort“ sollte während dieser Zeit niemals verlassen werden, damit die mögliche Hilfe sie auch vor Ort antreffen kann. Unfallorte dürfen nicht verlassen werden, bevor nicht die dafür zuständige offizielle Stelle (Polizei und ggf. Nationalparkverwaltung) vor Ort war. Zumeist lädt die Außentemperatur ohnehin nicht zum langen Verweilen oder Herumschlendern ein. Da nimmt man dann lieber ein paar Stunden Wartezeit in Kauf, als stundenlang in der Hitze umherzuirren. Besonders in abgelegenen Gebieten sollte man nie einfach drauflosgehen. Die Wartezeit sollte also am oder im Fahrzeug verbracht werden. In Nationalparks und besonders bei Anwesenheit von Löwen sollte die Sicherheit des Fahrzeuges aufgesucht werden. Für solche und andere Notfälle sollte immer genügend Trinkwasser mitgeführt werden, am besten gleich für mehrere Tage. Als Maßstab kann man mit 5 Litern Wasser pro Tag für einen Erwachsenen rechnen. Das heißt also, dass man von vornherein (am besten beim ersten Einkauf) mindestens 10 Liter Wasser nur für den Notfall einplanen sollte.

Kontakt zur Außenwelt

Um im Fall eines Unfalls oder einer Panne Hilfe rufen zu können, ist ein funktionsfähiges Mobiltelefon besonders hilfreich. Um das Reisebudget nicht unnötig durch horrende Roaming-Gebühren zu schmälern, sollte vor Reisebeginn in Windhoek eine namibische SIM-Karte mit Prepaid-Tarif besorgt werden. Die namibischen Anbieter – allen voran *MTC* – besitzen im Land die bessere Netzabdeckung und die günstigeren Tarife. Allerdings gibt es nicht überall im Land Handyempfang; Abhilfe schafft da nur ein Satellitentelefon, das einige Autovermieter als zusätzliche Ausstattung anbieten. Handy oder Satellitentelefon helfen im Notfall aber nur, wenn die jeweiligen Akkus aufgeladen und die Geräte betriebsbereit sind. Soviel Aufwand und Technik ist jedoch nur vonnöten, wenn man allein wirklich abgelegene Regionen des Landes bereist. Im Normalfall kann man zunächst einmal auf andere, vorbeifahrende Autos hoffen und bauen. In einem menschenleeren Land wie Namibia ist es eine Selbstverständlichkeit, dass man Hilfebedürftigen in einer Notsituation weiterhilft. Kann mit dem defekten Fahrzeug nicht mehr weitergefahren werden, bittet man Vorbeifahrende, Hilfe zu holen oder um eine Mitfahrgelegenheit in den nächsten Ort.

23. Tierische Begegnungen

Gedränge am Wasserloch

23. Tierische Begegnungen

Die weiten, unberührten Naturlandschaften und die einzigartige Tierwelt machen den großen Reiz Afrikas aus. Schon in Kindheitstagen erwächst der Traum, die aus Büchern und aus dem Zoo bekannten Tiere wie Löwe, Elefant, Giraffe oder Zebra einmal mit eigenen Augen zu sehen. Eine Safari im Südlichen Afrika wird dieser Vorstellung zumeist mehr als gerecht. Je näher man diesem Traum kommt – und damit den Tieren –, umso mehr muss man sich darüber Gedanken machen, was zu tun ist, wenn man den großen und kleinen Tieren des afrikanischen Busches Auge in Auge entgegentritt. Während in vielen afrikanischen Ländern diese Begegnung den großen Nationalparks vorbehalten ist, hat der Reisende in Namibia auch außerhalb der Nationalparks die Möglichkeit dazu – beispielsweise bei längeren Überlandfahrten in zumeist menschenleeren Gebieten. Das Fernglas gehört also in greifbare Nähe und nicht in den Kofferraum! Da die Tiere unvermittelt und unverhofft auftreten können, sind Autofahrten mit größter Aufmerksamkeit anzugehen. Vermag man hochbeinige Tiere wie Kudus in einer vegetationsarmen Landschaft noch am Straßenrand zu erkennen, ist ein kreuzendes Warzenschwein im hohen Gras der Reserve gar nicht wahrzunehmen. Auch auf kleinere Tiere wie Erdhörnchen, Schildkröten und Chamäleons ist zu achten.

Auch Haustieren kann man in Namibia ganz nahe kommen!

Landschildkröten – „Nur schauen, nicht anfassen!"

Der Panzer einer Schildkröte eignet sich hervorragend zur Abwehr, zum Schutz und zur Thermoregulation. Ihrem größten Feind, dem Menschen, können sie so allerdings nicht entgehen. Viele Schildkrötenarten weltweit sind durch Jagd, Handel und Lebensraumverlust vom Aussterben bedroht. Da die Lage für die namibischen Arten noch nicht so dramatisch ist, trifft man auf Reisen durch Namibia häufiger auf Landschildkröten. Sie eignen sich aufgrund ihrer Fluchtgeschwindigkeit besonders gut als Fotomotiv. Beim Betrachten und Fotografieren der Tiere dürfen diese aber nicht angefasst oder herumgetragen werden, da dies Stressreaktionen des Tieres hervorrufen kann wie z. B. das Entleeren der Blase. Was sich auf den ersten Blick für uns nur als ein kleines Malheur darstellt, bedeutet für die Tiere eine nachhaltige Belastung des Flüssigkeitshaushaltes. Aufgrund des trockenen, heißen Wetters kann dies im schlimmsten Fall lebensbedrohlich sein.

Strahlenschildkröte (*Psammobates*)

Da die meisten Tiere Afrikas zwischen Dämmerung und Morgengrauen am aktivsten sind, ist von Fahrten in der Dunkelheit abzusehen – zur eigenen Sicherheit und der des Tieres. Um die Gefahr eines Zusammenstoßes zu minimieren, sollte man Tieren, die ganz offensichtlich die Straße passieren möchten, den nötigen Raum geben, dies vor dem Fahrzeug tun zu können. Auf keinen Fall sollte man in eine kreuzende Tierherde hineinfahren und in der Mitte stoppen. Das Trennen der Herde schafft unnötige Unruhe und Stress und kann bei größeren Tieren (z. B. Elefanten) zur Lebensgefahr für die Fahrzeuginsassen werden. Doch das eigene Fahrzeug bietet neben der Unfallgefahr auch einen großen Vorteil: die „Tarnung". Die Silhouette eines Fahrzeuges wird von Tieren in der Regel nicht als Gefahr angesehen und führt nur in seltenen Fällen zu einer Fluchtreaktion. Somit kann man mit dem Fahrzeug relativ nahe an Wildtiere herankommen; dabei aber bitte Straßen und Wege nicht verlassen. Die Fluchtdistanz der Tiere ist im Einzelnen von vielen weiteren Faktoren abhängig wie z. B. schlechte Vorerfahrungen mit Fahrzeugen. Spätestens beim Verlassen des Fahrzeuges wird das ungelenke, zweibeinige Säugetier dann allerdings als bedrohlich oder zumindest unbekannt eingestuft. Die natürliche und angeborene Scheu der Tiere lässt sie dann schnell verschwinden. Neben den optischen Reizen reagieren Tiere natürlich auch auf akustische Reize. Wer laut redend durch die Savanne stapft, wird kaum ein Wildtier zu Gesicht bekommen.

Vorsicht ist auch beim Öffnen der Fensterscheiben geboten: Nun können die leisesten Geräusche, verursacht z. B. durch Reden, Husten oder eine Suchaktion im Fahrzeug, zum Ohr des Tieres dringen.

Bei einer Tierbeobachtung sollten die eigene Sicherheit und das Wohl der Tiere oberstes Gebot sein. Bei vorsichtigem und angemessenem Verhalten wird sich jeder Reisende an Afrikas wunderbarer Tierwelt erfreuen können. Zu einer Gefahr werden Tiere vor allen Dingen dann, wenn man ihnen so nahe kommt, dass sie sich bedrängt fühlen. Dann können auch gemütliche Grasfresser wie z. B. Antilopen zum Angriff ansetzen und lange Hörner zu gefährlichen Waffen werden. Das Gefühl der Beengtheit stellt sich naturgemäß bei Müttern mit Jungtieren früher ein. Darum gilt es, Abstand zu halten, den Tieren Raum zu gewähren und Fluchtwege für die Tiere offen zu lassen. Zu großen Problemen kommt es immer wieder in den Nationalparks, wenn sich gleich mehrere Autos auf ein potenziell interessantes Tier stürzen und dabei alle guten Verkehrs- und Benimmregeln vergessen, nur um den Schnappschuss des Jahres zu bekommen. Dann regiert die Ellenbogengesellschaft am Wasserloch und das größte Objektiv muss dem Löwen direkt unter die Nase gehalten werden.

Erst abseits, dann mittendrin, statt nur dabei!

„Anfang 2008: Wir hatten uns einem Wasserloch genähert, das schon von einer ganzen Kolonne anderer Fahrzeuge regelrecht umstellt war. Alle brachten sich mit ihren teils gewaltigen Objektiven in Position, denn es hatten sich viele Zebras und Giraffen versammelt, die von einigen in der Sonne dösenden Löwen davon abgehalten wurden, sich dem Wasserloch weiter zu nähern. Doch statt einer Jagdszene erlebten wir nur den Kampf um die besten Plätze am Wasserloch, das beste Foto, die größte Nähe zu den Löwen. Abgeschreckt vom touristischen Gebaren, gleichzeitig angezogen von den Löwen, stellten wir unseren Kleinbus in einiger Entfernung vom Geschehen ab. Und sollten für unsere Zurückhaltung belohnt werden: Nur wenige Minuten nach Abstellen des Motors fühlten sich zwei junge Löwenmännchen scheinbar vom Tumult um sie herum gestört und schlenderten in unsere Richtung. In geringer Entfernung zu uns legten sie sich auf offenem Feld ab, um sich anschließend ein noch kühleres Plätzchen zu suchen. Den größten Schatten der näheren Umgebung warf ausgerechnet unser Bulli. Die beiden Löwen machten es sich in unmittelbarer Nähe zum Bus und damit zu uns bequem, so dass wir die bald dösenden Jungtiere genau studieren konnten."

(© Michael Kuss)

Auf in den Schatten

23.1 Säugetiere

Vorfahrt am Wasserloch: Elefant

Die bekanntesten Säugetiere Afrikas sind sicherlich die sogenannten „Big Five“ – Löwe, Leopard, Elefant, Nashorn und Büffel. Dieses Quintett wird nicht aufgrund ihrer physischen Größe zusammengefasst, vielmehr galten diese Tiere für die Großwildjäger vergangener Jahrhunderte als besonders schwer zu erlegen. Der gemeine Tourist ist da eher auf der Jagd nach guten Fotos und Erinnerungen, sollte sich aber dennoch an gewisse Verhaltensregeln halten.

Begegnung mit dem König der Tiere

Überall dort, wo Löwen in freier Wildbahn vorkommen, in Nationalparks, Wildtierfarmen etc., sollte man nur in gesicherten Bereichen aus seinem Fahrzeug aussteigen. Jedes Jahr verunglücken Touristen in Afrika (zumeist tödlich), weil sie einen Löwen mit einer schnurrenden Hauskatze verwechseln. Doch wenn Löwen leichte Beute wie z. B. einen Menschen ausmachen, werden sie die Gelegenheit ergreifen – ein Mensch ist dabei chancenlos.

Der König der Tiere verlässt nur dann seine angestammte Bühne, wenn sich Elefanten in der Nähe befinden. Allein schon die mächtige Größe und wuchtige Gestalt eines Elefanten sollten Respekt und Ehrfurcht auslösen – nicht nur bei einem Löwen. Neben einem grundlegenden Sicherheitsabstand sollte man auf Unmutsäußerungen und Drohgebärden der Elefanten achten. Das Schütteln des Kopfes,

heftiges Ohrenschlagen und Trompeten verraten Unruhe und Angespanntheit. Die langsame Weiterfahrt oder der Rückweg sind dann die richtige Entscheidung. Der Motor sollte bei Anwesenheit von Elefanten immer laufen, um schnell reagieren zu können. Junge Elefanten können ziemlich niedlich und verspielt wirken, kommen aber immer mit ihrer Mutter daher. Jungtier und Elefantenkuh wollen niemals getrennt sein und lassen sich auch nicht von einer rollenden Blechkiste aufhalten. Kurzum: Grauen Dickhäutern ist immer Vorfahrt zu gewähren!

Spitzmaulnashorn

Dies gilt auch für ein Zusammentreffen mit Nashörnern. Egal ob Breit- oder Spitzmaulnashorn, beide Nashornarten verfügen über einen äußerst schlechten Sehsinn. Wird eine Gefahr über die feine Nase oder das exzellente Gehör wahrgenommen, entscheidet sich das Nashorn für eine Richtung und läuft mit gesenktem Kopf und den Hörnern voran los. Etwaige Fahrzeuge im Weg werden von mehreren Tonnen Schwungmasse ungesehen überrannt.

Einer kreuzenden Elefantenherde sollte man immer aus dem Weg gehen!

Anders als Nashörner treten Afrikanische Büffel oftmals in großen Herden von mehreren Hundert Tieren auf. Sie gelten als angriffslustig und wissen sich selbst gegen angreifende Löwen zu verteidigen. Wehrhaft sind diese schwarzen Giganten durch ihre weit ausladenden, geschwungenen Hörner und ihr selbstbewusstes Auftreten. Zwei Meter Höhe und bis zu einer Tonne Gewicht sprechen eine klare Sprache!

Das Flusspferd gehört zwar nicht zu den „Big Five", aber sicherlich zu den gefährlichsten Giganten unter den afrikanischen Wildtieren. Von den vegetarischen Flusspferden heißt es, dass sie mehr Menschenleben fordern als jedes andere Säugetier. Wegen ihres behäbigen Aussehens werden sie oft unterschätzt – sowohl an Land als auch im Wasser sind sie einem Menschen allerdings überlegen. Nachts kommen Flusspferde zum Grasen ans Land. Tagsüber halten sich Hippos im oder am Wasser auf, wo sie die heißen Tagesstunden überdauern und ihr Territorium gegen Eindringlinge jeder Art aggressiv verteidigen. Als abschreckende Waffen setzen Flusspferde ihre riesigen Zähne ein. Wegen Flusspferd (und auch Krokodil sowie im Wasser lebenden „Egelschnecken", die Bilharziose verursachen können) sollte im Norden Namibias jeder Gang ins und zum Wasser genauestens kontrolliert und abgewägt werden, sonst kann das erfrischende Bad leicht das letzte gewesen sein. Einen guten Anhaltspunkt und Referenzwert bieten die Einheimischen, welche die Situation, den Fluss und seine Tiere kennen und sich aus Leichtsinn keiner Gefahr aussetzen. Gehen sie ins Wasser, kann man ihnen an gleicher Stelle zur selben Zeit getrost folgen!

Auch das Nachtlager am Fluss sollte gut gewählt werden – außerhalb der Äsungsflächen von Flusspferden und nicht direkt auf einem Wildwechsel, da eben auch nachts reger Betrieb vom oder zum Fluss herrscht. Generell ist auch das Nachtlager ein Ort, an dem mit Wildtieren gerechnet werden muss. Viele Nachtlager und die meisten der kommunalen Campingplätze sind nicht eingezäunt. Wildtiere können also ungehindert durch das Camp laufen, was besonders nachts häufig vorkommt. Besonderes Augenmerk sollte Essensresten, Vorräten und dem Camping-Equipment geschenkt werden, da diese Tiere magisch anziehen. Richten schon Mäuse und Ratten unangenehme Schäden an, so können Affen – vor allen Dingen Paviane – ein Camp vollkommen zerstören. Affen sind so intelligent und behände, dass sie verschlossene Boxen, gekippte Fenster und verschlossene Zelte öffnen können. Darum sollte Essbares innerhalb des Fahrzeugs unter Verschluss gehalten werden. Dies gilt nicht bei Obst und der möglichen Anwesenheit von Elefanten. Die grauen Riesen werden von süßlichen Gerüchen magisch angezogen und machen dann auch nicht Halt vor Fahrzeugtüren oder -fenstern. Es ist also nicht immer die beste Idee, vegetarisch zu leben! Fleisch oder Knochen stehen dagegen bei Hyänen ganz oben auf der Speiseliste. Des Nachts werden die Camps auf der Suche nach Fress- oder anderweitig Brauchbarem durchkämmt. Um unangenehmen Begegnungen vorzubeugen, sollte der Gang zur Toilette nur mit Taschenlampe begangen werden und das Camp vorzeitig geräumt sein. Schuhe, vor allen Dingen solche mit Lederanteil, gehören ins Fahrzeug oder Zelt, da auch Leder bei Schakal und Hyäne hoch im Kurs steht. Oftmals verschwindet über Nacht nur ein Schuh, so dass der leidgeprüfte

Mit Pavianen ist nicht zu spaßen!

Tourist am nächsten Morgen nur noch mit jeweils einem Flipflop und einem Halbschuh dasteht.

Vom Füttern von Wildtieren sollte generell abgesehen werden! Durch Fütterungen werden Touristen und Tiere zugleich in Gefahr gebracht. Menschliches Essen stellt für die Tiere oftmals eine unnatürliche, ungesunde Ernährung dar und kann zu erheblichen Gesundheitsproblemen beim Tier führen. Verliert das Tier durch die Anfütterung die natürliche Scheu zum Menschen, kann dies für beide Seiten unangenehme bis tödliche Folgen haben. Menschen, vor allem Kinder, tragen von solchen Begegnungen häufig Bissverletzungen davon. Wildtiere werden nachfolgend als Problemtier eingestuft und möglicherweise erschossen.

Vorsicht ist darüber hinaus auch bei angeblich zahmen Wildtieren geboten, die oftmals auf Gästefarmen und Lodges gehalten werden. Auch wenn der Eindruck ein anderer zu sein scheint, diese Tiere sind mehr wild als zahm. Instinkte und angeborenes Verhalten lassen sich zwar unterdrücken, aber nie vollkommen auslöschen. Der schmerzhafte Biss eines Erdmännchens bei einer Fütterung ist dabei wahrscheinlich noch zu verkraften, der Angriff eines Geparden oder gar Leoparden kann tödlich enden.

Besonders zahme und zutrauliche Tiere auch außerhalb der Farmen können an Tollwut erkrankt sein. Kein Biss eines Säugetiers sollte ignoriert werden! Denn eine Tollwutinfektion verläuft bei Tier und Mensch bei Nichtbehandlung immer tödlich. In Namibia tritt sie besonders bei Fledermäusen, Mangusten, Schakalen und Kudus auf. Äußerste Vorsicht ist also geboten, wenn das Kudu auf dem Flur steht und Tiere ihre natürliche Scheu verlieren.

TIPP: Spuren im Sand

Da Tiere vor allen Dingen nachts aktiv sind, lohnt es sich, am Morgen nach dem Aufstehen den Boden des Nachtlagers nach den Spuren der nächtlichen Besucher abzusuchen. Man wird sich wundern, welche Tiere in nächster Nähe zur Schlafstätte unterwegs waren. Eine ausgedehnte Spurensuche (Trittsiegel und Kot) bietet sich bei Stopps jeglicher Art an; die tierischen Spuren verraten viel über den Lebensraum und seine Bewohner. Die besten Möglichkeiten bieten vegetationsfreie, sandige Flächen oder feuchter Untergrund wie z. B. an Flussufern. Die unangefochtenen Meister des Spurenlesens sind die San. In einigen ihrer Dörfer kann man gemeinsam mit ihnen auf die Jagd nach Spuren gehen und von den Meistern lernen.

Im Anhang dieses Buches findet sich eine Übersicht über tierische Spuren!

TIPP: Forschungsreisen: Mitmachen und Mitforschen

Für alle, die Tiere nicht nur beobachten möchten, sondern in ihrem Urlaub einen aktiven Beitrag zum Natur- und Umweltschutz leisten möchten, sind Forschungsreisen bzw. Forschungsaufenthalte bestens geeignet. Forschungsreisen bieten einen exklusiven Einblick in die Forschungsarbeit von Naturwissenschaftlern und in fortlaufende Naturschutzprojekte. Die Bereitschaft zur praktischen Mitarbeit ist dabei oberstes Prinzip. Das Angebot in Namibia reicht von mehrwöchigen Workcamps bis zu Tagesaktivitäten auf einer Farm. Hier einige Beispiele:

- **Cheetah Conservation Fund (CCF):** www.cheetah.org
  Der CCF engagiert sich für den Schutz von Geparden (Englisch: *cheetah*). Auf dem CCF-Gelände in der Nähe von Otjiwarongo erfahren Besucher viel Wissenswertes über Geparden, ihren Lebensraum, die Bedrohungen und Schutzbemühungen. Das Besucherzentrum des CCF steht Tagesbesuchern täglich offen, daneben werden aber auch Volontäre und Praktikanten aufgenommen.
- **Elephant-Human Relations Aid (EHRA):** www.desertelephant.org
  Das Zusammenleben von wildlebenden Elefanten und Menschen bringt weltweit große Probleme mit sich. EHRA bemüht sich darum, die Konflikte zwischen Elefanten und Menschen zu minimieren. Besonderes Augenmerk liegt dabei auf den sogenannten Wüstenelefanten im Nordwesten Namibias. Es werden Volontärprojekte für Einzelpersonen und Familien angeboten.

Neben den größeren und bekannteren Säugetieren gibt es auch andere Tierklassen, die für den Menschen unangenehm bis gefährlich werden können. Diese werden in den folgenden Abschnitten näher betrachtet.

Afrikanische Speikobra

23.2 Reptilien

Schlangen

Unfälle durch Schlangenbisse sind eher selten, zumal die überwiegende Mehrzahl aller Schlangen kein Gift besitzt. Deswegen müssen die wenigsten Schlangenbisse überhaupt mit Anti-Serum behandelt werden. Allerdings muss der Biss einer Giftschlange so schnell wie möglich ärztlich untersucht werden. Bis dahin sollte die Wunde mit Wasser oder Milch gereinigt und anschließend verbunden werden. Das Opfer sollte so ruhig wie möglich gehalten werden, um die Verteilung des Giftes im Körper zu verlangsamen. Wenn absolut keine Gefahr für den möglichen Fotografen besteht, kann ein Foto der entsprechenden Schlange gemacht werden. Dies hilft dem Arzt bei der Identifizierung der Schlange und der möglichen Behandlung.

Zu den gefährlichsten Schlangen Namibias gehören Black Mamba, Puffottern, Boomslang und Kobras. Je nach Schlangenart werden verschiedene Gifttypen verwendet. Das Gift kann entweder auf das zentrale Nervensystem (neurotoxisch), auf das Blut und Gewebe (hämotoxisch) oder auf die einzelnen Körperzellen (cytotoxisch) des Opfers wirken. Manche Schlangen benutzen auch einen Mix verschiedener Giftarten.

Um einen Schlangenunfall vorzubeugen, sollten Ausflüge in die Natur mit äußerster Konzentration und Aufmerksamkeit begangen werden. Lautes Auftreten mit mindestens knöchelhohen, festen Schuhen kann Schlangen vertreiben. Vorsicht beim Anfassen und Umdrehen von Ästen und Steinen etc.!

Krokodile

Nilkrokodile kommen, anders als ihr Name vermuten lässt, auch im Norden von Namibia vor. Aus dem Wasser heraus erbeuten diese riesigen Reptilien eigentlich alles, was ihr Maul zu fassen bekommt. Bei bis zu 6 Metern Länge und bis zu einer Tonne Gewicht sind nur wenige Tiere (und kein Mensch) vor diesem Lauerjäger sicher. Deshalb gelten im Grunde genommen dieselben Verhaltens- und Sicherheitsregeln wie bei den im gleichen Lebensraum lebenden Flusspferden.

Nilkrokodil

23.3 Spinnentiere

Spinnen

Für viele Menschen sind schon die eher kleinen und ungefährlichen Spinnen und Weberknechte in unseren heimischen Gefilden ein Grund zu Ekel und (Ehr-) Furcht. Im Südlichen Afrika trifft diese Abneigung auf die großen, aber ungiftigen Vertreter der Vogelspinnen („*Baboon Spider*") und Walzenspinnen („*Sun Spider*"), aber auch auf viele kleinere und einige giftige Arten. Am bekanntesten sind dabei sicherlich die sogenannten Echten Witwen, die mit mindestens sechs Arten im Südlichen Afrika vorkommen – sowohl Schwarze als auch Braune Witwen. Der deutsche Name dieser Spinnen beruht auf einem Paarungsritual, das auch bei den meisten anderen Webspinnen beobachtet werden kann. In etwa einem Achtel aller Fälle ist die Begegnung mit dem Weibchen für das Männchen tödlich. Die Weibchen fressen das kleinere Männchen nach der Paarung auf und machen sich dadurch selbst zur „Witwe". Die Echten Witwen bevorzugen dunkle und kühle Orte, daher ist sie auch in menschlichen Behausungen (z. B. Keller oder Schuppen) anzutreffen. Obwohl die Tiere nicht aggressiv sind, kommt es immer wieder zu Bissunfällen mit Menschen. Der Biss selbst bleibt oftmals unbemerkt, nach einigen Minuten stellt sich dann allerdings ein brennender Schmerz an der Bissstelle ein. Diese Schmerzen dehnen sich dann innerhalb von Minuten oder einigen Stunden auf die gesamte gebissene Gliedmaße aus. Selten sind schwerere Verläufe mit Schüttelfrost, Schwindel, Erbrechen, leichtem Fieber oder Kreislaufversagen. Auch wenn die Symptome oft nach ein bis zwei Tagen verschwinden, sollte nach Möglichkeit ein Arzt konsultiert werden. Beim Biss einer der besonders giftigen Spinnen besteht an der Bissstelle die Gefahr einer Nekrose (Absterben des Gewebes).

Skorpione

Die Mehrzahl aller Skorpione ist für den Menschen ungefährlich. Ein Stich mit dem Stachel des Skorpions ist aber sehr schmerzhaft und bedarf zumindest schmerzlindernder Behandlung. Allerdings kommt auch einer der giftigsten Skorpione der Welt – *Parabuthus villosus* – in Namibia vor, vor allem im westlichen Teil des Landes. Die Gefährlichkeit bzw. Giftigkeit eines Skorpions kann man grob über die Beschaffenheit der Scheren und des Schwanzes bestimmen. Ist das Hinterende dünn, die Scheren dafür aber kräftig und dick, handelt es sich in aller Regel um einen eher ungefährlichen Skorpion. Höchste Vorsicht ist

Skorpion

hingegen bei einem dicken Schwanz und dünnen Scheren angesagt! Skorpione sind während der Nachtstunden aktiv, besonders in windigen Nächten. Den Tag verbringen sie in selbst gegrabenen Höhlen, Baumstümpfen, unter Steinen oder anderen Verstecken. Gern werden auch anthropogene Ersatzhöhlen angenommen wie z. B. Schuhe. Darum sollten vor dem Hineinschlüpfen stets die Schuhe kontrolliert und ausgeschüttelt werden. Mit festem Schuhwerk und Taschenlampe lässt sich des Nachts den Skorpionen entgegentreten. Mit UV-Licht ausgestattete Lampen machen Skorpione sogar auf eine ganz besondere Weise sichtbar. Das Exoskelett der Skorpione reflektiert das UV-Licht mit einem grünlichen Schimmer. Derart ausgestattet lässt es sich auf Skorpion-Safari gehen!

23.4 Insekten

Moskitos

Keinem Tier fallen in Afrika mehr Menschen zum Opfer wie der Anopheles-Mücke (bzw. der in ihr schlummernden Plasmodien). Bis zu einer Millionen Menschen sterben jährlich an den Folgen einer Malaria-Erkrankung.

Malaria tritt in Namibia vor allen Dingen im feuchteren Norden und Nordosten des Landes auf. Für diese Gebiete sollte man sich mit dem Thema Malaria-Prophylaxe auseinandersetzen. Da stehen dann mögliche Arzneimittelnebenwirkungen dem Malaria-Risiko gegenüber. Oder reicht gar ein Medikament zur notfallmäßigen Eigenbehandlung (Stand-by-Therapie)? Letztlich muss jeder Reisende diese Fragen für sich entscheiden (in Abstimmung mit einem der vielen Tropeninstitute). Fakt bleibt aber auch, dass schon ein Stich einer Plasmodium-verseuchten Mücke reicht, um Malaria zu bekommen.

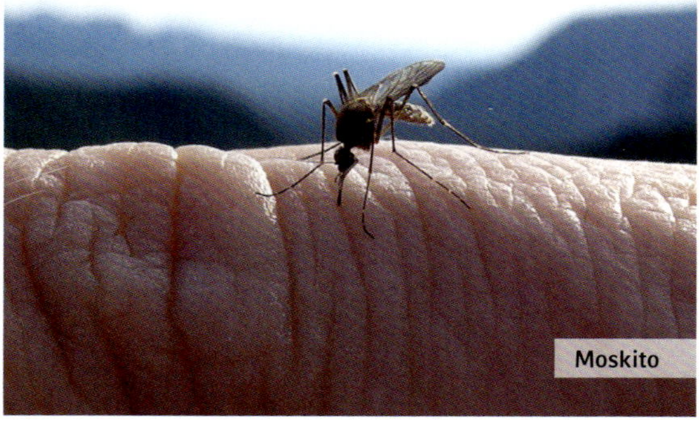
Moskito

Damit wird das Thema Mückenschutz zum wichtigsten Bestandteil der Malaria-vorbeugung. Anopheles-Mücken fliegen und stechen hauptsächlich in der Zeit zwischen Dämmerung und Morgengrauen. In dieser Tageshälfte gilt es, sich vor möglichen Insektenstichen zu schützen. Einen hundertprozentigen Schutz wird es nicht geben, aber diverse Cremes, Sprays, Bänder, Funktionstextilien und Moskitonetze helfen dabei, sich die Plagegeister vom Leib zu halten.

24. Zusammentreffen mit anderen Kulturen

Fremde Kulturen faszinieren und machen neugierig!

24. Zusammentreffen mit anderen Kulturen

Der Stolz Namibias!

Menschen unterschiedlichster Kulturen und Sprachen leben im heutigen Namibia friedlich zusammen. Die größte und wichtigste Bevölkerungsgruppe (ca. 50 Prozent der 2,3 Millionen Einwohner Namibias) stellt der Volksstamm der Ovambo dar. Nur noch etwa 100.000 Mitglieder zählen die „weißen" bzw. europäischstämmigen Namibier, mit denen der europäische Besucher am ehesten, schnellsten und einfachsten in Kontakt kommt. Die Verbindung und der Zugang entstehen zwangsweise über den Tourismus und die Sprache. Viele Bereiche des Tourismus wie Hotels, Autoverleiher und Gästefarmen haben europäischstämmige Betreiber bzw. Besitzer. Miteinander ins Gespräch kommt man über mindestens eine Sprache – sei es die offizielle Amtssprache Englisch oder die Verkehrssprachen Deutsch und Afrikaans. Im normalen Alltag und beim Herumreisen im Land wird man die anderen Gesichter, Kulturen und Sprachen Namibias kennenlernen. Die kulturelle Vielfalt schlägt sich z. B. in der durch Schnalz- und Klicklaute geprägten Sprache der Khoisan nieder, in der farbenfrohen und viktorianischen Kleidung der Herero und der archaischen Lebensweise mancher Himbas. Wie überall auf der Welt sollte das Zusammentreffen und -leben von Menschen vor allen Dingen von gegenseitigem Respekt und Verständnis füreinander geprägt sein. Das ist umso wichtiger, als dass der kulturelle und ökonomische Unterschied zwischen Einheimischen und Touristen kaum größer sein könnte. Als eindrückliches Sinnbild dafür steht ein typisches Straßenbild auf dem Land: Der ausländische Tourist im vollklimatisierten, aktuellen Geländewagen auf dem Weg zur nächsten Sterne-Lodge überholt die mit einer kompletten Familie besetzte Pferdekutsche auf dem Weg nach Hause, d. h. zu einer einfachen

Der Reichtum Afrikas: Kinder!

Hütte mit Wellblech, aber ohne Strom und fließendem Wasser. Bereiche wie Bildung, Wirtschaft, soziale Systeme und Weltanschauung liegen zwischen Europa und dem Südlichen Afrika nicht nur geografisch meilenweit auseinander. Wer dies im Hinterkopf behält und einige einfache Verhaltensweisen befolgt, für den wird Namibia auch kulturell sehr bereichernd sein.

Fotografie

Auch wenn der Hobbyfotograf es nicht wahrhaben möchte: Die Einheimischen aller Länder leben nicht vor Ort, um als lebendiges Fotoobjekt auf den fotogierigen Touristen zu warten. Um die Privatsphäre der jeweiligen Person nicht zu verletzten, sollte vor dem Foto eine Erlaubnis zum Ablichten eingeholt werden. Dies funktioniert ganz wunderbar auch ohne verbindende Sprache mittels Zeigen der Kamera und einer Antwort mithilfe von Gestik bzw. Mimik. Spezielle Bevölkerungsgruppen wie Himba und Herero reagieren besonders sensibel auf fotografierende Touristen und erwarten eine entsprechende Entlohnung für das Foto. Vorsicht ist auch geboten beim Fotografieren von Uniformierten, staatlichen Einrichtungen (z. B. Flughäfen) und Polizeigebäuden (z. B. „Road Blocks").

Wie es in den Wald hineinruft, so schallt es hinaus!

Eine freundliche Begrüßung, ein Wort in der Landessprache oder ein einfaches Lächeln kostet nichts, reißt Hürden ein und baut oftmals eine erste, zarte, verbindende Brücke. Selbst das grummeligste „Gegenüber" wird „entmachtet" und gleicht seine Reaktion der vorangegangenen Aktion an.

Die Europäer haben die Uhr(en), die Afrikaner die Zeit!

Auch der Zeitbergriff ist zwischen Europa und Afrika komplett verschieden belegt. So werden in Afrika viele Dinge gemütlicher und entspannter angegangen – oder eben auch erst einmal nicht angegangen. Ein europäischer, eng getakteter Zeitplan ist so oftmals nicht einzuhalten. Aber reist man nicht gerade deswegen in den Urlaub!? Und hat man sich als Gast nicht vor Ort anzupassen?

Begegnungen

Alkohol

Alkoholismus ist eines der großen, ungelösten, sozialen Probleme Namibias. Besonders auffallen wird dies dem Reisenden an Wochenenden in kleineren Ortschaften, wenn ab spätestens Samstagnachmittag die Ortszentren leerer werden bzw. eingenommen werden von Betrunkenen und Obdachlosen. Nach ausgelassenem Feiern am Samstagabend geht der Sonntag im

TIPP: Living Museums

Wer in Namibia neben dem natürlichen Reichtum auch die kulturelle Vielfalt des Landes erleben möchte, der ist in einem der sechs schon bestehenden „Lebenden Museen" genau richtig. Hier werden die traditionellen und alltäglichen Lebensweisen bestimmter Bevölkerungsgruppen Namibias erlebbar gemacht. Die Ziele der *Living Museums* sind die Förderung und Bewahrung der kulturellen Identität, die Schaffung neuer Einkommensmöglichkeiten (durch den Tourismus) und eine kulturelle Annäherung durch Toleranz.

Im Herbst 2016 wurde das bislang letzte *Living Museum* eröffnet; es widmet sich den Traditionen der Ovahimba in der Kunene Region (nördlich von Opuwo). Die anderen Museen vermitteln besondere Eindrücke und tiefe Einblicke in die Kultur der Damara, Mafwe, Mbunza und Ju/'Hoansi-San (2x). Ein Besuch der „Lebenden Museen" lohnt immer, doch wer noch mehr Zeit einbringt, kann noch tiefer in die uns ferne Kultur eintauchen. Zumindest drei der *Living Museums* bieten auch einfache Campingplätze in unmittelbarer Nähe zum Museum an (Ovahimba / Ju/'Hoansi-San / Mafwe). Mehr Informationen über die einzelnen Museen und die *Living Culture Foundation Namibia (LCFN)*, eine gemeinnützige deutsch-namibische Organisation, findet man unter www.lcfn.info

Gesichter Namibias

Rausch vorbei. Der alkoholische Nebel führt mitunter zu einer negativen bis aggressiven Stimmung gegenüber allem Fremden und allem „Weißen“. Es gibt an solchen Tagen also deutlich schönere und spannendere Plätze als die wenig aussagekräftigen Versorgungszentren des Landes.

25. Auf Safari

Giraffen im Etosha National Park

25. Auf Safari

„Safari“ ist wohl das bekannteste afrikanische Wort und untrennbar verbunden mit dem afrikanischen Kontinent. Der Begriff stammt aus dem Swahili, der Sprache des Östlichen Afrikas. Er wurde jedoch vom arabischen „safar“ abgeleitet. Die Bedeutung beider Worte ist „Reise“ und bezeichnet im engsten Sinne eine Fortbewegung jeglicher Art. Auch ein Spaziergang wird in Swahili als „Safari“ bezeichnet.

Seit der Kolonialzeit fand der Begriff auch Eingang in die Sprache der Kolonialherren Ostafrikas (deutsch und englisch). Zu Anfang wurde er zur Bezeichnung einer Jagdreise in Ostafrika verwendet, bei der gewöhnlich Großwild erlegt wurde. Später wurde der Begriff dann auch auf andere Teile Afrikas und der Welt ausgedehnt, etwa wildreiche Gebiete im Südlichen Afrika oder in Indien. Ursprünglich waren Safaris also nur wohlhabenden Jägern möglich, die sich die Ausrüstung sowie die Kosten für die zahlreich benötigten Träger leisten konnten.

In den letzten Jahrzehnten hat sich diese Bedeutung aber stark gewandelt und bezeichnet heute Ausflüge oder Reisen in die afrikanische „Wildnis“. Ziel dieser Reisen ist der Naturgenuss und das Beobachten von Tieren. Großwild wird dabei nur noch per Kamera „erlegt“ bzw. abgelichtet. Der Tourismus in Nationalparks und anderen Schutzgebieten hat sich dabei mittlerweile zu einer regelrechten In-

Safari-Regel Nr.1: Augen und Ohren offenhalten!

dustrie entwickelt, die den Reisenden mit Rundum-Paketen aus Unterkünften, Fahrzeugen und Guides verwöhnt.

Für die meisten Touristen Namibias ist die Vielfalt und Ursprünglichkeit der Natur einer der Hauptgründe für einen Besuch des Landes. Den Wert ihrer Naturausstattung hat mittlerweile auch die namibische Regierung erkannt. Als erstes Land der Welt garantiert Namibia den Naturschutz sogar in der Verfassung (Kapitel 11, Artikel 95). Heutzutage steht fast die Hälfte der Landesfläche (44 Prozent) unter staatlichem oder privatem Naturschutz.

Bei einer Reise durch Namibia wird man an vielen Stellen Schilder mit dem Aufdruck „*conservancy*" entdecken. Diese privaten Schutzgebiete (bzw. Hegegebiete) sind ein Zusammenschluss verschiedener Landeigentümer zur gemeinschaftlichen Pflege und nachhaltigen Nutzung der natürlichen Ressourcen (z. B. Wasser und Wildtiere). Viele Mitglieder dieser *conservancies* sind dahin übergegangen, die kilometerlangen, trennenden Zäune zu den jeweiligen Nachbarn zu entfernen bzw. rückzubauen. Das ermöglicht den Wildtieren eine uneingeschränkte Bewegungsfreiheit und verhindert Überweidung und Verbuschung. Das Ergebnis sind gesunde und stabile Wildtierpopulationen, die vom Menschen nachhaltig genutzt werden können. Das Prinzip der *conservancies* hat sich in den letzten 24 Jahren über ganz Namibia verbreitet und zu einer wahren Erfolgsgeschichte entwickelt. In mittlerweile 23 kommerziellen conservancies, 59 kommunalen *conservancies* und 13 kommunalen Wäldern arbeiten Menschen zusammen am Erhalt der natürlichen Ressourcen. Einen Überblick über die Arbeit und Effekte der *conservancies* bietet der Interessensverband *NASCO*: www.nacso.org.na.

Sowohl die *conservancies* als auch die staatlich kontrollierten Schutzgebiete können problemlos mit dem eigenen Fahrzeug durchfahren werden. Allerdings sind bei einer Pirschfahrt (*game drive*) durch ein Schutzgebiet ein paar wichtige Regeln zu beachten. Exemplarisch dafür folgen nun die Verhaltensregeln des populärsten Nationalpark Namibias, dem Etosha National Park.

Permit
Für die Fahrt durch den Etosha National Park benötigt man ein *permit*, welches man an einem der Parktore (*gates*) erhält. An den vier Parkeingängen Galton Gate (Westen), Anderson Gate (Süden), Von Lindequist Gate (Osten) und King NehaleLya Mpingana Gate (Norden) werden die Besucher samt Fahrzeug registriert. Hier müssen auch die Parkregeln unterzeichnet werden.
Eintrittspreise Etosha (Stand: Mai/2023):

Erwachsene:	150 NAD pro Tag
Kinder unter 16 Jahren:	kostenlos
Fahrzeug:	50 NAD pro Tag

Verlassen des Fahrzeugs

Das Verlassen des Fahrzeugs ist strengstens verboten, unter keinen Umständen erlaubt und wird mit einer Geldbuße bestraft. Auch Schiebedächer und Türen sollten verschlossen bleiben. Kopf und Schulter sollten nicht durch das geöffnete Fenster gesteckt werden. In den Parks gibt es jedoch einige gesicherte Orte, an denen das Fahrzeug verlassen werden darf. Hier befinden sich auch Toiletten und Picknick-Plätze. Der Gang zur Toilette ist nur an diesen Plätzen erlaubt.

Füttern von Tieren

Das Füttern von Wildtieren ist strengstens verboten, unter keinen Umständen erlaubt und wird mit einer Geldbuße bestraft.

Verkehrsregeln

Bitte unbedingt auf die Verkehrsschilder und die Geschwindigkeitsbegrenzungen innerhalb der Parks achten! Dazu gehört auch, dass ein Verlassen der Straßen und Wege niemals erlaubt ist.

Öffnungszeiten der Gates (Kgalagadi Trans Frontier National Park)

Besuchszeiten

Der Besuch bzw. das Befahren des Parks ist nur zu bestimmten Zeiten möglich. Die Öffnungszeiten ändern sich wöchentlich und sind abhängig vom Sonnenauf- und Sonnenuntergang. An den jeweiligen Einfahrts- bzw. Ausfahrtstoren finden sich die Zeiten, wann die Parkausgänge und staatlichen Camps am Abend geschlossen werden. Der Besuch muss so geplant werden, dass die *gates* bzw. Camps zur Übernachtung problemlos vor Sonnenuntergang erreicht werden. Um die großen Entfernungen innerhalb der Parks besser einschätzen zu können, eignen sich Karten oder die Entfernungsangaben, die sich an jeder Kreuzung finden. Bei groben Verstößen gegen die Besuchszeiten (z. B. nächtliches Einfahren in ein Camp) werden z. T. erhebliche Strafen erhoben (ca. 2000 NAD).

Vorfahrt

Wildtiere haben immer Vorfahrt! Besonders bei Elefanten oder Nashörnern sollte man einen großen Sicherheitsabstand einhalten. Im schlimmsten Fall bedeutet das stundenlanges Abwarten, bis der Weg wieder frei ist.

Natur Natur sein lassen

Die Entnahme von Pflanzen oder Tieren aus dem Park ist nicht erlaubt!

Müll

Müll gehört nicht in die Umwelt, sondern in dafür vorgesehene Behälter. Diese befinden sich z. B. in den staatlichen Camps. Besondere Vorsicht ist geboten bei potenziell entzündlichen oder glühenden Gegenständen wie Zigaretten oder Asche.

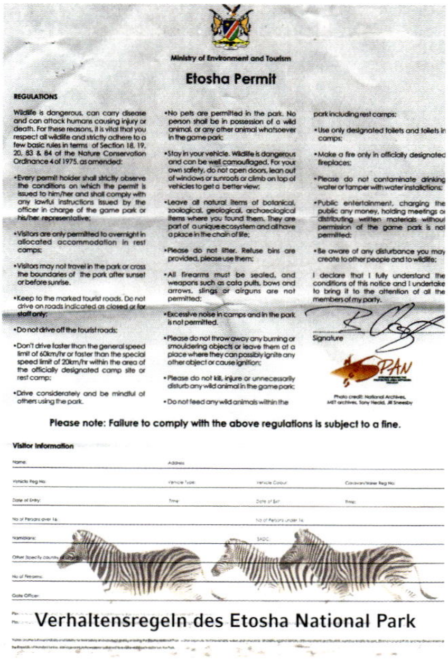

Ministry of Environment and Tourism

Etosha Permit

REGULATIONS

Wildlife is dangerous, can carry disease and can attack humans causing injury or death. For these reasons, it is vital that you respect all wildlife and strictly adhere to a few basic rules in terms of Section 18, 19, 20, 83 & 84 of the Nature Conservation Ordinance 4 of 1975, as amended:

- Every permit holder shall strictly observe the conditions on which the permit is issued to him/her and shall comply with any lawful instructions issued by the officer in charge of the game park or his/her representative;
- Visitors are only permitted to overnight in allocated accommodation in rest camps;
- Visitors may not travel in the park or cross the boundaries of the park after sunset or before sunrise.
- Keep to the marked tourist roads. Do not drive on roads indicated as closed or for staff only;
- Do not drive off the tourist roads;
- Don't drive faster than the general speed limit of 60km/hr or faster than the special speed limit of 20km/hr within the area of the officially designated camp site or rest camp;
- Drive considerately and be mindful of others using the park.
- No pets are permitted in the park. No person shall be in possession of a wild animal, or any other animal whatsoever in the game park;
- Stay in your vehicle. Wildlife is dangerous and can be well camouflaged. For your own safety, do not open doors, lean out of windows or sunroofs or climb on top of vehicles to get a better view;
- Leave all natural items of botanical, zoological, geological, archaeological items where you found them. They are part of a unique ecosystem and all have a place in the chain of life;
- Please do not litter. Refuse bins are provided, please use them;
- All firearms must be sealed, and weapons such as cata pults, bows and arrows, slings or airguns are not permitted;
- Excessive noise in camps and in the park is not permitted.
- Please do not throw away any burning or smouldering objects or leave them at a place where they can possibly ignite any other object or cause ignition;
- Please do not kill, injure or unnecessarily disturb any wild animal in the game park;
- Do not feed any wild animals within the park including rest camps;
- Use only designated toilets and toilets in camps;
- Make a fire only in officially designated fireplaces;
- Please do not contaminate drinking water or tamper with water installations;
- Public entertainment, charging the public any money, holding meetings or distributing written materials without permission of the game park is not permitted;
- Be aware of any disturbance you may create to other people and to wildlife;

I declare that I fully understand the conditions of this notice and I undertake to bring it to the attention of all the members of my party.

Signature

Photo credit: National Archives, MET archives, Tony Heald, Jill Sneesby

Please note: Failure to comply with the above regulations is subject to a fine.

Visitor Information

Name: Address:

Vehicle Reg No: Vehicle Type: Vehicle Colour: Caravan/Water Reg No:

Date of Entry: Time: Date of Exit: Time:

No of Persons over 16: No of Persons under 16:

Namibians: SADC:

Other (Specify country of origin):

No of Firearms:

Gate Officer:

Verhaltensregeln des Etosha National Park

Rücksicht

Bitte Rücksicht auf Wildtiere und andere Besucher nehmen! Laute Geräusche oder Musik gehören nicht in ein Naturschutzgebiet. Um besondere Ruhe wird an den Wasserlöchern und in den Camps zwischen 21:30 Uhr und 06:00 Uhr gebeten.

Fotografieren

Auch beim Fotografieren ist Rücksicht gefragt. Durch Blitzlichtgeräte fühlen sich viele Tiere gestört, durch das Gerangel um den besten Platz bzw. das Beharren auf seiner Position viele andere Besucher. Gerade beim Fotografieren sollte man den Blick auch öfter einmal schweifen lassen: Was passiert gerade neben, vor und hinter dem Fahrzeug?

Reifenpanne etc.

Bei Problemen mit dem Fahrzeug bitte unbedingt die Ruhe bewahren und auf Hilfe in Form anderer Fahrzeuge warten, welche die Parkverwaltung informieren können. Die Parkverwaltung schickt einen Pannendienst.

Rezeption und Camps

Die Camps bieten neben festen Unterkünften auch Campingplätze, sanitäre Anlagen, Tankstellen, Swimmingpools, Grillplätze, Restaurants und einen Shop. Anmeldungen erfolgen an der Rezeption. Außerdem gibt es an der Rezeption ein Buch, in dem aktuelle Informationen über die Tierbeobachtungen der letzten Tage zu lesen sind. Hier kann man sich informieren, wo eine bestimmte Tierart zuletzt gesichtet wurde.

Nicht erlaubt sind

Haustiere
Waffen jeglicher Art
Motorräder
Drohnen

TIPP: Geführte *game-drives*

Die meisten Schutzgebiete können mit dem eigenen Fahrzeug durchfahren werden. Oft ist dafür allerdings ein *permit* nötig, das bei den Außenstellen des *MET* (*Ministry of Environment & Tourism*) bzw. des *NWR* (*Namibia Wildlife Resorts*) erhältlich ist. Das Befahren des Waterberg Plateau ist nur innerhalb einer geführten Pirschfahrt (*game drive*) möglich. Diese Ausfahrten im offenen Geländewagen finden mehrmals täglich statt und sind im staatlichen Camp des Waterberg Plateau Park buchbar. Auch im Etosha National Park werden mittlerweile geführte *game drives* von den drei großen staatlichen Camps angeboten. Die Ortskenntnisse und die tagtägliche Erfahrung der Fahrer-Guides eröffnen ganz neue Sichtweisen auf den Park und seine Lebewesen. Dies wird besonders deutlich bei den ebenfalls angebotenen Nachtfahrten, wenn die nächtlichen Jäger im Licht der Scheinwerfer auftauchen.

Auf Pirsch im Etosha National Park: rechts Privatwagen, links offizieller *game viewer*

25.1 Namibias staatlich kontrollierte Schutzgebiete

nach Ministry of Environment & Tourism (MET), www.meft.gov.na

|Ai-|Ais Hot Springs Game Park

Im Jahr 2003 kam es zum Zusammenschluss des namibischen Schutzgebietes |Ai-|Ais Hot Springs/Hunsberge und dem südafrikanischen Nationalpark Richtersveld. In beiden Teilen dieses *Peace Park* findet man Ruhe, Abgeschiedenheit und gewaltige Landschaften aus hoch aufragenden Felsmassiven und tiefen Schluchten. Den tiefsten Canyon ganz Afrikas kann man auf der namibischen Seite bewundern, den Fish River Canyon. Ein weiteres markantes Landschaftselement stellt der Grenzfluss Oranje dar. Die seit 2007 arbeitende Fähre bei Sendelingsdrift verbindet heutzutage nicht nur die zwei Seiten des Oranje River, sondern auch zwei Schutzgebiete und zwei Staaten miteinander.

Bwabwata National Park

Bis zur Unabhängigkeit Namibias war dieses Gebiet zwischen Angola im Norden und Botswana im Süden militärisches Sperrgebiet. Erst 2007 entstand der Park durch den Zusammenschluss des Caprivi National Park und des Mahango National Park. Im Osten, auf der anderen Seite des Kwando River schließt sich der Mudumu National Park an. Mudumu und Bwabwata sind Teil der Kavango-

Zambezi Transfrontier Conservation Area (KAZA), einem riesigen Schutzgebiet (*Peace Park*) in Angola, Botswana, Namibia, Sambia und Simbabwe.

Daan Viljoen Game Park

Nur 24 Kilometer von Windhoek entfernt schmiegt sich dieser kleine Wildpark rund um den Augeigas-Damm in das hügelige Khomashochland. Tiere und Wandermöglichkeiten machen diesen Park zu einem lohnenswerten Tagesziel.

Cape Cross Seal Reserve

Dieses Reservat am Kreuzkap der Atlantikküste ist sowohl von historischer als auch von ökologischer Bedeutung. Im Jahr 1486 landete der portugiesische Entdecker *Diego Cão* hier und errichtete als Land- und Besitzmarke ein Steinkreuz (*padrão*). Im 19. Jahrhundert lebten zeitweise mehr als 100 Personen hier, um Guano zu ernten und auf Robbenjagd zu gehen. Heutzutage dient das Gebiet dem Schutz der weltweit größten Kolonie des Südafrikanischen Seebären. Über 250.000 Tiere kommen hier zur Fortpflanzungszeit im November und Dezember zusammen. Kontrolliert werden die Bestände durch Schakale, Braune Hyänen und nachhaltige Jagd.

Cape Cross: steinerne Nachbildungen der padrão von Diego Cão (1486)

Dorob National Park

Der Name des Nationalparks basiert auf dem im 16. Jahrhundert historisch genutzten Namen für das Gebiet, Doro-/Hub für „trockenes Land“. Begrenzt durch den Atlantik im Westen, schützt dieser Park die Küstenwüste zwischen Swakopmund

und Walvis Bay im Süden und dem Ugab bzw. Skeleton Coast Park im Norden. Auch die Cape Cross Seal Reserve liegt im Dorob National Park. Der Park wurde 2010 gegründet, um die empfindlichen Küstenökosysteme und die einzigartige Tier- und Pflanzenwelt zu schützen. Typisch sind weite Kies- und Sandflächen, Nebelzonen sowie eine überraschend reiche Fauna, darunter Oryxantilopen und zahlreiche Vogelarten.

Elefant, Zebras und ...

Etosha National Park

Blickt man aus der Ferne des Weltalls auf Namibia, erspäht man im Norden Namibias eine weite, helle Fläche. Dieser „große weiße Platz“ (Ovambo: etosha) wird eingenommen von einer 130 Kilometer langen und 50 Kilometer breiten Tonpfanne, dem Herzstück des Etosha National Park. Auf der Suche nach Wasser ziehen unzählige Wildtierherden wie flimmernde, schwarze Punkte über diese grelle, endlose Ebene. Sammelpunkte für Tier und Tourist sind die vielen über den Park verteilten Wasserstellen. Seit 1907 stehen weite Teile des Gebiets unter Schutz; aktuell besitzt der Park knapp 23.000 Quadratlilometer, was mehr als der halben Fläche der Schweiz entspricht. Aufgrund seiner Wilddichte und der guten touristischen Infrastruktur ist der Etosha National Park einer der Hauptattraktionen Namibias.

... Löwe im Etosha Natinal Park

Erreichbar ist der Etosha National Park durch vier Eingangstore (*gates*):

- Anderson Gate im Süden (über die C38 und Outjo erreichbar)
- Von Lindequist Gate im Osten (über die B1 und Tsumeb erreichbar)
- Galton Gate im Südwesten
- King Nehale Lya Mpingana Gate im Norden (ca. 50km von der Hauptstraße nach Ondangwa)

Mehr Infos unter www.etoshanationalpark.org/de.

Game Parks: Hardap Dam, Von Bach Dam und Naute Dam

Als wichtige Instrumente der nationalen Wasserversorgung spielen die großen Dämme des Landes eine überlebenswichtige Rolle im Trockenland Namibia. Die Pegelstände der einzelnen Stauseen werden der Öffentlichkeit regelmäßig präsentiert und als Gradmesser für das Gesamtwohl Namibias verwendet (www.namwater.com.na: Dam Bulletin). Die gesamte Wasserwirtschaft liegt in staatlichen Händen (*NAMWATER*) und damit auch die einzelnen Dämme und ihre Reservoirs. Um die Dämme herum wurden vom Umweltministerium (*MET*) sogenannte *game parks* errichtet. Sie dienen dem Erhalt der landlebenden Wildtiere, aber auch der reichhaltigen Vogelwelt dieser Feuchtgebiete.

Gross Barmen Hot Springs

Die heißen Mineral-Quellen von Gross Barmen sind weniger ein Naturschutzgebiet als vielmehr eine natürliche Attraktion, die seit Jahrzehnten Besucher zum Baden, Verweilen und Entspannen einlädt.

Khaudum National Park

Khaudum beherbergt eines der unberührtesten Wildschutzgebiete Namibias. Landschaftlich bietet der Park ausgedehnte Trockenwälder auf überwiegend sandigem Boden und eine artenreiche Fauna. Der Nationalpark liegt sehr abgelegen und ist nur über tiefsandige Pisten zu erreichen. Die Zufahrt ist nur mit Allradfahrzeugen und im Konvoi möglich. Abgesehen von zwei ungesicherten Camps (Sikeretti und Khaudum) mit spartanischen Hütten und Zeltplätzen ist der Park touristisch nicht erschlossen und bietet keinerlei Versorgungsmöglichkeiten. Jedoch ist 2017 mit der Xaudum Lodge eine erste feste Unterkunft im Nationalpark eröffnet worden.

Mangetti National Park

Der Mangetti National Park ging erst 2008 aus einer Wildtierfarm hervor und liegt ca. 100 Kilometer südlich von Rundu. Der Park steht exemplarisch für eine neue Form eines Nationalparks, da er sowohl durch die Regierungsbehörden als auch von den lokalen Kommunen geführt und geleitet wird. Seit Oktober 2014 steht der Park Besuchern offen – vorab aber nur tagsüber.

Mudumu National Park

Der Mudumu National Park ist sicherlich einer der unbekanntesten und abenteuerlichsten Nationalparks Namibias. Die geringe Infrastruktur wird durch eine unglaubliche Naturvielfalt aufgewogen. So verfügt der vom Kwando River flankierte Park z. B. über riesige Herden an Elefanten und Büffeln. Der Mudumu National Park ist Teil der Kavango-Zambezi Transfrontier Conservation Area (KAZA).

Nkasa Rupara National Park

Der vorher als Mamili National Park bekannte Sektor beinhaltet das größte Feuchtgebiet Namibias, welches zwischen den Inseln Nkasa und Lupala (Rupara) im Fluss Kwando in einer Ecke des Caprivi-Zipfels liegt. Während der Trockenzeit können die Inseln über Wege im Park erreicht werden, nach Regenfällen ist dieser aber bis zu 80 Prozent mit Wasser bedeckt und die Inseln sind vom Festland abgeschnitten. Der Nkasa Rupara National Park ist Teil der Kavango-Zambezi Transfrontier Conservation Area (KAZA).

Namib-Naukluft-National Park

Durch die Zusammenlegung verschiedener Naturschutzgebiete entstand 1979 der damals größte Nationalpark Namibias (ca. 50.000 Quadratkilometer). Die zerklüftete Landschaft der Naukluft-Berge im Osten des Gebietes bietet den Hart-

Namib-Wüste at its best!

mann-Bergzebras (und vielen anderen Tieren) eine geschützte Heimat und dem Naturliebhaber eine Vielzahl an einzigartigen Wanderwegen. Einen Großteil des Schutzgebietes nimmt die älteste Wüste der Welt, die Namib, ein. Ein beeindruckendes Meer an Farben, Formen und Kontrasten erwartet den Besucher. Am deutlichsten wird dies sicherlich im weltberühmten Sossusvlei, wo einige der bekanntesten Fotomotive Namibias und die höchsten Dünen der Welt zu finden sind. Dieses unendliche Dünenmeer endet an der Westküste Namibias und geht über in die blauen Wellen des Atlantischen Ozeans.

Popa Falls Game Park

Um die Popa Falls bei Divundu wurde 1989 der kleinste Game Park Namibias eröffnet. Der Okavango bahnt sich auf über einem Kilometer seinen Weg über ein Felsenriff aus Quarzit. Das Ergebnis sind eher Stromschnellen als Wasserfälle – ein optischer und landschaftlicher Genuss aber allemal.

Schiffwrack an der Skelettküste

Skeleton Coast Park

Gestrandete Wale und Schiffe gaben diesem Küstenabschnitt seinen markigen Namen. Doch die Natur hat auch diese imposante, aber lebensfeindliche Kulisse für sich eingenommen. Der Park selbst gliedert sich in zwei Abschnitte: Der Norden steht unter strengem Naturschutz und ist nur an wenigen Stellen mit speziellen *permits* zu betreten. Der südliche Teil ist als Naherholungsgebiet für die Allgemeinheit frei zugänglich und vor allem bei Anglern sehr beliebt.

South West Nature Reserve

Das kleinste Schutzgebiet Namibias befindet sich im Herzen von Windhoek und beinhaltet den staatlichen Botanischen Garten. Mitten in der Stadt wird die natürliche Vegetation und Landschaft gezeigt und für die Öffentlichkeit bewahrt.

Tsau //Khaeb (Sperrgebiet) National Park

Das vorher als Diamanten-Sperrgebiet bekannte Gebiet im Südwesten Namibias wurde 2008 zum Sperrgebiet National Park. Ab 2012 trägt der Park einen Namen aus dem Damara-Nama: Tsau bedeutet weich, Khaeb steht für Sand. Nachdem der Eisenbahnarbeiter Zacharias Lewala 1908 den ersten Diamanten im Sand fand, wurde das komplette Gebiet für die Öffentlichkeit gesperrt. Trotz der intensiven bergbaulichen Nutzung konnte so die weltweit höchste Sukkulenten-Diversität erhalten werden. Insgesamt wurden 1050 Pflanzenarten im Park entdeckt, was einem Viertel der gesamten Flora Namibias entspricht.

Waterberg Plateau Park

Das mächtige Waterberg Plateau (50 Kilometer Länge, 16 Kilometer Breite) funktioniert wie eine Rettungsinsel für viele bedrohte Tiere, die z. T. extra hier angesiedelt wurden. Neben Rappenantilopen und Büffeln findet sich hier auch eine kleine Population des stark gefährdeten Spitzmaulnashorns, dem die isolierte und befestigte Lage des Waterberg einen größeren Schutz gegen Wilderer bietet. Der sogenannte „Wasserberg" beherbergt dabei aber auch eine ganz besondere Pflanzenwelt. Seine poröse Sandsteinstruktur lässt den Regen zwar einsickern, aber eine Tonschicht in der Erde verhindert das vollständige Absickern des Wassers, so dass überall Frischwasserquellen anzutreffen sind. Die wiederum sorgen für eine fast tropische Vegetation am Fuße des Berges.

NSCNP: mehr als Strand und Sand

Der Namib-Skeleton Coast National Park (NSCNP) ist ein Nationalpark der Superlative. Mit diesem riesigen Nationalpark beherbergt Namibia nicht nur das achtgrößte Schutzgebiet der Erde, sondern ist gleichsam auch das erste Land weltweit, das seine gesamte Küstenlinie unter Schutz gestellt hat – 1500 Kilometer vom Oranje im Süden bis zum Kunene im Norden.

Durch eine vorläufige Proklamation ging der Nationalpark 2009 aus den einzelnen Nationalparks Skelettküste, Dorob, Namib-Naukluft, Sperrgebiet und dem Meeresschutzgebiet Meob-Chamais hervor.

26. Übernachtung

Rostock Ritz Desert Lodge

26. Übernachtung

Einer der großen Vorteile eines Camperurlaubs ist es, dass man den Schlafplatz bereits mit sich führt und damit die große Freiheit genießt, den jeweiligen Übernachtungsort individuell und tagesaktuell abstimmen zu können. Sich einfach so an den Straßenrand bzw. in die Reserve zu stellen, ist allerdings weder gesetzlich erlaubt noch besonders sicher und empfehlenswert. Seit 2015 ist wildes Campen gesetzlich verboten, jedoch wird dieses Gesetz derzeit noch nicht immer und überall umgesetzt. Allerdings muss immer dort, wo eine Unterkunft zur Verfügung steht, diese auch aufgesucht werden. Namibia bietet eine große Vielzahl unterschiedlichster Übernachtungsmöglichkeiten, die je nach Route, Verfügbarkeit und persönlicher Vorliebe genutzt werden können.

26.1 Campingplätze

Camping ist im Südlichen Afrika nach wie vor die gebräuchlichste, natürlichste und kostengünstigste Unterkunftsvariante und wird gleichermaßen von Einheimischen und ausländischen Touristen geschätzt. Das Angebot an Campingmöglichkeiten ist aus diesem Grund relativ groß. Die Campingplätze in Namibia unterscheiden sich z. T. erheblich hinsichtlich Ausstattung, Lage und Komfort. Eine Reservierung einzelner Stellplätze ist im Allgemeinen unnötig. Allerdings kann es während der nationalen Urlaubszeit (Dezember/Januar) und der internationalen Hochsaison (Juli bis November) an den touristischen Höhepunkten (Küste, Sossusvlei, Etosha) richtig voll werden.

Campingplatz Von Bach Dam

Die meisten der namibischen Campingplätze befinden sich in Privatbesitz. Daneben unterhält der Staat über das *NWR* (*Namibia Wildlife Resort*) verschiedene Unterkünfte in ausgewählten Schutzgebieten (Nationalparks etc.) des Landes. Als Besonderheit gelten die Campingplätze, die unter kommunaler Verwaltung stehen.

Allgemeine Regeln für das Campen in Namibia:

- Das Verbot von wildem Campen und spezielle „*No Camping*"-Schilder beachten!
- Privatgrundstücke dürfen nur mit Erlaubnis des Eigentümers betreten und als Nachtquartier in Betracht gezogen werden!
- Öffentliche Toiletten nicht zum privaten Waschsalon für Körper oder Kleidung umfunktionieren!
- Beim Verlassen des Stellplatzes sind keine Spuren zu hinterlassen!
- Auf Nachbarn am Campingplatz ist Rücksicht zu nehmen!
- Gemeinschaftlich genutzte Anlagen wie der Grill oder Sanitäranlagen sollten so hinterlassen werden, wie man sie selbst vorzufinden wünscht.
- Keine Spuren hinterlassen! Müll ist mitzunehmen bzw. ordnungsgemäß zu entsorgen!
- Feuerholz vor Ort kaufen oder mitbringen, aber nicht im Camp zusammensuchen. Feuer nur an den dafür vorgesehenen Plätzen entfachen! Feuerplatz nicht verlassen, wenn die Glut noch glimmt.
- Lebensmittel nicht offen liegen lassen und Tiere nicht füttern!
- Das Campen direkt an oder in der Nähe eines Wasserloches sollte unbedingt vermieden werden. Die menschliche Anwesenheit hält viele Tiere vom nächtlichen Besuch beim lebenspendenden Nass ab. Die Wasserquellen sind in der Landschaft weit verstreut, weshalb Tiere oft lange Strecken zurücklegen müssen, um an Wasser zu gelangen. Wird der Zugang zu einer Wasserquelle abgeschnitten, sind Umkehren, Weiterlaufen oder Abwarten die verbleibenden Optionen für die Tiere. Gerade in der Trockenzeit können diese Optionen aber zum Tod der Tiere führen.

Verbotsschild am Strand von Swakopmund

26.1.1 Private Campingplätze

In Namibia gibt es ungefähr 400 privat betriebene Campingplätze. Reine Campingplätze nach europäischem Verständnis findet man in Namibia eigentlich nur im Einzugsgebiet der größeren Städte und an der Küste. Größere Ketten mit dem Betrieb gleich mehrerer Campingplätze existieren in Namibia gar nicht. Der überwiegende Teil der privaten Campingplätze befindet sich auf kommerziellen Farmen. Diese sogenannten Gästefarmen erwirtschaften einen Teil ihrer Einnahmen über den Tourismus, die anderen Teile über Landwirtschaft, d. h. (Wild-) Tiere und Jagd. Der besondere Reiz dieser Unterkünfte liegt in der Einfachheit und Abgeschiedenheit, aber auch am familiären Flair und der persönlichen Betreuung. Das bemerkt man besonders in der Nebensaison, wenn sich die Farmbesitzer persönlich um die Gäste kümmern und sich die Zeit nehmen, um ein Schwätzchen zu halten und Tipps für Ausflüge in der näheren Umgebung zu geben. Die Campingplätze selbst liegen meist etwas abseits vom Farmhaus. Als Mindestausstattung gelten ein schattiger Stellplatz und eine Feuerstelle; oftmals liegen auch Wasser und Strom an. Alle weiteren notwendigen bzw. erfreulichen Dinge (z. B. Sanitäranlagen, Swimmingpool, kalte Getränke, WLAN etc.) finden sich spätestens zentral gelegen am Haupthaus. Hier erfährt man auch, wo man Feuerholz bekommt und der beste Platz für den *sundowner* ist. Sollte einem der Sinn mal nicht nach einem einsamen Feuer und kargem Camping-Essen stehen, so bieten viele Gästefarmen gerade am Abend ein gemeinsames Abendessen an. Diese unterhaltsamen und informativen Runden werden nach dem Essen oft zum Farm-Fernseher (*farmers TV* = Lagerfeuer) verlagert und enden meist zu *farmers midnight*, d. h. gegen 22:00 Uhr. Für Gäste ohne Zelt oder Camper stehen auf den Farmen auch Gästezimmer zur Verfügung.

Camping deluxe: Hakusembe River Lodge

Auch die deutlich unpersönlicheren Hotels und Lodges vollführen auf ihrem Gelände oftmals den Spagat zwischen festen Unterkünften und einem angegliederten Campingplatz. Diese liegen in Bezug auf Qualität, Ausstattung und Preis meist im oberen Bereich.

Verzeichnis der Camping-Unterkünfte

Zwei Online-Verzeichnisse von Campingmöglichkeiten in Namibia finden sich hier:
www.thomasrichter.de/namibia/namibia-camping-liste-2025.pdf
www.camp-namibia.com/campingplaetze

26.1.2 Staatliche Campingplätze

Im Gegensatz zu den privat geführten Campingplätzen, die ihren Gästen ein möglichst großes Maß an Komfort bieten wollen, findet man auf den staatlich geführten Campingplätzen eher eine sehr grundlegende Ausstattung. Die meisten Camps wurden noch unter südafrikanischer Verwaltung in den 1960er- bzw. 1970er-Jahren errichtet. Zunächst vom Staat direkt verwaltet, übertrug man im Jahr 2000 die Verwaltung der staatlichen Lodges und Campingplätze einem neu gegründeten staatlichen Unternehmen, Namibia Wildlife Resorts (NWR). Zwar werden die Anlagen seither nach und nach renoviert oder neu gebaut, mit der Qualität und dem Service vieler privater Unterkünfte können die staatlichen Unterkünfte und ihr Personal allerdings nicht überall mithalten. Herausragend sind die Standorte der einzelnen NWR-Unterkünfte, nämlich innerhalb der Nationalparks und Schutzgebiete des Landes und damit „Mittendrin, statt nur dabei!". Hier beginnt der Safari-Traum zum Sonnenaufgang und dem damit verbundenen Öffnen der Camptore (gates); nach einem kurzen Frühstück geht es direkt zur Fotopirsch. Lange Anfahrten und evtl. Warten an den Eingangstoren der Nationalparks entfallen komplett. Auch der weitere Tagesablauf gestaltet sich mit einer Übernachtung innerhalb der Schutzgebiete einfacher und entspannter. Zum Sonnenuntergang, kurz vor Torschluss, rollt man nach einem ereignisreichen Safari-Tag gemütlich und zufrieden ins Camp ein. Damit ein Aufenthalt in den Schutzgebieten schon im Vorfeld stressfrei verläuft, ist eine Reservierung der Campingplätze besonders in der Hochsaison (Juli bis November) zu empfehlen. Dann kann es wegen der begrenzten Kapazitäten innerhalb der Parks schon einmal sehr eng werden. Reservierungen für eine Übernachtung im Camp müssen grundsätzlich im Voraus bezahlt werden; der Parkeintritt ist noch vor Ort zahlbar. Namibia Wildlife Resorts (NWR): Tel: +264 61 285 7200, E-Mail: reservations@nwr.com.na, Web: www.nwr.com.na

Liste aller namibischen Schutzgebiete mit Camping-Möglichkeiten

Buchung über: www.nwr.com.na

|Ai-|Ais Hot Springs Game Park

Das **|Ai-|Ais Hotsprings Spa** verwöhnt seine Gäste mit einem Restaurant und einem Wellness-Bereich an den heißen Quellen (Nama: |Ai-|Ais = siedend heiß). Verdient haben sich das Spa vor allen Dingen Wanderer des Fish River Hiking Trails, der hier seinen Abschluss findet. Der angeschlossene Campingplatz erstreckt sich über die gesamte Anlage, die während der Hochsaison zumeist voll belegt ist. Nur 10 Kilometer vom Hauptaussichtspunkt auf den riesigen Fish River Canyon entfernt liegt das **Hobas Camp** (16 Stellplätze). Neben einer unvergleichlichen Aussicht bietet das Camp Picknick-Plätze, ein Restaurant und einen Swimmingpool. Von hier starten während der Wintermonate Wagemutige zum mehrtägigen Fish River Hiking Trail.

Dorob National Park

Der **Dorob National Park** besitzt neben seinem Stellenwert als Nationalpark ein hohes Tourismuspotential – zumindest direkt an der Küste. Dort frönt man Freizeitaktivitäten wie Angeln und Offroad-Fahrten. Direkt am Atlantik befinden sich drei einfache Camps – Jakkalsputz, Mile 108 und Mile 72 – die traditionell von Anglern genutzt werden.

Gross Barmen Hot Springs

Auch in Gross Barmen sprudelt heißes Wasser aus der Erde. Verschiedene Becken und Wassertemperaturen laden zum Planschen und zur Erholung ein. Gerade am Wochenende kann es hier recht voll und laut werden, da sich viele Ausflügler aus Windhoek, Okahandja und Swakopmund auf den Weg zur Therme machen. 2014 wurde die komplette Anlage samt Campingplatz renoviert und in ein Wellnesscenter umfunktioniert.

Etosha National Park

Gleich vier verschiedene staatliche Campingplätze stehen dem Besucher des Etosha National Park zur Verfügung: **Namutoni, Halali, Okaukuejo** und **Olifantsrus** (von Ost nach West). Namutoni, Halali und Okaukuejo sind die alteingesessenen Camps des Nationalparks. Von der Ausstattung und Infrastruktur ähneln sie sich, ein breites Angebot an Unterkünften (von Chalets bis zum Campingplatz), Restaurant, Shop, Tankstelle, Sanitäranlagen, Swimmingpool, Stromanschluss etc. sind vorhanden. Fast alles, was das Touristenherz begehrt, ist vor Ort möglich! Und durch die beleuchteten Wasserlöcher am Camp sind der Tierbeobachtung praktisch keinerlei zeitliche Grenzen mehr gesetzt. Nach dem Sonnenuntergang geht die Safari mit Flutlicht weiter. Gibt es etwas Schöneres und (Ent-)Spannenderes, als sich nach einem guten Abendessen mit einem kühlen Getränk ans Wasserloch zu setzen? Das Camp Namutoni ist rund um ein historisches Fort errichtet. Es befindet sich am östlichen Eingang (Von Lindequist Gate) des Etosha National Park. Okaukuejo liegt am südlichen Eingang des Parks (Andersson Gate), dazwischen liegt Halali. Auch vom Ambiente des Campingplatzes liegt Halali zwischen den beiden anderen Camps: Namutoni besitzt Rasenflächen und viel Schatten, Okaukuejo ist auf Sand gebaut und mit wenigen Schattenbäumen ausgestattet. Seit 2014 gibt es im westlichen, ruhigeren Teil des Parks eine weitere Übernachtungsmöglichkeit ausschließlich für Camper, die Olifantsrus Campsite. Hier stehen 10 Stellplätze mit Stromanschluss und ein kleiner Laden zur Verfügung; ein kleines Wasserloch befindet sich in unmittelbarer Nähe zum Camp. Informationen und Buchungen unter www.etoshanationalpark.org/de

Okaukuejo Camp im Etosha National Park

Hardap National Park
Der Hardap Dam – nördlich von Mariental gelegen – staut den Fish River und bildet mit dessen Wasser den größten Stausee Namibias. Am östlichen Ufer liegt ein Resort mit angeschlossenem Campingplatz. Besonders unter Wassersportlern, Anglern und Ornithologen (Pelikan-Brutkolonie) ist der Damm sehr begehrt.

Namib-Naukluft-National Park
In den drei Zonen des Parks (Naukluft, Namib, Küste) gibt es jeweils ein staatliches Camp.

- ***Naukluft Camp***
  Der staatliche Campingplatz in den Naukluft-Bergen bietet einen Kiosk, ein Restaurant und 21 Stellplätze. Er ist idealer Ausgangspunkt für Tageswanderungen und mehrtägige Trails in der schroffen Gesteinswelt der Naukluft.
- ***Sesriem Camp***
  Alle Wege nach Sossusvlei führen über das Sesriem Camp (oder zumindest an ihm vorbei). 65 Kilometer sind es von hier noch bis Sossusvlei. Der Campingplatz liegt am Eingangstor des Nationalparks und damit offiziell schon im Nationalpark. Ein großer Vorteil (gegenüber den Tagesbesuchern), da man bereits eine Stunde früher los und eine Stunde später zurückfahren darf. Die 24 Stellplätze sind oft und schnell ausgebucht, eine frühzeitige Reservierung ist daher erforderlich. Auf der Anlage befinden sich eine Tankstelle, ein kleiner Shop und ein kleiner Pool. In den umliegenden Lodges finden sich Restaurants!
- ***Shark Island Rest Camp***
  In der Bucht von Lüderitz auf der „Hai-Halbinsel" (Shark Peninsula) im Schatten eines Leuchtturms liegt dieser einfache, aber saubere Campingplatz (20 Stellplätze). Die Lüderitz-Bucht ist ein Rückzugsraum für viele Seevögel (z. B. Flamingos) und Robben. Von Lüderitz aus lässt sich das ehemalige Diamanten-Sperrgebiet samt der Geisterstadt Kolmanskop besuchen.

Popa Falls Game Park
Das Popa Falls Resort eignet sich dank seiner Infrastruktur (Restaurant, Bar, Swimmingpool und Campingplatz) zum Verweilen, Angeln, Birdwatching und als Ausgangspunkt für die umliegenden Nationalparks der Kavango Region.

Skeleton Coast Park
Im südlichen, frei zugänglichen Teil des Nationalparks befindet sich das **Torra Bay Resort**, ein auf dem Atlantikstrand errichteter Campingplatz mit insgesamt 60 Stellplätzen. Einen Großteil des zur Verfügung stehenden Platzes nehmen traditionell Angler ein. Geöffnet ist dieser Campingplatz nur im Dezember und Januar!

Waterberg Plateau Park
Genau am Fuße des Waterbergs liegt das Waterberg Plateau Restcamp. Der Campingplatz vor Ort befindet sich auf Rasenflächen und unter schattigen Bäumen. Auch alle weiteren Annehmlichkeiten (Restaurant, Bar, Kiosk, Shop, Swimmingpool, Strom etc.) finden sich in dem relativ großen Camp, das der ideale Ausgangspunkt für Tageswanderungen oder geführte *game drives* in den Nationalpark ist.

26.1.3 Kommunale Campingplätze

Im Südlichen Afrika rückt schon seit einigen Jahren die lokale, ländliche Bevölkerung immer stärker in den Fokus. Es wird versucht, auch kleinere Kommunen besser einzubinden und zu fördern. Viel zu oft noch liegt die Wirtschaftskraft in weißen bzw. ausländischen Händen und in den großen städtischen Metropolregionen. Die Hoffnung ist, dass sich auch in den ländlichen Regionen eine eigene, aufstrebende Wirtschaft etablieren kann.

Eine gute Gelegenheit dazu bietet der Tourismus – einer der wichtigsten Wirtschaftszweige Namibias. Viele Unternehmen und eine hohe Anzahl an Arbeitnehmern arbeiten in diesem Gewerbe. Zurzeit profitiert die lokale Bevölkerung allerdings noch nicht genügend von den Einnahmen aus dem Tourismus. In den verschiedenen Kommunalgebieten Namibias (Land gehört dem Staat bei Eigenverwaltung der Kommunen!) wird deshalb versucht, einen Tourismus zu etablieren, der im besten Fall alle Beteiligten profitieren lässt (*community based tourism*). Selbst Naturschutz und wirtschaftliche Entwicklung stehen dabei nicht im Widerspruch, wie sich am Beispiel des Ökotourismus anschaulich erklären lässt. Der Tourismus in Afrika lebt von seiner einzigartigen, halbwegs intakten Natur. Wird diese nicht geschätzt und geschützt, werden auch die zahlungskräftigen Besucher aus dem Ausland ausbleiben. Durch die Beteiligung der lokalen Bevölkerung an den Einnahmen des Tourismus bekommen besonders die Wildtiere einen anderen Stellenwert. Sie werden nicht mehr nur als Bedrohung

Spitzkoppe Restcamp

Inselberg, Matterhorn Namibias, Nationales Monument – oder schlicht Spitzkoppe

oder Fleischlieferant gesehen, sondern als erhaltenswerte, gewinnbringende Ressource. Im Gegenzug profitiert die ländliche Entwicklung von den direkten touristischen Einnahmen, der touristischen Infrastruktur und der Vermittlung von neuen Fähigkeiten. Einheimische werden in Lodges und Camps als Köche, Guides oder Ranger ausgebildet; uralte Traditionen stoßen auf das Interesse der Touristen und werden wertgeschätzt etc. So entstehen neue Arbeitsplätze und zusätzliche Einnahmen in den ansonsten stark landwirtschaftlich geprägten Regionen.

Ein weiteres gutes Beispiel für die Einbindung sind Campingplätze, die unter kommunaler Selbstverwaltung entstehen und betrieben werden (*communal camping*). Es ist der Versuch, die meist entlegenen Gebiete touristisch zu erschließen und die Bewohner am Tourismus teilhaben zu lassen. So entstanden (mit auswärtigem Kapital) selbst Lodges mit der Absicht, später in den kommunalen Besitz überzugehen. Die vielen, einfachen Zeltplätze wurden oftmals in Zusammenarbeit mit ausländischen Hilfsorganisationen oder Stiftungen errichtet. Zwischen 1995 und 2011 arbeitete der *NACOBTA* (*Namibia Community Based Tourism Assistance Trust*) als Dachorganisation kommunal organisierter Tourismus-Aktivitäten in Namibia. Seit 2011 beruht das *communal camping* wieder auf Einzelinitiativen – mit wechselndem Erfolg und Engagement. Dennoch gibt es mittlerweile über 40 kommunale Campingplätze in Namibia. Oftmals liegen die sehr einfachen Campingplätze weitab der großen Durchgangsstraßen und abgekoppelt vom Mobilfunknetz. Der Kontakt im Voraus via E-Mail und/oder Telefon kann sich daher als durchaus schwierig erweisen. Des Weiteren sollte man sich auf z. T. einfachste Verhältnisse einstellen. Getränke, Holz, Lebensmittel, Bargeld etc. sollten selbst mitgebracht werden. Umso mehr freut man sich vor Ort, wenn es dann doch etwas (z. B. ein halbwegs kühles Getränk) zu erwerben gibt. Da es auch in den Printmedien und im Internet eher wenige Informationen über diese Orte gibt, soll es im Folgenden eine kleine Auflistung zumindest einiger kommunaler Campingplätze geben.

Nordwesten (Kunene Region)

Hoada Campsite

Eine wahre Erfolgsgeschichte des *community based tourism* spielt sich in der *≠Khoadi //Hoas Conservancy* ab (seit Anfang der 1990er-Jahre). Sie ist ein Fallbeispiel dafür, wie Naturschutzbemühungen langfristig erfolgreich und nachhaltig sein können. Bei der Gründung des Hegegebietes war die Wildtier-Population auf einem Allzeittief. Intensive Schutzbemühungen, der Kampf gegen Wilderei, eine breit angelegte Aufklärungskampagne und nicht zuletzt der ökonomische Anreiz durch den Tourismus haben zu einer Wiederbelebung der gesamten Region beigetragen. Selbst stark gefährdete Spezies wie Spitzmaulnashörner, Wüstenlöwen und -elefanten kommen hier jetzt wieder vor.

Dank Spenden der Europäischen Union wurde die Grootberg Lodge errichtet, die sich vollständig im Besitz der lokalen Gemeinde befindet. Die Errichtung der Lodge schuf Arbeitsplätze und generierte ein nachhaltiges Einkommen für die Gemeinschaft. 98 Prozent der Belegschaft stammen aus den umliegenden Dörfern.

Die Hoada Campsite (sprich „Waada“) ist zwischen großen, grauen Granitfelsen errichtet und unterhält sechs komfortable Campingplätze. Jeder Campingplatz verfügt über eine eigene Kücheneinrichtung mit fließendem Wasser und Grillplatz (*Braai*). Der Name des Campingplatzes, Hoada, ist ein Damara-Nama-Begriff für „Jedermann“. Dies verkörpert den Geist des gesamten Reservats, von dem sowohl die Gemeinschaft wie auch die Umwelt und der müde und staubige Reisende profitieren. www.grootberg.com

Puros Campsite

Puros hat für den ansonsten sehr trockenen Nordwesten eine besondere Attraktion zu bieten: hier gibt es permanent Wasser. Der Hoarusib River führt unterirdisch Wasser, welches Pflanzen und großen Pflanzenfressern das Überleben ermöglicht. Auf der Suche nach Wasser und Futter streifen die Wüstenelefanten auch schon einmal durch die Puros Campsite hindurch. Entspannen kann man sich nach dem Besuch der grauen Riesen auf den schönen, großen Zeltplätzen im Schatten großer Ana-Bäume. puros.wild-exp.com

Aba-Huab Campsite

Das kleine Örtchen Twyfelfontein wurde weltberühmt durch seine Jahrhunderte alten Felsgravuren der San (UNESCO-Weltkulturerbe). Nur wenige Kilometer davon entfernt befindet sich die Aba-Huab Campsite, die sich auf den Uferbänken des Aba-Huab River erstreckt. Auf sandigem Boden und unter großen Bäumen finden sich auf diesem weitläufigen Campingplatz die einzelnen Stellplätze. In der näheren Umgebung, d. h. im angrenzenden Trockenflussbett des Aba-Huab, ziehen des Öfteren Wüstenelefanten vorbei.

Erongo Region

Spitzkoppe Restcamp

Die Spitzkoppe ist wahrlich ein Paradies für Fotografen, Archäologen, Geologen und Sportler. Die fotogenen Granitformationen fordern Fotografen, Wanderer und Kletterer gleichermaßen heraus. Viele Plätze und Felsen um die 1728 Meter hohe Spitzkoppe sind frei zugänglich; zu den jahrtausendealten Felsmalereien darf man allerdings nur in Begleitung eines einheimischen Guides. Das Spitzkoppe Restcamp schmiegt sich wohlig in die Landschaft ein. Die 31 verschiedenen Stellplätze sind weitläufig über das Gelände verteilt und verfügen jeweils über eigene Toiletten und Feuerplätze. Auch ein zentrales Duschgebäude, ein Shop, eine Bar und eine Rezeption für die Buchung von Guides sind vorhanden. Dieser von der Damara-Gemeinde geführte Campingplatz stellt meiner Meinung nach einen der schönsten und beeindruckendsten Orte ganz Namibias dar.

Tel: +264 64 464 144, E-Mail: reservations@logufa.com, Web:www.spitzkoppe.com. Die Reservierungen laufen zentral über Logufa in Swakopmund.

Rezeption des Spitzkoppe Restcamp

Ozohere Campsite
Auf dem Weg von der Spitzkoppe nach Twyfelfontein durchquert man die meist trockene Ebene des Ugab River. Auf der südlichen Uferterrasse des Ugab befindet sich die kleine und einfache Ozohere Campsite. Ozohere ist in der Sprache der ortsansässigen Herero der Name der Klippschliefer, die es sich hier in den umliegenden Felsen gemütlich machen. Auch die nächsten Verwandten der Klippschliefer kann man im Flussbett des Ugab erspähen: Afrikanische Elefanten durchstreifen die Trockenflüsse auf der Suche nach Nahrung und Wasser. Es werden spezielle Touren angeboten, um die Wüstenelefanten in ihrem kargen Lebensraum zu beobachten.

Norden

Nakambale Museum und Restcamp
Das Nakambale Museum befindet sich in der ehemaligen finnischen Missionsstation Olukonda in der Nähe der nordnamibischen Stadt Ondangwa. Das Museum ist benannt nach dem finnischen Missionar Martti Rautanen, dessen Spitzname „Nakambale" war. Rautanen wurde 1880 Missionar der gerade gegründeten Station und initiierte den Bau der noch heute existierenden Kirche und eines Missionshauses. Das Museum stellt vor allem Gegenstände der finnischen Missionsstation und der Ovambokultur dar.
www.nakambale-museum.netlify.app/home.html

Hippo Pools Campsite
In unmittelbarer Nähe zu Angola und zu den Ruacana Falls liegt die Hippo Pools Campsite. Dieser von den Himbas betriebene Campingplatz bietet zehn landschaftlich schön gelegene Stellplätze, die sich im Schatten großer Mopane und Akazien am Ufer des Kunene befinden. Die eigentliche Attraktion der Region sind weniger die Flusspferde im oder die Vogelvielfalt am Kunene River als vielmehr die Ruacana-Wasserfälle. Obwohl der Kunene einer der vier Flüsse Namibias ist, der das ganze Jahr Wasser führt, sind die Ruacana Falls meist nur nach der Regenzeit mit beeindruckender Wasserkraft versehen. Grund dafür ist der vorgeschaltete Calueque-Damm.

Osten (Otjozondjupa Region, Buschmannland)

Omatako Valley Restcamp
Wer einmal in die Welt der Buschmänner (!Kung bzw. Khoisan) eintauchen möchte, hat im Omatako Valley Restcamp dazu alle Gelegenheit. Neben dem Besuch einiger Dörfer in der näheren Umgebung werden auch Kleinkunst, Lied- und Tanzvorführungen angeboten. Das Restcamp befindet sich auf der C44 zwischen Grootfontein und, ist also auch direkt von Botswana erreichbar.
www.omatakovalley.com

Djokhoe und Makuri Campsite

Ebenfalls im Buschmannland in der Nähe des Städtchen Tsumkwe liegt die Nyae Nyae Conservancy, die 1998 als erste *conservancy* (Hegegebiet) in kommunalem Gebiet gegründet wurde. Sie grenzt im Osten an Botswana und im Norden an den Khaudom National Park. Als Teil der nördlichen Kalahari bestimmen sandige Böden, Wälder, dichter Busch und Salzpfannen die Landschaft. Landschaftlich herausragend und mit riesigen Baobabs (Affenbrotbäumen) versehen, aber sehr einfach sind die beiden von den Buschmännern betriebenen Campingplätze Djokhoe und Makuri.

Süden (Karas Region)

Brukkaros Campsite

Beim Brukkaros handelt es sich um einen 1586 Meter hohen Vulkan mit einem 3 Kilometer breiten Krater, der sich mächtig und erhaben aus der Landschaft nördlich von Keetmanshoop erhebt. Seine Form und sein Name erinnern an eine Art Hose (Afrikaans: *bruk* = Hose; Nama: *karos* = Lendenschurz). Die aufgegebene Brukkaros Campsite in der Nähe von Berseba liegt in dieser traumhaften Berglandschaft am Fuße des Kraters. Zum Erreichen der Stellplätze sind Allrad, fahrerisches Können und Wagemut gefragt; Wanderungen in und auf den Krater sind möglich.

26.2 Gästefarmen

Jagd- und Gästefarm Okomitundu

Gästefarmen sind eine Besonderheit Namibias. Die kommerziellen Farmen des Landes sind ursprünglich reine Landwirtschaftsbetriebe, die vor allem Viehwirtschaft betreiben (Schafe, Ziegen, Rinder, Esel und Pferde). Langanhaltende Dürreperioden, die allgemeine Trockenheit des Landes und Schwankungen der Fleischpreise machen das Farmen in Namibia aber immer schwieriger. Darum sind viele Farmen in der Vergangenheit dahin übergegangen, sich ein anderes wirtschaftliches Standbein neben der Landwirtschaft zu suchen. Eine der Möglichkeiten stellt die partielle Umstellung des Betriebes auf Wildtiere dar. Die einheimischen Wildtiere sind besser an die Trockenheit adaptiert, kommen mit weniger Wasser aus und lassen sich als Trophäe (bei der Jagd), Fleischlieferant oder Zuchtobjekt vermarkten. Bei der Größe der namibischen Farmen – viele Tausend Hektar sind keine Seltenheit! – und der extensiven Nutzung des Landes lässt sich die Haltung von Nutz- und Wildtieren durchaus kombinieren. Mit dieser Entwicklung einhergehend ist auch die Zahl der Jagdfarmen in Namibia (> 600 Farmen) stark gestiegen, die besonders bei deutschsprachigen (Trophäen-)Jägern sehr beliebt sind. Aber auch für den „Normalbürger" und einfachen Touristen kann ein Besuch auf einer Jagdfarm sehr interessant und ereignisreich sein – zumal auch diese Farmen über immer mehr Freizeitangebote für mitreisende Familienmitglieder, Besucher und „Fotojäger" verfügen (z. B. Foto-Safaris etc.). Die Farmer kennen berufsbedingt ihr Wild sehr gut, wissen deren ungefähren Aufenthaltsort und besitzen ein breites Wissen über das Thema Jagd und über Wildtiere im Allgemeinen.

Jagd in Namibia

Beschäftigt man sich mit Namibia, stößt man zwangsläufig auf das landestypische Thema Jagd. Trophäenjagd und Jagdtourismus spielen wirtschaftlich eine enorm wichtige Rolle für Namibia. Neben dem ökonomischen Nutzen kann eine nachhaltige Jagd auch einen ökologischen Sinn haben. So besitzt Namibia wahrscheinlich heutzutage so viele Wildtiere wie nie zuvor. Der Grund dafür sind die großen Schutzgebiete des Landes und die nachhaltige Jagd. Früher galten wilde Tiere in Namibia vor allem als Schädlinge oder Fleischlieferanten. Durch die Jagd aber haben sie einen wirtschaftlichen Wert bekommen, der sie als Art schützenswert macht. So bietet das Geld der ausländischen Jäger Dorfgemeinschaften eine Alternative zur Wilderei und einen Anreiz zum Schutz der Tiere.Weitergehende Informationen zur Jagd in Namibia erhält man beim namibischen Jagdverband NAPHA (Namibia Professional Hunting Association): www.napha-namibia.com.

Auf dem farmeigenen Schlachthof werden die Tiere zerlegt.

Eine andere Alternative für die Farmen stellt der Tourismus und die Vermarktung als Gästefarm dar. Die Farmen, die in der Nähe touristischer Höhepunkte liegen, entdeckten zuerst die Möglichkeit, sich als Alternative auf den touristischen Pfaden zu etablieren. Rasch wurden einige Zimmer in den Farmhäusern zu Gästezimmern umgebaut und die ersten zahlenden Gäste aufgenommen. Die Besucher können im Gegenzug den Alltag einer namibischen Farm erleben und profitieren von den typischen Mahlzeiten aus eigener Farmproduktion. Am besten lässt sich der Aufenthalt auf einer Gästefarm wohl mit „Ferien auf dem Bauernhof" vergleichen, doch allein bei der Größe liegen zwischen einer namibischen Farm und einem deutschen Bauernhof Welten. Eine Gästefarm ist ein Farmbetrieb, der zusätzlich Unterbringungsmöglichkeiten mit Voll- oder Halbpension anbietet. Vom Gesetzgeber müssen diese Unterkünfte einem Minimumstandard genügen, mit derzeitig mindestens fünf Zimmern. Somit sind Gästefarmen eher auf den Individualtourismus ausgerichtet und können wegen ihrer Größe normalerweise keine Gruppenreisenden aufnehmen. Das ermöglicht dem Besucher auch einen engen Kontakt zu den Besitzern und zu deren Mitarbeitern. In der Regel isst man gemeinsam mit dem Farmer und anderen Gästen und erfährt so Interessantes über Land und Leute. Als Freizeitbeschäftigung werden in der Regel Wanderungen, Reitausflüge oder Farmrundfahrten (Safaris) angeboten. Auf den meisten Gästefarmen wird auch (für den Eigengebrauch) gejagt, da die Wildtiere vor Ort eine wichtige Fleischergänzung darstellen und die Populationen bestimmter Arten reguliert werden müssen. Vorbehalte gegenüber der Jagd können im Gespräch vor Ort anschaulich diskutiert werden oder werden eventuell auch schon nach dem ersten Oryx-Steak weggefegt. Die eindrücklichsten Erinnerungen einer Namibia-Reise sind oftmals mit einem Aufenthalt auf einer der vielen Gästefarmen verbunden. Oder anders ausgedrückt: Wer nicht mindestens einmal auf einer Gästefarm übernachtet hat, der war nicht wirklich in Namibia.

Ziegen bzw. Bokkies

Bonsmara-Bulle

Viele Farmen bieten Ausritte an.

26.3 Hotels und Lodges

Namibische Lodges bieten deutlich mehr als nur ein Bett!

Neben den typischen Campingunterkünften bietet Namibia natürlich auch eine reiche Auswahl an traditionellen festen Unterkünften wie z. B. Hotels. Sie bieten sich als Alternative in den Städten an oder wenn man sich nach Tagen des Campens mal wieder ein richtiges Bett, eine eigene Toilette oder ein feines Restaurant gönnen möchte. Der Wechsel zwischen dem erdig-naturverbundenem Zelten und der legeren Etikette einer Lodge fällt weniger schwer als erwartet, tut nicht weh und spiegelt die gesamte Bandbreite des namibischen Tourismus wieder. Bleibt

Spitzkoppen Lodge

also nur die Hürde, seinen verdreckten Allradler mit Dachzelt auf dem Hotelparkplatz abzustellen. Aber keine Sorge, auch da wird man nicht allein sein!

Hotels sind in Namibia eigentlich nur in den größeren Städten vertreten, d. h. vor allem in Windhoek und Swakopmund. Sie entsprechen internationalen Standards und können auch europäische Erwartungen erfüllen.

Die Unterkunftskategorie „Lodge“ ist am gebräuchlichsten in Afrika. Der Name Lodge stammt aus Ostafrika und bezeichnete zu Kolonialzeiten eine einfache Jagdhütte. Namibias Lodges haben mit dieser spartanischen Art der Unterbringung nichts mehr gemein. Vielmehr stehen heutzutage landschaftlicher Reiz, ein besonderes Ambiente, ausgesuchte Gastronomie und zuvorkommender Service im Vordergrund. Dabei reicht der Charakter der verschiedenen Lodges von rustikal bis luxuriös. Die speziell für die Gäste geschaffenen Räumlichkeiten präsentieren sich oft in Form eines Hauszeltes (tented lodge), eines Chalets oder eines Bungalows. Die Gemeinschaftsräume spiegeln lokale Traditionen und Farben wieder und fügen sich meist in das umgebende Landschaftsbild ein.

Goche Ganas

Wer sich diesen Traum einer afrikanischen Nacht erfüllen möchte, wird hier sicherlich fündig und glücklich:

www.naturallynamibia.com	(verschiedene Lodges in 9 Regionen Namibias)
www.wildernessdestinations.com/ africa/namibia	(7 Camps in Namibia)
www.naankuse.com	(7 Unterkünfte in Namibia)
www.ondili.de	(9 Unterkünfte in Namibia)
www.gondwana-collection.com	(50 Unterkünfte in Namibia)

Teil der Gondwana Collection: Namib Dune Star Camp

Neben diesen doch eher hochwertigen und hochpreisigen Übernachtungsmöglichkeiten möchte ich unbedingt auch noch auf günstigere Alternativen verweisen. In den Städten und größeren Ortschaften finden sich die auch in Europa bekannten B&B's (*Bed and Breakfast*), Pensionen, Gästehäuser (*guest houses*) und Backpacker-Varianten.

Trummis Liste

Das Unterkunftsverzeichnis „Trummis Liste" ist das einzige Werk, das zumindest den Anspruch erhebt, ALLE Unterkünfte in Namibia vermerkt zu haben. Auch wenn das letzte Werk mittlerweile aus dem Jahre 2014 datiert (mit Update aus 2017), so stellt es immer noch das umfangreichste Werk seiner Zunft dar. Das Buch ist sowohl in Deutschland als auch in Namibia erhältlich – auf Deutsch wie auch auf Englisch.

Trummis Liste, Unterkunft & Camping in Namibia (Wendula Dahle, Wolfgang Leyerer), Sunrock Enterprises Namibia, Deutsche Version (2014)

Teil 5
Anhang – Alles auf einen Blick

Dunkle Wolken über Namibias Landschaft

I. Wichtige Adressen und Kontakte

Fremdenverkehrsämter

Namibia	Namibia Tourism Board (NTB) Kaiserstraße 77, 60329 Frankfurt	info@namibia-tourism.com www.namibia-tourism.com
Südafrika	South Africa Tourism Board Friedensstr. 6-10, 60311 Frankfurt Tel.: +49-800-1189118	www.southafrica.net www.southafricantourism.de info.de@southafrica.net
Botswana		www.botswanatourism.co.bw marketing@botswanatourism.co.bw
Sambia	Zambia National Tourist Board Botschaft der Republik Sambia Axel Springer-Str. 54a, 10117 Berlin Tel. +49-30-206294	www.zambiatourism.com www.zambiaembassy.de info@zambiaembassy.de
Simbabwe		www.zimbabwetourism.net/ info@ztazim.co.zw

Allgemeine Informationen	Landesinformationen	www.issuu.com/travelnewsnamibia/docs/nht_2022_issuu www.namibia-forum.ch www.namibia-info.net www.namibia.de
	Termine/Events in Namibia	www.whatsonnamibia.com
	Dt.-Namibische Gesellschaft e.V.	www.dngev.de
	Tracks 4 Africa: Self-Drive Guide Namibia	www.issuu.com/tracks4africa/docs/nam_issuu_pages
Nationalparks	Ministry of Environment and Tourism	www.meft.gov.na
	Namibia Wildlife Resorts	www.nwr.com.na
	Ethosha National Park	www.etoshanationalpark.org/de
Unterkünfte Campingplätze	www.wheretostay.na/ www.issuu.com/wheretostay/docs/wheretocamp20 www.thomasrichter.de/namibia/camping.htm www.google.com/maps/d/viewer?mid=1IG-6COLt5WqM7Pvj35EwkXmwtSihZJze&hl=de&ll=-22.084481787162623%2C17.599324778125037&z=6	
Wetter	www.wetter-namibia.de www.namibiaweather.info www.sasscalweathernet.org	

Medien

Radio	Hitradio Namibia	seit 2012, deutschsprachig www.hitradio.com.na
	NBC: Funkhaus Namibia	seit 1979, deutschsprachig www.nbc.na
Buchhandlungen	namibiana Buchdepot	deutscher Online-Handel www.namibiana.de
	Windhoeker Buchhandlung	69-73 Independence Ave Windhoek, Namibia Tel.: +264-61-225216 sales@whk-buch.com www.whk-buch.com/
	Die Muschel	Brauhaus Arcade Swakopmund, Namibia Tel.: +264-64-402874 contact@diemuschel.com www.diemuschel.com/
	Swakopmunder Buchhandlung	22 Sam Nujoma Ave Swakopmund, Namibia Tel.: +264-64-402613 contact@buchswakop.com
Bücher	Henno Martin: Wenn es Krieg gibt, gehen wir in die Wüste (1956)	ISBN: 978-3-935453027
	Bernhard Jaumann: Die Stunde des Schakals (2011)	ISBN: 978-3-499252655
	Günter Miehlich: Namibia für Kinder (2014)	ISBN: 978-3-933117-89-2
	Anna Mandus: Licht und Schatten in Namibia (2015)	ISBN: 978-3-946205003
Zeitungen und Zeitschriften	Allgemeine Zeitung www.az.com.na	seit 1916, deutschsprachig Tageszeitung
	The Namibian www.namibian.com.na	seit 1985, englischsprachig Tageszeitung
	Travel News Namibia www.issuu.com/travelnewsnamibia	seit 1995, englischsprachig/deutschsprachig, versch. Magazine über Namibia
	360° Afrika www.360Grad-Afrika.de	seit 2016, deutschsprachig vierteljärlich
	Namibia Magazin www.dngev.de	seit 1990, deutschsprachig vierteljährlich
Karten	Tracks4Africa	www.tracks4africa.de

Diplomatische Vertretungen in Afrika

	für Deutsche	für Österreicher	für Schweizer
Namibia	Botschaft der Bundesrepublik Deutschland Sanlam Centre, 6. Etage 145 Independence Avenue P.O. Box 231 Windhoek Tel.: +264-61-273100/273133 info@windhuk.auswaertiges-amt.de www.windhuk.diplo.de Verlängerung Touristen-Visa: Ministry of Home Affairs, Immigration, Safety and Security Corner of Hosea Kutako Drive and Harvey Street P/Bag 13200 Windhoek Tel.: +264-81-9511000/ 81 951 0000 www.mhaiss.gov.na	Honorargeneralkonsulat Windhoek Nr. 27 Hella Kuppe Street, Olympia; P.O. Box 1050 Windhoek Tel.: +264-81-145 00 95 +264-81-1291510 +264-81-5578802 hgk.windhoek@gmail.com Verlängerung Touristen-Visa: Ministry of Home Affairs, Immigration, Safety and Security Corner of Hosea Kutako Drive and Harvey Street P/Bag 13200 Windhoek Tel.: +264-81-9511000/ 81 951 0000 www.mhaiss.gov.na	Schweizerisches Generalkonsulat Namibia Craft Centre Old Breweries Building 40 Tal Street Windhoek Tel.: +264-816507075 windhoek@honrep.ch Verlängerung Touristen-Visa: Ministry of Home Affairs, Immigration, Safety and Security Corner of Hosea Kutako Drive and Harvey Street P/Bag 13200 Windhoek Tel.: +264-81-9511000/ 81 951 0000 www.mhaiss.gov.na
Botswana	Botschaft der Bundesrepublik Deutschland 1079-1084 Queens Road, Gaborone Tel.: +267-3953143 www.gaborone.diplo.de Honorarkonsulat von Deutschland Okavango Air Rescue Moeti Road Plot No. 448 P. O. Box 1966 Maun Tel.: +267-6861616 maun@hk-diplo.de	Botschaft der Republik Österreich 454 A Fehrsen Street, Brooklyn, Pretoria 0181 P.O. Box 95572, Waterkloof 0145, South Africa Tel.: +27-12-4529155 www.bmeia.gv.at/ oeb-pretoria/ Honorarkonsulat von Österreich Plot 50667, Block B3, Fairground Holdings Park, Gaborone Tel.: +267-316 73 89 doreen@doreenkhama.com	Schweizerische Botschaft 225 Veale Street, Parc Nouveau New Muckleneuk 0181 P.O. Box 2508 Brooklyn Square 0075, Pretoria, South Africa Tel.: +27-12-4520660 pretoria@eda.admin.ch pretoria.visa@eda.admin.ch www.eda.admin.ch/pretoria Konsulat der Schweiz P. O. Box 1221, 7th Floor Building 2 (Fairscape Tower) Fairscape Precinct, Plot 70667 Gaborone, Botswana Tel.: +26-771-543491, +26-73-635010 gaborone@honrep.ch
Sambia	Botschaft der Bundesrepublik Deutschland 5219 Haile Selassie Avenue P.O. Box 50120, Lusaka, Sambia Tel.: +260 977 773 000 info@lusaka.diplo.de www.lusaka.diplo.de	Honorarkonsulat der Republik Österreich Plot No. 2432, Chibombo Lusaka, Sambia Tel.: +260-966 761 665 austriazambia@gmail.com	Konsulat der Schweiz 697 Kalambo Road, North-End DBD, Lusaka Tel.: +260-211-224580 lusaka@honrep.chh

	für Deutsche	für Österreicher	für Schweizer
Südafrika	Deutsche Botschaft Pretoria 201 Florence Ribeiro Avenue Groenkloof, Pretoria 0181 Tel.: +27-12-4278900 www.southafrica.diplo.de	Botschaft der Republik Österreich 454 A Fehrsen Street Brooklyn, Pretoria 0181 Tel.: +27-12-4529155 www.bmeia.gv.at/oeb-pretoria	Schweizerische Botschaft 225 Veale Street, Parc Nouveau New Muckleneuk 0181 P.O. Box 2508 Brooklyn Square, Pretoria 0075 Tel.: +27-12-4520660 pretoria@eda.admin.ch pretoria.visa@eda.admin.ch www.eda.admin.ch/pretoria
	Generalkonsulat Kapstadt Roeland Park, 4 Stirling Street Zonnebloem, Cape Town 7925 Tel.: +27-21-4053000 www.southafrica.diplo.de	Honorargeneralkonsulat Kapstadt 1A Lower Scott Road, Cnr. Lower Main & Lwr Scott Rd. Observatory, 7925 Kapstadt Tel.: +27-63 131 9766 austrianconsulcpt@gmail.com	Schweizerisches Generalkonsulat Kapstadt Two Foreshore Place 32nd floor, suite 3201 2 Riebeek Street Cape Town 8001 Tel.: +27-21-4007500 capetown@eda.admin.ch www.eda.admin.ch/capetown
	Honorarkonsulat in Durban Ground Floor - Polaris House 2 Cranbrook Cresent, Umhlanga 4319, Durban Tel.: +27-87-222 7776 www.southafrica.diplo.de	Honorarkonsulat Durban 386 Peter Mokaba Ridge Berea, Durban 4001 Tel.: +27-31-2425117 ghorcicka@qfg.co.za	Schweizer Konsulat Durban Flat 1, Retford Hall 151 Lena Ahrens Road, Glenwood, Durban 4001 Tel.: +27-83-7672832 +27-12-4520660 durban@honrep.ch
	Honorarkonsulat in Port Elizabeth Maritime Motor Building, Circular Way Walmer, Port Elizabeth 6070 P.O. Box 211100,The Fig Tree Port Elizabeth 6070 Tel.: +27-41-3974700 www.southafrica.diplo.de	Honorargeneralkonsulat Port Elizabeth Crn Carnarvon Place and Humewood Road (im Paxton Hotel Humerail), Port Elizabeth 6013 Tel.: +27-41-585 9655 austrianconsulpe@gmail.com	
Simbabwe	Botschaft der Bundesrepublik Deutschland 30 Ceres Road P.O. Box A 1475 Avondale, Harare, Simbabwe Tel.: +263-4-308656, +263-4-332326, +263-4-332292 Notfall: +263 772 568 343 info@harare.diplo.de www.harare.diplo.de	Botschaft der Republik Österreich 454 A Fehrsen Street, Brooklyn/Pretoria 0181 P.O. Box 95572, Waterkloof 0145, South Africa Tel.: +27-12-4529155 www.bmeia.gv.at/oeb-pretoria/ Honorarkonsulat Harare 11 Dunkirk Drive Alexandra Park, Harare Tel.: +263-474-5387 mid@yoafrica.com	Botschaft Harare Embassy of Switzerland 9 Lanark Road, Belgravia Harare Zimbabwe Telefon Zentrale +263 24 2703 997 harare@eda.admin.ch www.eda.admin.ch/ harare

Diplomatische Vertretungen in Europa

<table>
<tr><th></th><th>für Deutsche</th><th>für Österreicher</th><th>für Schweizer</th></tr>
<tr><td>Namibia</td><td>Botschaft der Republik Namibia
Reichsstr. 17, 14052 Berlin
Tel.: +49-30-2540950
info@namibia-botschaft.de
www.namibia-botschaft.de

Honorarkonsulate der Republik Namibia:
www.namibiabotschaft.de/honorarkonsulate.html</td><td>Botschaft der Republik Namibia
Zuckerkandlgasse 2, 1190 Wien
Tel.: +43-1-4029371
nam.emb.vienna@speed.at
www.embnamibia.at

Honorarkonsulate der Republik Namibia:
• Unterer Stadtplatz 10, 6330 Kufstein
Tel.: +43-664- 4221380
franz.fiedler@ecr-ecorisk.com
• Salzburg
Tel.: +43-662-841260
Notruf: +43-664-4340456
i.weinberger@eunet.at</td><td>Embassy and Permanent Mission of Namibia to the United Nations in Geneva
Allée David-Morse 08
1202 Genf
Tel.: +41-22-7330220
info@missionofnamibia.ch
www.missionofnamibia.ch</td></tr>
<tr><td>Südafrika</td><td>Südafrikanische Botschaft Berlin
Tiergartenstr. 18, 10785 Berlin
Tel.: +49-30-22073-0
berlin.consular@dirco.gov.za
www.suedafrika.org

Südafrikanisches Generalkonsulat
Sendlinger-Tor-Platz 5
80336 München
Tel.: +49-89-2311630
munich.consular@dirco.gov.za</td><td>Südafrikanische Botschaft Wien
Sandgasse 33, 1190 Wien
Tel.: +43-1-3206493
Notruf: +43-664-7550
vienna.consular@dirco.gov.za
www.suedafrika-botschaft.at

Honorarkonsulate der Republik Südafrika:
• Leopoldstraße 53, 6020 Innsbruck
Tel.: +43-512-59416
christof@grassmayr.at
• Schulgasse 4, 3100 St. Pölten
Tel.: +43-664-5577999
lydia.dyk@dyk-mill.com
• Karl-Vogt-Straße 55, 5700 Zell am See
Tel.: +43-660-6530973
wthaler@sbg.at
• Hans-Sachs-Gasse 1, 8010 Graz
Tel.: +43 650 213 1754
hkonsulat.suedafrika.stmk@orthoclar.at</td><td>Südafrikanische Botschaft Bern
Alpenstr. 29, 3006 Bern
Tel.: +41-31-3501313
Notfall: +41-79-6525685
bern.consular@dirco.gov.za
bern.embassy@dirco.gov.za
www.southafrica.ch

Generalkonsulat der Republik Südafrika
Rue du Rhône 65, 1204 Genf
Tel.: +41-22-8495454</td></tr>
<tr><td>Botswana</td><td>Botschaft der Republik Botswana
Altensteinstraße 48A
14195 Berlin
Tel.: +49-30-887195010
info@embassyofbotswana.de
www.embassyofbotswana.de

Honorarkonsulate von Botswana:
• Paul Eckler, Steinhöft 5-7, 20459 Hamburg
Tel.: +49-40-7326191
• Jürgen-Ulrich Pack, Am Hirschsprung 4, 51109 Köln
jp-consulting@tonline.de
Tel.: +49-221 84 49 54</td><td>Embassy and Permanent Mission of Botsuana to the United Nations in Geneva
10 Allè David Morse, 1202 Genf
Tel.: +41-22-9061060
botgen@botswanamission.ch
www.botswanamission.ch

Honorarkonsulat von Botswana:
Linke Wienzeile 4
1060 Wien
Tel.: +43-1-5879616
meixner@meixner.com</td><td>Embassy and Permanent Mission of Botsuana to the United Nations in Geneva
10 Allè David Morse, 1202 Genf
Tel.: +41-22-9061060
botgen@botswanamission.ch</td></tr>
</table>

	für Deutsche	für Österreicher	für Schweizer
Sambia	Botschaft der Republik Sambia Axel-Springer-Str. 54a 10117 Berlin Tel.: +49-30-2062940 info@zambiaembayys.de www.zambiaembassy.de	Botschaft der Republik Sambia Axel Springer Str. 54a 10117 Berlin Tel.: +49-30-2062940 info@zambiaembayys.de www.zambiaembassy.de Honorarkonsulat der Republik Sambia Hietzinger Hauptstr. 46 1130 Wien Tel.: +43-1-5035979 office@sambia.co.at www.sambia.co.at	Botschaft der Republik Sambia Rue de Vermont 37-39, 1202 Genf Tel.: +41-22-7614400 info@zambianmission.ch www.zambianmission.ch
Simbabwe	Botschaft der Republik Simbabwe Kommandantenstr. 80 10117 Berlin Tel.: +49-30-2062263 info@zimembassyberlin.com www.zimembassyberlin.com	Embassy and Permanent Mission of Simbabwe to the United Nations in Geneva Chemin William Barbey 27, 1292 Genf +41 22 758 9855 zimbabwemission@bluewin.ch	Embassy and Permanent Mission of Simbabwe to the United Nations in Geneva Chemin William Barbey 27, 1292 Genf +41 22 758 9855 zimbabwemission@bluewin.ch

Notfallnummern

Bei Problemen rund um den Mietwagen (z. B. Panne oder Unfall) ist auf jeden Fall der zuständige Autovermieter und die nächstgelegene Polizeiwache zu verständigen. *(Alle Telefonnummern in Namibia, Vorwahl Namibia: + 264)*

	Notfall	Telefonnummer	Notfall	Telefonnummer
Namibia	Polizei	10111 (landesweit)	Emed Rescue www.emedrescue.com	924 (innerhalb Namibias) +264 83 924 (International)
	Intern. SOS Namibia www.internationalsos.com/locations#Namibia	061-230505 oder 061-249777		
Windhoek	International SOS Namibia	061-2890999	Roman Catholic Hospital	061-2702911
	Rettungswagen	061-211111 061 -2033282	Touristenpolizei	061-2902239 081-2846562
	Feuerwehr (*Fire Brigade*)	061-211111	Verkehrspolizei	061-2902722 oder 061-2903120
	Windhoek Medi-Clinic	061-222687		
Swakopmund	SOS International Namibia	064-400400	Swakopmund Medi-Clinic	064-412200 064-412 205 (Notfall)
	Sea Rescue Service	064-404213	Feuerwehr (*Fire & Rescue*)	064-4104111, 081-122465
	staatl. Hospital & Ambulanz	064-4106000	Polizei	064 402413
	Bismarck Medical Centre	064-405000	Verkehrspolizei	081-2028391
	Swakopmund Medical Centre (Tamariskia)	064-465000		
Lüderitz	Rettungswagen	063-202446	staatl. Hospital	063-202338
	Feuerwehr (*Fire Brigade*)	063-202255	Polizei	063-202255

II. Ausrüstung

Was muss von Zuhause aus mit auf die Reise genommen werden?

Reisedokumente

- Reisepass (mindestens sechs Monate nach Rückreise noch gültig, mindestens 2 freie Seiten)
- Internationaler Führerschein
- nationaler bzw. EU-Führerschein
- Flugtickets
- Impfpass
- Kreditkarte (evtl. auch EC-Karte)
- Buchungsbestätigungen (Mietwagen, Unterkünfte etc.)
- Carnet de Passage (bei Fahrt mit eigenem Fahrzeug)
- Kontaktnummern (Autovermieter, Reiseversicherung, Banken etc.)
- Kopien aller Reisedokumente, die an einer anderen Stelle wie die Originale aufbewahrt werden

Persönliche Ausrüstung

- Reisetasche
- kleiner Rucksack (ca. 30l) fürs Handgepäck und Tagestouren
- luftig-leichte Kleidung (z. B. Funktionswäsche)
- warme Kleidung
- eine dünne Jacke – gegen Wind und Regen
- Badesachen (Badehose, Badeanzug oder Bikini, größeres Handtuch)
- Handtücher (am besten aus Mikrofaser)
- Flipflops oder Sandalen
- ein Paar feste, knöchelumfassende Schuhe (zum Wandern etc.)
- ein paar leichte Schuhe
- Mütze oder Hut (am besten mit weiter Krempe)
- Schlauchtuch (gegen Sonne und Wind)
- Sonnenbrille samt Etui- Busch-Büro: Papier und Stifte
- zur Unterhaltung: Taschenbuch und Spiele
- persönliche Hygieneartikel: bitte auf biologisch abbaubares Duschgel achten!

Reiseapotheke

- Sonnencreme
- Lippenpflegestift mit UV-Schutz
- Feuchtigkeitslotion/After-Sun-Lotion
- Mückenabwehr
- Ohropax

Giraffen im Etosha National Park

- Wund- und Heilsalbe
- Jodsalbe
- leichtes Schmerzmittel (z. B. gegen Kopfschmerzen)
- Durchfallmittel (z. B. Kohlekompretten)
- Erste-Hilfe-Set mit Pflastern, Binden, Bandagen etc.
- evtl. Malaria-Prophylaxe
- persönliche Medikamente

Technik

- Stromadapter
- Mobilfunkgerät/Handy samt Ladegerät und namibischer SIM-Karte
- Fotoausrüstung (Kamera, Objektive, Akkus, Stativ, Speicherkarten etc.) gut geschützt in einer Kameratasche
- Powerbank
- Taschenlampe, besser: Stirnlampe
- Wecker (oder Handy-Wecker nehmen)
- Fernglas
- Taschenmesser
- Nähzeug
- Wäscheleine und Wäscheklammern
- Kartenmaterial/GPS-Gerät/Kompass
- Wörterbuch (Englisch/Afrikaans)
- Gewebe- oder Gaffer-Band
- Ersatzbatterien
- Kabelbinder

III. Tierspuren

Viele Dinge um uns herum geschehen, ohne dass wir sie realisieren! So bemerken wir z. B. nur einen Bruchteil der Tiere, die uns im Gegenzug schon längst wahrgenommen haben. Helfend ist mitunter ein Blick nach unten: Spuren am Erdboden verraten uns viel über heimliche Gäste. Besonders in den Morgenstunden lohnt der Blick auf einen sandigen Untergrund. Das Erstaunen über die nächtlichen Besucher wird groß sein!

Name (deutsch; wissenschaftlich; englisch; afrikaans)	Spur	Länge der Spur (vorderer Fuß) in cm	Foto
Strauß *(Struthio camelus)* Ostrich Volstruis		16,5	
Helmperlhuhn *(Numida meleagris)* Helmeted Guineafowl Gewone tarentaal		8	
Borstenhörnchen *(Xerus sp.)* African Ground Squirrel		3	
Südafr. Stachelschwein *(Hystrix africaeaustralis)* Porcupine Ystervark		5	
Bärenpavian *(Papio ursinus)* Chacma baboon Kaapse bobbejaan		8	
Erdferkel *(Orycteropus afer)* Aardvark Erdvark		10	
Schabrackenschakal *(Canis mesomelas)* Black-backed Jackal Rooijakkals		5 – 5,5	

Name (deutsch; wissenschaftlich; englisch; afrikaans)	Spur	Länge der Spur (vorderer Fuß) in cm	Foto
Hyäne: Braune Hyäne *(Parahyaena brunnea)* Brown Hyaena Strandwolf		9	
Hyäne: Tüpfelhyäne *(Crocuta crocuta)* Spotted Hyaena Gevlekte hiëna		9-10	
Gepard *(Acinonyx jubatus)* Cheetah Jagluiperd		8-9	
Leopard *(Panthera pardus)* Leopard Luiperd		9-10	
Afrikanischer Löwe *(Panthera leo)* African Lion Leeu		13	
Springbock *(Antidorcas sp.)* Springbok Springbok		5,5 – 6,5	
Schwarznasenimpala *(Aepyceros petersi)* Black-Faced Impala Rooibok		4,5 - 5	
Streifengnu *(Connochaetes taurinus)* Blue Wildebeest Blouwildebees		10	
Oryx-Antilope *(Oryx gazella)* Gemsbok Gemsbok		11	

Name (deutsch; wissenschaftlich; englisch; afrikaans)	Spur	Länge der Spur (vorderer Fuß) in cm	Foto
Großer Kudu *(Tragelaphus strepsiceros)* Greater Kudu Koedoe		6,5	
Rinder: Afrikanischer Büffel *(Syncerus caffer)* African Buffalo Buffel		12	
Giraffe *(Giraffa giraffa angolensis)* Giraffe Kamelpeerd		18	
Warzenschwein *(Phacochoerus africanus)* Warthog Vlakvark	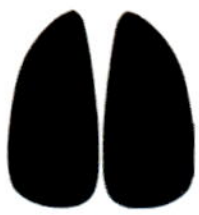	4,5	
Flusspferd *(Hippopotamus amphibius)* Hippopotamus Seekoei		25	
Spitzmaulnashorn *(Diceros bicornis)* Black Rhinoceros Swartrenoster		20	
Zebra: Bergzebra *(Equus zebra)* Mountain Zebra Bergkwagga	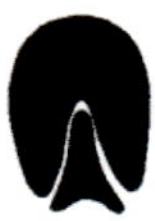	10	
Zebra: Steppenzebra *(Equus quagga)* Plains / Burchell´s Zebra Bontkwagga		8-9	
Afrikanischer Elefant *(Loxodonta africana)* African Elephant Olifant		50 bis 55	

IV. Wörterbuch Englisch

Rund ums Fahrzeug

Englisch	Deutsch	Englisch	Deutsch
accident	Unfall	garage	Werkstatt
accident report	Unfallbericht	gas bottle	Gasflasche
air conditioner	Klimaanlage	gear	Gang
automatic	Automatik	gear box	Getriebe
awning	Markise	give way	Vorfahrt
braai (S.A.)	Grill	glove box	Handschuhfach
bowl	Schüssel	GPS	Navigationsgerät
brake	Bremse	gravel road	Schotter-/Kiesstraße
breakdown	Panne	grid	(Vieh-)Gitter (Straße)
bullbar	Frontschutzbügel	heater	Heizung
bumper	Stoßstange	high light	Fernlicht
canvas	Plane/Abdeckung	jack	Wagenheber
central locking	Zentralverriegelung	jerry can	Benzinkanister
child seat	Kindersitz	leak	Leck, undichte Stelle
clutch	Kupplung	lookout	Aussichtspunkt
cooling water	Kühlwasser	maintenance	Wartung, Instandhaltung
diesel	Diesel	manual	Gangschaltung
differential (diff)	Differenzial	map	Land-, Straßenkarte
engine	Motor	mechanic	Mechaniker
exhaust	Auspuff	mirror	Spiegel
fan	Ventilator	motorhome	Wohnmobil
fire extinguisher	Feuerlöscher	oil	Öl
flat tire	Plattfuß	overheat	überhitzen
fog lights	Nebelscheinwerfer	overtake	überholen
freezer	Tiefkühler	permit	(Durchfahrt-)Erlaubnis
fridge	Kühlschrank	petrol	Benzin
fuse	Sicherung	petrol (gas) station	Tankstelle

Englisch	Deutsch
plate number	Autokennzeichen
power cord	Stromkabel
power nap	kurzes Nickerchen
power point	Steckdose
power steering	Servolenkung
puncture	Reifenpanne (Einstich)
railway crossing	Bahnübergang
repair	Reparatur
rest area	Rastplatz
road work	Straßenbauarbeiten
robot	Ampel
rollover	Überschlag
roof rack	Dachreling
roundabout	Kreisverkehr
sealed road	befestigte Straße
seat belt	Sicherheitsgurt
service station	Tankstelle
spare wheel	Ersatzrad

Englisch	Deutsch
speed limit	Höchstgeschwindigkeit
speeding fine	Bußgeld (Geschwindigkeit)
steering wheel	Lenkrad
tow-in/towing	abschleppen
tow bar	Anhängerkupplung
traffic	Verkehr
transmission	Getriebe
turn	abbiegen
tyre/pressure	Reifen/Reifendruck
u-turn	Kehrtwende
vehicle	Fahrzeug
vehicle registration	Autokennzeichen
water pump	Wasserpumpe
water tank	Wassertank
wheel	Rad
window wiper	Scheibenwischer
windscreen	Windschutzscheibe

Rund um den Mietwagen

Englisch	Deutsch
administration fee	Bearbeitungsgebühr
availability	Verfügbarkeit
booking	Buchung
business hours	Geschäftszeiten
cancellation	Stornierung
compensation	Entschädigung
confirmation	Bestätigung
cover	Versicherungsdeckung

Englisch	Deutsch
customer	Kunde
damage	Schaden
driver	Fahrer
driving licence	Führerschein
excess	Selbstbehalt
exchange rate	Wechselkurs
extra driver	Zusatzfahrer
indemnity	Schadensersatz

Englisch	Deutsch
insurance	Versicherung
invoice	Rechnung
liability	Haftung
payment	Bezahlung
permit	Erlaubnis
receipt	Rechnung
rental	Miete
rental agreement	Mietvertrag
rental duration	Mietdauer

Englisch	Deutsch
rental extension	Mietverlängerung
terms & conditions	Vertragsbedingungen
third party vehicle liabilty insurande	Kfz-Haftpflicht-versicherung
unlimited kilometres	unbegr. Freikilometer
vehicle	Fahrzeug
vehicle (condition) report	Übergabeprotokoll
vehicle exchange	Fahrzeugaustausch
warranty	Garantie

Camping

Englisch	Deutsch
ablution block	Sanitärgebäude
campground	Camping-/Zeltplatz
campsite	Stellplatz
car park	Parkplatz
cup	Tasse
cutlery	Besteck
cutting board	Schneidebrett
camping chair	Campingstuhl
camping table	Campingtisch
dirt road	unbefestigte Straße
fireplace	Feuerstelle
flooding	Überschwemmung
frying pan	Bratpfanne
kettle	Wasserkocher, Teekessel
laundry	Waschküche
pillow	Kissen

Englisch	Deutsch
plate	Teller
pot	Topf
powered site	Stellplatz mit Strom-anschluss
public toilet	öffentliche Toilette
puncture	Reifenpanne durch Einstich
sheet	Bettlaken
shower	Dusche
sleeping bag	Schlafsack
sundowner	„Dämmerschoppen“, Getränk zum Sonnen-untergang
tap	Anschluss, Hahn
tip	Trinkgeld
tent	Zelt
towel	Handtuch
visitor centre	Besucherzentrum/ Touristeninformation

(Wild-) Tiere

Englisch	Deutsch
aardvark	Erdferkel
animal	Tier
cattle	Rind
bird	Vogel
buffalo	Büffel
cheetah	Gepard
elephant	Elefant
game	Wildbret / -fleisch
gemsbok	Oryx-Antilope
giraffe	Giraffe
hippopotamus	Flusspferd
lion	Löwe
leopard	Leopard
ostrich	Strauß
rhinoceros	Nashorn
tortoise	Landschildkröte
warthog	Warzenschwein
wildebeest	Gnu

V. Wörterbuch Afrikaans

Afrikaans entwickelte sich nach der Gründung Kapstadts (1652) aus dem Holländischen des 17. Jahrhunderts. Durch viele fremdsprachige Einflüsse am Schmelztiegel vieler Kulturen und die Entfernung zu Europa setzte sich allmählich ein Sprachwandel in Gang. Die Unterschiede zwischen dem Holländischen und der Sprache am Kap wurden immer größer. Ab Anfang des 19. Jahrhunderts wurde diese neue Sprache als Kapholländisch bezeichnet. Mitte des 19. Jahrhunderts gab es die ersten Bücher in Afrikaans. 1925 wurde Afrikaans als zweite Landessprache Südafrikas anerkannt. In Namibia ist seit 1990 Englisch die Amtssprache, Afrikaans jedoch die allgemeine Umgangssprache unter den rund 30 verschiedenen Sprachgruppen des Landes.

Für den deutschsprachigen Besucher ist Afrikaans eine eher leichte Fremdsprache, da sie eng mit dem Deutschen verwandt ist. Einfachste Unterhaltungen sind daher leicht zu führen. Man muss es nur probieren!

Allgemein

Afrikaans	Deutsch
Aangename reis!	Angenehme Reise!
Alles van die beste!	Alles Gute!
asseblief	bitte
apteek	Apotheke
baai	Bucht
baas	Chef
bietjie	bisschen
boer	Bauer
Dankie!	Danke!
Dis nie `n problem nie	Das ist kein Problem.
Dis reg!	Das stimmt!
Dis verkeerd!	Das stimmt nicht!
dokter	Arzt
dorp	Dorf
drif	Furt
Ekskuus?	Wie bitte?
Ekskuss tog!	Entschuldigung!
Ek dink/hoop so!	Ich denke/hoffe es!
Ek verstaan/weet nie!	Ich verstehe/weiß nicht!
engels	englisch
fees (paasfees, kersfees)	Fest,(Ostern, Weihnachten)
Fokken!	Verdammt!
fontein	Quelle
gesluit	geschlossen
Gesondheid!	Zum Wohl!
gister	gestern
goed	gut

Afrikaans	Deutsch
Goeiemôre!	Guten Morgen!
Goeiemiddag!	Guten Tag!
Goeienaand!	Entschuldigung!
Goeienag!	Gute Nacht!
hakkiebusch	Schwarzdorn-Akazie
Hoe gaan dit …?	Wie geht es …?
Hoe kom ek by …?	Wie komme ich zu …?
Hoevel kos dit?	Wie viel kostet das?
hospitaal	Krankenhaus
hou links/regs	links/rechts halten
In die Haak!	In Ordnung!
Is daar …?	Gibt es …?
Jammer! (Ek is jammer!)	Schade! (Es tut mir leid!)
Kan u my help?	Können Sie mir helfen?
kerk	Kirche
kloof	Schlucht
Koebaai!	Tschüss!
lekker	gut
Lekker slaap!	Schlaf(t) gut!
meneer	(mein) Herr
mevrou	(gnädige) Frau
mooi	schön
môre	morgen
nuut	neu
ons het (nie) …	wir haben (nicht) …
Ook so!	Gleichfalls!
oop	offen
orraait	o.k.

Afrikaans	Deutsch
pap	schlapp/leer
pap wiel	Reifenpanne
Plesier!	Gern geschehen!
polisie	Polizei
Praat jy Duits?	Sprichst Du deutsch?
reserve	Fläche zw. Fahrbahn u. Farmland
rivier	Fluss(bett)
Totsiens!	Auf Wiedersehen!

Afrikaans	Deutsch
vakansie(dag)	Ferien(-tag)
vandag	heute
veld, Buschveld	Savanne; Grasland mit Bäumen bzw. Büschen
Waar is …?	Wo ist …?
Wat beteken dit?	Was bedeutet das?
Wat makeer?	Was ist los?
weer	Wetter
werk	Arbeit(en)

Rund ums Fahrzeug

Afrikaans	Deutsch
aandag	Achtung
bakkie	Geländewagen mit offener Ladefläche (Pick-Up)
buiteband	Reifen
domkrag	Wagenheber
gereedskap	Werkzeug
huurmotor	Mietwagen
kar	Auto
koppelaar	Kupplung
Maak hom vol, asseblief!	Volltanken bitte!
olie	Öl
onderdeel	Ersatzteil
ongeluk	Unfall

Afrikaans	Deutsch
ratkas	Getriebe
regmaak	reparieren
rem	Bremse
rybewys	Führerschein
skokbreker	Stoßdämpfer
sleeptou	Abschleppseil
verdwaal	verfahren
versekering	Versicherung
vier-by-vier	Allrad(wagen)
voorruit	Windschutzscheibe
vulstasie	Tankstelle
werkswinkel	Werkstatt
werktuigkundige	Mechaniker

Übernachten

Afrikaans	Deutsch
akkommodasie	Unterkunft
badkammer	Badezimmer
bed	Bett
kamer	Zimmer
kampeerterrein	Campingplatz
kragpunte	Steckdose
stort	Dusche
tent	Zelt
vullisblikke	Mülltonne
wasgeriewe	Waschräume

Essen und Trinken

Afrikaans	Deutsch
aandete	Abendessen
aartappel	Kartoffel
beskuit	Keks/Zwieback
biltong	Trockenfleisch
blatjang	Chutney
boerewors	Bauernbratwurst
bord	Teller
bottel	Flasche
botter	Butter
braai	Grillen/Braten
brood	Brot
broodrolletjie	Brötchen
drink	trinken
eet	essen
kaas	Käse
Klipdrift-Cola	Weinbrand mit Cola
koffie	Kaffee
kombuis	Küche
konfyt	Marmelade
koppie	Tasse
kos	Kost/Essen
lamtjop	Lammkotelett
lepel	Löffel
melk	Milch
mes	Messer
middagete	Mittagessen
mieliepap	Maisbrei
ontbyt	Frühstück
potjie	dreibeiniger, gusseiserner Topf, in dem über Glut oder offenem Feuer gekocht wird
Smaaklike ete!	Guten Appetit!
tafel	Tisch
vleis	Fleisch
vurk	Gabel
water	Wasser
wors	(Brat)Wurst
wyn	Wein

(Wild-) Tiere

Afrikaans	Deutsch
bees	Rind
buffel	Büffel
dier	Tier
gemsbok	Oryx-Antilope
kameelperd	Giraffe
leeu	Löwe
luiperd	Leopard
ollifant	Elefant

Afrikaans	Deutsch
renoster	Nashorn
rooibok	Impala
seekoei	Flusspferd
vlakvark	Warzenschwein
voël	Vogel
volstruis	Strauß
wildebees	Gnu

Springbock

	Aranos	Ariams-vlei	Aroab	Aus	Betha-nie	Divun-du	Epupa Falls	Goba-bis	Groot-fontien	Grünau	Helmer-ingh.	Henties Bay	Kal-krand	Kaman-jab	Karas-burg
Aranos		694	443	569	493	1056	1298	218	850	566	391	823	212	861	566
Ariamsvlei	694		221	454	378	1732	1729	1003	1250	159	468	1223	612	1261	108
Aroab	443	221		429	291	1570	1566	647	1115	225	435	1077	465	1128	371
Aus	569	454	429		134	1472	1468	898	1145	295	109	798	507	1156	346
Bethanie	493	378	291	134		1448	1446	822	1069	209	82	923	431	1080	373
Divundu	1056	1732	1570	1472	1448		1100	834	455	1570	1363	1040	1110	888	1624
Epupa Falls	1298	1729	1566	1468	1446	1100		1034	742	1566	1359	777	1106	437	1622
Gobabis	218	1003	647	898	822	834	1034		657	844	595	630	391	668	895
Grootfontien	850	1250	1115	1145	1069	455	742	657		1091	908	645	657	425	1142
Grünau	566	159	225	295	209	1570	1566	844	1091		305	1064	504	1102	51
Helmeringh.	391	468	435	109	82	1363	1359	595	908	305		632	260	922	356
Henties Bay	823	1223	1077	798	923	1040	777	630	645	1064	632		611	345	1115
Kalkrand	212	612	465	507	431	1110	1106	391	657	504	260	611		578	504
Kamanjab	861	1261	1128	1156	1080	888	437	668	425	1102	922	345	578		1153
Karasburg	566	108	371	346	373	1624	1622	895	1142	51	356	1115	504	1153	
Karibib	581	981	748	876	800	867	800	388	403	822	637	242	369	414	873
Keetmanshoop	358	333	219	211	157	1410	1406	687	934	157	220	907	296	945	208
Lüderitz	692	579	552	125	259	1595	1591	1021	1268	491	233	923	630	1279	471
Maltahöhe	248	648	495	249	257	1224	1220	498	824	489	139	549	119	835	540
Mariental	137	537	389	432	356	1181	1177	466	713	378	249	686	75	724	429
Namutoni	931	1331	1241	1226	1150	620	585	738	167	1172	992	677	719	506	1223
Ngoma	1430	2107	1944	1847	1899	375	1475	1209	830	1945	1737	1471	1377	1263	1968

Okahandja	469	869	728	764	688	840	836	276	381	710	521	395	257	392	761
Okaukuejo	833	1233	1089	1128	1052	743	631	640	397	1074	886	579	621	262	1125
Omaruru	642	1042	890	937	861	802	755	449	342	833	660	254	430	353	934
Ondangwa	1071	1471	1321	1366	1290	663	436	878	307	1312	1130	817	859	646	1363
Oranjemund	767	517	624	270	375	1738	1734	970	1283	400	375	1006	632	1297	422
Oshakati	1101	1531	1368	1270	1329	699	401	836	340	1368	1161	852	894	371	1398
Otavi	761	1161	1011	1174	980	549	783	568	87	1002	822	507	549	336	1053
Otjiwarongo	643	1043	893	938	862	665	665	450	207	884	703	389	431	218	935
Oshikango	1131	1531	1394	1426	1350	654	453	938	367	1372	1187	926	919	680	1423
Outjo	716	1116	966	1011	935	734	594	523	280	957	770	462	504	145	1008
Rehoboth	311	711	566	606	530	1004	1000	292	539	552	395	512	99	550	603
Ruacana	1133	1658	1415	1553	1477	863	317	1065	494	1499	1209	1143	959	272	1550
Rundu	1098	1498	1374	1393	1317	200	903	905	248	1390	1167	893	799	645	1390
Sendelingsdrift	688	395	502	190	298	1659	1655	891	1204	278	296	931	556	1218	301
Sesriem	419	735	662	341	656	1274	1270	561	819	571	267	356	304	833	725
Solitaire	416	821	659	410	717	1176	1172	464	721	659	300	295	365	735	786
Swakopmund	756	1156	1019	1051	975	1042	843	563	578	997	563	67	544	412	1048
Tsumeb	824	1224	1087	1119	1043	511	686	631	60	1065	880	570	525	399	1116
Uis	773	1173	988	1068	992	921	653	580	473	1014	781	123	561	222	1066
Velloorsdrif	670	212	287	523	447	1722	1718	999	1246	155	458	1219	608	1257	104
Walvis Bay	784	1187	889	700	708	1075	876	594	690	1028	531	98	575	443	1079
Wilhelmstal	529	932	793	827	751	900	829	339	444	773	586	289	412	455	824
Windhoek	395	798	654	693	618	913	909	205	452	639	447	466	191	463	690

	Karibib	Keet-mansh	Lüde-ritz	Malta-höhe	Marien-tal	Namu-toni	Ngoma	Oka-handja	Oka-ukuejo	Oma-ruru	On-dangwa	Oranje-mund	Osha-kati	Otavi	Otjiwa-rongo
Aranos	581	358	692	248	137	931	1430	469	833	642	1071	767	1101	761	643
Ariamsvlei	981	333	579	648	537	1331	2107	869	1233	1042	1471	517	1531	1161	1043
Aroab	748	219	552	495	389	1241	1944	728	1089	890	1321	624	1368	1011	893
Aus	876	211	125	249	432	1226	1847	764	1128	937	1366	270	1270	1174	938
Bethanie	800	157	259	257	356	1150	1899	688	1052	861	1290	375	1329	980	862
Divundu	867	1410	1595	1224	1181	620	375	840	743	802	663	1738	699	549	665
Epupa Falls	800	1406	1591	1220	1177	585	1475	836	631	755	436	1734	401	783	665
Gobabis	388	687	1021	498	466	738	1209	276	640	449	878	970	836	568	450
Grootfontien	403	934	1268	824	713	167	830	381	397	342	307	1283	340	87	207
Grünau	822	157	491	489	378	1172	1945	710	1074	833	1312	400	1368	1002	884
Helmeringh.	637	220	233	139	249	992	1737	521	886	660	1130	375	1161	822	703
Henties Bay	242	907	923	549	686	677	1471	395	579	254	817	1006	852	507	389
Kalkrand	369	296	630	119	75	719	1377	257	621	430	859	632	894	549	431
Kamanjab	414	945	1279	835	724	506	1263	392	262	353	646	1297	371	336	218
Karasburg	873	208	471	540	429	1223	1968	761	1125	934	1363	422	1398	1053	935
Karibib		665	999	555	444	484	1319	112	386	61	624	1012	659	404	197
Keetmanshoop	665		334	332	221	1015	1784	553	917	726	1155	480	1208	845	727
Lüderitz	999	334		374	555	1349	1970	889	1253	1060	1489	394	1393	1179	1061
Maltahöhe	555	332	374		111	905	1599	443	807	616	1045	514	1022	735	617
Mariental	444	221	555	111		794	1556	332	696	505	934	624	980	624	506
Namutoni	484	1015	1349	905	794		993	487	123	448	210	1367	245	170	288
Ngoma	1319	1784	1970	1599	1556	993		1215	1195	1168	1056	2113	1073	913	1033

Okahandja	112	553	889	443	332	487	1215		364	173	602	897	639	292	174
Okaukuejo	386	917	1253	807	696	123	1195	364		325	333	1262	368	308	190
Omaruru	61	726	1060	616	505	448	1168	173	325		563	1033	598	253	135
Ondangwa	624	1155	1489	1045	934	210	1056	602	333	563		1505	35	310	428
Oranjemund	1012	480	394	514	624	1367	2113	897	1262	1033	1505		1536	1197	1078
Oshakati	659	1208	1393	1022	980	245	1073	639	368	598	35	1536		345	463
Otavi	404	845	1179	735	624	170	913	292	308	253	310	1197	345		118
Otjiwarongo	197	727	1061	617	506	288	1033	174	190	135	428	1078	463	118	
Oshikango	616	1215	1549	1105	994	236	1016	662	652	623	60	1566	95	370	488
Outjo	269	800	1134	690	579	361	1078	247	117	208	501	1146	536	191	73
Rehoboth	270	395	729	285	174	620	1379	158	522	331	760	734	802	450	332
Ruacana	686	1342	1676	1232	1121	469	1238	789	534	750	187	1584	165	497	615
Rundu	741	1182	1516	1072	961	415	575	629	617	590	555	1542	502	335	455
Sendelingsdrif	935	401	315	435	545	2020	2034	818	1184	959	1429	105	1463	1120	1002
Sesriem	472	502	464	167	277	852	1648	432	754	533	992	607	992	682	564
Solitaire	411	499	533	163	274	791	1551	334	693	472	931	677	931	621	503
Swakopmund	175	840	731	482	619	659	1417	287	561	236	799	939	840	489	371
Tsumeb	377	907	1242	798	687	107	886	355	345	316	247	1255	285	63	181
Uis	192	887	1191	747	636	554	1296	304	456	131	694	1156	587	384	266
Velloorsdrif	977	312	617	644	533	1327	2097	865	1229	1038	1467	452	1521	1157	1039
Walvis Bay	206	814	938	451	650	691	1449	318	593	267	831	906	873	521	403
Wilhelmstal	49	616	950	506	395	525	1275	63	427	108	665	961	699	355	237
Windhoek	181	482	816	372	261	533	1288	71	435	242	673	822	711	363	245

	Oshikango	Outjo	Rehoboth	Ruacana	Rundu	Sendelingsd.	Sesriem	Solitaire	Swakopmund	Tsumeb	Uis	Velloorsdrif	Walvis Bay	Wilhelmstal	Windhoek
Aranos	1131	716	311	1133	1098	688	419	416	756	824	773	670	784	529	395
Ariamsvlei	1531	1116	711	1658	1498	395	735	821	1156	1224	1173	212	1187	932	798
Aroab	1394	966	566	1415	1374	502	662	659	1019	1087	988	287	889	793	654
Aus	1426	1011	606	1553	1393	190	341	410	1051	1119	1068	523	700	827	693
Bethanie	1350	935	530	1477	1317	298	656	717	975	1043	992	447	708	751	618
Divundu	654	734	1004	863	200	1659	1274	1176	1042	511	921	1722	1075	900	913
Epupa Falls	453	594	1000	317	903	1655	1270	1172	843	686	653	1718	876	829	909
Gobabis	938	523	292	1065	905	891	561	464	563	631	580	999	594	339	205
Grootfontein	367	280	539	494	248	1204	819	721	578	60	473	1246	690	444	452
Grünau	1372	957	552	1499	1390	278	571	659	997	1065	1014	155	1028	773	639
Helmeringh.	1187	770	395	1209	1167	296	267	300	563	880	781	458	531	586	447
Henties Bay	926	462	512	1143	893	931	356	295	67	570	123	1219	98	289	466
Kalkrand	919	504	99	959	799	556	304	365	544	525	561	608	575	412	191
Kamanjab	680	145	550	272	645	1218	833	735	412	399	222	1257	443	455	463
Karasburg	1423	1008	603	1550	1390	301	725	786	1048	1116	1066	104	1079	824	690
Karibib	616	269	270	686	741	935	472	411	175	377	192	977	206	49	181
Keetmanshoop	1215	800	395	1342	1182	401	502	499	840	907	887	312	814	616	482
Lüderitz	1549	1134	729	1676	1516	315	464	533	731	1242	1191	617	938	950	816
Maltahöhe	1105	690	285	1232	1072	435	167	163	482	798	747	644	451	506	372
Mariental	994	579	174	1121	961	545	277	274	619	687	636	533	650	395	261
Namutoni	236	361	620	469	415	2020	852	791	659	107	554	1327	691	525	533
Ngoma	1016	1078	1379	1238	575	139	1648	1551	1417	886	1296	2097	1449	1275	1288

Okahandja	662	247	158	789	629	818	432	334	287	355	304	865	318	63	71
Okaukuejo	652	117	522	534	617	1184	754	693	561	345	456	1229	593	427	435
Omaruru	623	208	331	750	590	959	533	472	236	316	131	1038	267	108	242
Ondangwa	60	501	760	187	555	1429	992	931	799	247	694	1467	831	665	673
Oranjemund	1566	1146	734	1584	1542	105	607	677	939	1255	1156	452	906	961	822
Oshakati	95	536	802	165	502	1463	992	931	840	285	587	1521	873	699	711
Otavi	370	191	450	497	335	1120	682	621	489	63	384	1157	521	355	363
Otjiwarongo	488	73	332	615	455	1002	564	503	371	181	266	1039	403	237	245
Oshikango		561	820	247	615	1489	1052	991	859	307	754	1527	980	725	733
Outjo	561		405	688	500	1068	637	576	444	228	339	1112	476	310	318
Rehoboth	820	405		876	787	655	270	172	445	513	462	707	476	221	87
Ruacana	247	688	876		742	1505	1120	1022	684	434	494	1654	715	852	860
Rundu	615	500	787	742		1463	1078	980	826	308	721	1494	947	692	700
Sendelingsdrif	1489	1068	655	1505	1463		528	597	860	1176	1077	381	827	885	743
Sesriem	1052	637	270	1120	1078	528		83	346	791	537	724	314	440	358
Solitaire	991	576	172	1022	980	597	83		263	693	454	811	231	360	260
Swakopmund	859	444	445	684	826	860	346	263		552	190	1152	31	224	356
Tsumeb	307	228	513	434	308	1176	791	693	552		439	1240	592	419	431
Uis	754	339	462	494	721	1077	537	454	190	439		1140	225	196	331
Velloorsdrif	1527	1112	707	1654	1494	381	724	811	1152	1240	1140		1042	947	807
Walvis Bay	980	476	476	715	947	827	314	231	31	592	225	1042		260	395
Wilhelmstal	725	310	221	852	692	885	440	360	224	419	196	947	260		134
Windhoek	733	318	87	860	700	743	358	260	356	431	331	807	395	134	

Stichwortverzeichnis

A

B

C

D

E

F

G

H

I

K

L

M

N

O

P

R

S

T

U

V

W

Z

360°

In der Reihe sind u. a. bisher erschienen:

Jan de Jonge
ISBN 978-3-96855-562-1
Preis 16,95 €

Hilke Maunder
ISBN 978-3-96855-666-6
Preis 16,95 €

Jenny Menzel
ISBN 978-3-96855-567-6
Preis 16,95 €

Jörg Michel
ISBN 978-3-96855-673-4
Preis 16,95 €

Christiane Filius-Jehne
ISBN 978-3-96855-677-2
Preis 16,95

REISE**MOMENTE**

Die Buchreihe REISE**MOMENTE** widmet sich traumhaften Regionen und Städten in der ganzen Welt, die eine Reise wert sind und jede Menge Abenteuer zum Entdecken und Genießen bieten. Mit viel Liebe und Herzblut stellen unsere Autor*innen ihre Reisetipps vor und nehmen Sie mit zu besonderen Museen, einzigartigen Naturschauplätzen, kuriosen Cafés, urigen Unterkünften, ausgefallenen Freizeitmöglichkeiten und vielen weiteren lohnenswerten Ausflugszielen.

Preis
16,95 €

Verena Schmidt
ISBN 978-3-96855-667-3

Weitere Titel der Reihe und mehr Infos unter:
360grad-medienshop.de/reisemomente

Versandkostenfreie Lieferung innerhalb Deutschlands

Sicherheitshinweis

Wir möchten Sie darauf aufmerksam machen, dass bei der Nutzung dieses Reiseführers bestimmte Risiken bestehen können, die im Zusammenhang mit den beschriebenen Aktivitäten und Attraktionen stehen. Bitte beachten Sie daher die folgenden Hinweise:

- **Umgang mit diesem Buch:** Beim Blättern können scharfkantige Papierbögen kleine Schnittverletzungen verursachen. Seien Sie vorsichtig.
- **Outdoor-Aktivitäten:** Wanderungen und Radtouren bergen Sturz- und Unfallgefahren. Prüfen Sie vor Ihrem Aufbruch den aktuellen Wetterbericht, da Wege bei Nässe schnell rutschig werden können.
- **Attraktionen und Sehenswürdigkeiten:** Befolgen Sie stets die Sicherheits- und Warnhinweise sowie Anweisungen der Betreiber vor Ort, um Gefahren zu vermeiden.
- **Aktualität der Informationen:** Die Angaben in diesem Buch wurden sorgfältig zusammengestellt, können jedoch Änderungen unterliegen. Überprüfen Sie Öffnungszeiten, Routenbeschreibungen und andere relevante Informationen vorab.
- **Unzureichende Vorbereitung:** Die Beschreibungen im Reiseführer dienen als Grundlage, ersetzen aber nicht eine gründliche Vorbereitung. Informieren Sie sich zusätzlich zu Schwierigkeitsgraden, Routen und notwendiger Ausrüstung.
- **Umwelt- und Tierschutz:** Nehmen Sie Rücksicht auf die Natur und vermeiden Sie Verhaltensweisen, die Flora und Fauna schädigen könnten. Begegnungen mit Wildtieren können potenziell gefährlich sein.
- **Überfüllung und Infrastruktur:** Beliebte Attraktionen können stark frequentiert sein, was Gedränge und Einschränkungen bei Sicherheitsmaßnahmen mit sich bringen kann. Planen Sie entsprechend.
- **Eigenverantwortung bei Empfehlungen:** Die im Buch enthaltenen Tipps und Empfehlungen garantieren keine absolute Sicherheit oder Eignung. Prüfen Sie vor Ort die Bedingungen und entscheiden Sie nach eigener Einschätzung.

Sollten Sie darüber hinaus potenzielle Gefahren feststellen, Beschwerden zur Produktsicherheit haben oder sollte es zu Unfällen oder Verletzungen in Zusammenhang mit unseren Produkten kommen, nehmen Sie bitte Kontakt mit uns auf.

Ansprechperson:
Andreas Walter, Tel.: +49 (0)2104 5063-104
E-Mail: produktsicherheit@360grad-medien.de

Bildnachweis

Alle Fotos stammen von Bernhard Kolter, außer S. 42/43: Dirk Geinitz; S. 270 (Skorpion): Ursula Franke CC by-sa 3.0; S. 323 (Erdferkel, Stachelschwein), S. 324 (Braune Hyäne, Leopard): ZFKM